Tasting *Meditations*

品读
《沉思录》

［古罗马］马可·奥勒留　原著

何怀宏　译·注·品读

生活·讀書·新知 三联书店

图书在版编目（CIP）数据

品读《沉思录》/（古罗马）奥勒留原著；何怀宏译注品读．—北京：
生活·读书·新知三联书店，2016.4
ISBN 978－7－108－05377－0

Ⅰ．①品…　Ⅱ．①奥…　②何…　Ⅲ．①斯多葛派－哲学理论
Ⅳ．① B502.43

中国版本图书馆 CIP 数据核字（2016）第 020682 号

责任编辑　徐国强
装帧设计　蔡立国　康　健
责任印制　徐　方
出版发行　生活·讀書·新知 三联书店
　　　　　（北京市东城区美术馆东街 22 号 100010）
网　　址　www.sdxjpc.com
经　　销　新华书店
印　　刷　北京铭传印刷有限公司
版　　次　2016 年 4 月北京第 1 版
　　　　　2016 年 4 月北京第 1 次印刷
开　　本　635 毫米 × 965 毫米　1/16　印张 22.5
字　　数　300 千字
印　　数　00,001－10,000 册
定　　价　45.00 元
（印装查询：01064002715；邮购查询：01084010542）

目　录

导读一

马可·奥勒留生平

斯多亚派著名哲学家、古罗马帝国皇帝马可·奥勒留·安东尼（121—180），原名马可·阿尼厄斯·维勒斯，生于罗马，其父亲一族曾是西班牙人，但早已定居罗马多年，并从维斯佩申皇帝（69—79年在位）那里获得了贵族身份。马可·奥勒留幼年丧父，是由他的母亲和祖父抚养成人的，并且在希腊文学和拉丁文学、修辞、哲学、法律甚至绘画方面受到了在当时来说是最好的教育，他从他的老师那里熟悉和亲近了斯多亚派的哲学（例如爱比克泰德的著作），并在其生活中身体力行。

还在孩提时期，马可·奥勒留就以其性格的坦率真诚得到了哈德良皇帝（117—138年在位）的好感。当时，罗马的帝位常常并不是按血统，而是由选定的过继者来接替的。在原先的继嗣柳希厄斯死后，哈德良皇帝选定马可·奥勒留的叔父安东尼·派厄斯为自己的继嗣，条件是派厄斯亦要收养马可·奥勒留和原先继嗣的儿子科莫德斯（后名维勒斯）为继嗣。当哈德良皇帝于138年去世后，马可·奥勒留获得了恺撒的称号——这一称号一般是给予皇帝助手和继承者的，并帮助他的叔父治理国家，而在其叔父（也是养父）于161年去世后，旋即成为古罗马帝国的皇帝。遵照哈德良的意愿，他和维勒斯共享皇权，但后者实际上不起重要作用。

马可·奥勒留在位近二十年，这是一个战乱不断、灾难频繁的时期，洪水、地震、瘟疫，加上与东方的安息人的战争、来自北方的马可曼尼人在多瑙河流域的进逼以及内部的叛乱，使得罗马人口锐减，贫困加深，经济日益衰落，即使马可·奥勒留凭借其坚定精神和智慧，夙兴夜寐地工作，也不能阻挡古罗马帝国的颓势。在他统治的大部分时间里，尤其是后十年，他很少待在罗马，而是在帝国的边疆或行省的军营里度过。《沉思录》这部写给自己的书，这本自己与自己的十二卷对话，大部分就是在这种鞍马劳顿中写成的。

马可·奥勒留与安东尼·派厄斯的女儿福斯蒂娜结婚并生有十多个孩子。据说，他在一个著名的将军、驻叙利亚的副将卡希厄斯发动叛乱时表现得宽宏大量。但他对基督教徒态度比较严厉，曾颁发过一道反对基督教徒的诏书。

公元180年3月17日，马可·奥勒留因病逝于文多博纳（今维也纳）。

斯多亚派哲学

斯多亚派哲学主要是一种伦理学，其目的在于为伦理学建立一种唯理的基础，它把宇宙论和伦理学融为一体，认为宇宙是一个美好的、有秩序的、完善的整体，由原始的神圣的火演变而来，并趋向于一个目的。人则是宇宙体系的一部分，是神圣的火的一个小火花，他自己也可以说是一个小宇宙，他的本性是与万有的本性同一的，所以，他应该同宇宙的目的相协调而行动，力图在神圣的目的中实现自己的目的，以求达到最大限度的完善。为此，他必须让自己的灵魂清醒，让理性统率自己，正如他统率世界一样。

所以，斯多亚派对人们的要求是：遵从自然而生活，或者说按照本性生活（nature有"自然""本性"两层意义），而所谓自然、本性，实际上也就是指一种普遍的理性，或者说逻各斯（在某些方面类似于中国的"道"），或者说一种普遍的法（自然法的概念就是由此而来）。自然—本性—理性—法，不说它们有一种完全等价的意义，它们也至少是相通的，并常常是可以互用的。而作为一种理性存在物的人的自然本性，就是一种分享这一普遍理性的理性，一种能认识这一普遍理性的理性。安东尼在《沉思录》中常常讲到一个人身外和身内的神，讲到身外的神（或者说宙斯）把自身的一部分分给了人的理性灵魂（即身内的神），人凭内心的神，或者说凭自己支配的部分，就能认识身外的神，就能领悟神意。他说的其实也是这个意思。我们还需要注意的一点是：这里所说的理性主要不是对自然事物的认识，而是道德德行的践履，所以，理性和德行又联系起来了。

总之，在斯多亚派哲学家的眼里，宇宙是一个井然有序的宇宙，世界是一个浑然和谐的世界。正如《沉思录》中所说："所有的事物都是相互联结的，这一纽带是神圣的，几乎没有一个事物与任一别的事物没有联系。因为事物都是合作的，它们结合起来形成同一宇宙（秩序）。因为有一个由所有事物组成的宇宙，有一个遍及所有事物的神，有一个实体，一种法，一个对所有有理智的动物都是共同的理性，一个真理；如果也确实有一种所有动物的完善的话，那么它是同一根源，分享着同一理性。"在这个世界上，低等的东西是为了高等的东西而存在的，无生命的存在是为了有生命的存在而存在的，有生命的存在又是为了有理性的存在而存在的。那么，有理性的存在，或者说理性的动物（人）是为何与怎样存在的呢？理性动物是彼此为了对方而存在的，所以，在人的结构中首要的原则就是友爱的原则，每个人都要对自己的同类友好，意识到他们是来自同一根源，趋向同一目标，都要做出有益社会的行为。

这样，就把我们引到人除理性外的另一根本性质——社会性。人是一种理性动物，也是一种政治动物（这里沿用了亚里士多德的说法），一种社会动物。《沉思录》的作者认为：在人和别的事物之间有三种联系：一种是与环绕着他的物体的联系；一种是与所有事物所有产生的神圣原因的联系；一种是与那些和他生活在一起的人的联系。相应地，人也就有三重责任、三重义务，就要处理好对自己的身体和外物、对神或者说普遍的理性、对自己的邻人这三种关系。人对普遍理性的态度前面已经说过了，就是要尊重、顺从和虔诚。对自己的身体和外物，斯多亚派一直评价颇低，基本上认为它们作为元素的结合和分解，并没有什么恒久的价值。身体只是我们需要暂时忍受的一副皮囊罢了，要紧的是不要让它妨碍灵魂，不要让它的欲望或痛苦使灵魂纷扰不安。对于我们和邻人的关系，人们的社会生活和交往，斯多亚派则给予了集中的注意，事实上，人的德行就主要体现在这一层面。

一般来说，斯多亚派哲学家都是重视整体、重视义务的。他们认为，人不能脱离社会、脱离整体而存在。使自己脱离他人，或做出反社会的事情来，就好比是使自己变成脱离身体的一只手或一只脚。如果发生了这样的事情，就要致力于使自己与整体重新统一起来。人作为宇宙的一部分，个人作为社会的一部分，对于来自整体的一切事物都要欣然接受，都要满意而勿抱怨，因为，如果凡是为了整体的利益而必须存在的，对于个体也就不会有害。对于蜂群无害的东西，也不会对蜜蜂有害；不损害国家的事情，也不会损害到公民。《沉思录》的作者说，我们每天都要准备碰到各种各样不好的人，但由于他们是我的同类，我仍然要善待他们。不要以恶报恶，而是要忍耐和宽容，人天生就要忍受一切，这就是人的义务。要恶人不作恶，就像让无花果树不结果一样是不可能的。我们只要能完成自己的义务就够了，对于其他的事情完全不要操心，我们要表现得高贵、仁爱和真诚。

看来，斯多亚派哲学家对个人的德行、个人的解脱看得比社会的道德改造更为重要，这也许是因为他们觉得自己生活在一个个人无能为力的时代，生活在一个混乱的世界中。所以，他们特别注意区分两种事情：一种是在我们力量范围之内的事情；一种是不在我们力量范围之内的事情。许多事情，例如，个人的失意、痛苦、疾病、死亡，社会上的丑恶现象等等，这些往往并不在我的力量范围之内，但是，由于所有对我发生的事情都是符合宇宙理性的，我必须欣然接纳它们。我也可以做在我力量范围之内的事情，这就是按照本性生活，做一个正直、高尚、有道德的人，这是什么力量也不能阻止我的，谁也不能强迫我做坏事。在斯多亚派哲人对德行的强调中确实有许多感人的东西。例如，奥勒留谈道：德行是不要求报酬的，是不希望别人知道的，不仅要使行为高贵，而且要使动机纯正，要摒弃一切无用和琐屑的思想。要使自己专注于这样的思想：即当你在思考时，别人问你想什么，你任何时候都能立即坦率地说出来。而且，不仅要思考善、思考光明磊落的事情，还要付诸行动，行动就是你存在的目的，全然不要再谈论一个高尚的人应当具有的品质，而是成为这样的人。

总之，斯多亚派哲人所追求的生活是一种摆脱了激情和欲望、冷静和达观的生活，他们把对他们发生的事情都不看成是恶，认为痛苦和不安仅仅是来自内心的意见，而这是可以由心灵加以消除的。他们恬淡、自足，一方面坚持自己的劳作，把这些工作看作是自己的应分；另一方面又退隐心灵，保持自己精神世界的宁静一隅。斯多亚派哲学的力量可以从它贡献的两个著名代表看出：一个是奴隶出身的爱比克泰德，另一个就是《沉思录》的作者、哲学家皇帝马可·奥勒留·安东尼。他们的社会地位悬殊，精神和生活方式却又相当一致。但是，另一方面，奥勒留作为柏拉图所梦想的"哲学家王"，他的政绩、他所治理的国家状况却和理想状态存在差距。所以，我们一方面看到斯多亚派哲学精神的巨大力量，看到它如何泯灭社会环境的差别而造成同一种纯净有德的个人生活；另一方面又看到这种精神的相当无力，它对外界的作用，对社会的影响比起对个人的作用相对微弱，因为它本质中确实含有某种清静无为的因素。但是，一种清静无为，一种谨慎地不以巨大权力来改造社会和人性的精神也有助于防止巨大的灾难。

此外，我们也看到，斯多亚派的道德原则并不是很明确的。把本性解释为理性，把理性又解释为德行；道德在于按照本性生活，而按照本性的东西就是道德。这里面虽有某种强调理性、普遍和共相的优点，但也可能有形式化的循环论证的弱点。在斯多亚派哲学中有令人感动的对道德的高扬，但也有令人泄气的对奋斗的放弃。它也许永远不失为一条退路，但对于朝气蓬勃、锐意进取的人，尤其是生命力洋溢的年轻人来说，走这条路还是一件太早的事情。它还不像基督教，它没有过多的对于彼岸的许诺，而是强调在此岸的德行中自足，但在情感和意绪方面也为基督教的盛行做了某种铺垫和准备。我们大概可以说，斯多亚派哲学能够为一个处于混乱世界、面对道德低潮又感到个人无能为力的人，为一个在个人生活方面遭受挫折和失望（这是永远也免不了的）、但又不至于向上帝援手的人，提供最好的安慰。最后，我们也注意到，斯多亚派哲学虽然不可能像有些理论（例如社会契约论）那样对社会制度的变革和改善发生直接的影响，但是，它其中所蕴含的那种胸襟博大的世界主义，那种有关自然法和天赋人权、众生平等的学说，却越过了漫长的时代，对近现代的社会政治理论及实践产生了积极的影响。

《沉思录》的特点

《一生的读书计划》作者、美国教授费迪曼认为《沉思录》有一种不可思议的魅力，它甜美、忧郁而又高贵。我们可以同意他的话，并且说，它的高贵，也许是来自作者对身羁宫廷的自己和自己所处的混乱世界的感受；而它的甜美，则只能是由于作者心灵的安宁和静谧了。这几个特点往往是结合在一起的，比如说，当我们读到《沉思录》的最后一段，即说从人生的舞台上退场的一段，我们一方面感到忧郁，因为这就是人的命运，人难逃此劫，即使你觉得你的戏还没有演完，新的演员已经代替你成为主角了，这里的忧郁就像卓别林所演的《舞台生涯》中那些老演员的心情：苦涩而又不无欣慰，黯然而又稍觉轻松；另一方面，我们又感到高贵，因为我们可以体面、庄严地退场，因为我们完成了自己的使命并给新来者腾出了地方。

我们也要记得，《沉思录》是写给自己的，而不是供出版的，而且，这里是自己在同自己对话，字里行间常常出现的不是"我……"，而是"你……"，并常常用破折号隔出不同的意见。既然是自己与自己的对话，自己说服自己，自然也就不需要过分讲究辞藻、注意效果和安排结构，而是注意一种思想的深入和行进。有时话没说完又想到别处，并经常出现"但是"这样的转折。我们在阅读中不要忘了这些，不然，也许会因为它不是一个精美的体系而感到失望。只要我们让我们的心灵沉静下来，就能够从这些朴实无华的句子中读出许多东西。这不是一本时髦的书，而是一本经久的书，买来不一定马上读，但一定会有需要读它的时候。近两千年前，一个人写下了它；再过两千年，也一定还会有人去读它。

导读二

要像峙立于不断拍打的巨浪之前的礁石，
它岿然不动，驯服着它周围海浪的狂暴。

——《沉思录》卷 4-49

正如前述，古罗马帝国皇帝马可·奥勒留·安东尼在位的近二十年间，国家不断遭遇到台风、地震、瘟疫等自然灾害，帝国的边境也不安宁，发生了一些部落的侵袭或反抗，而内部也有总督叛乱。所以，马可·奥勒留执政的大部分时间并没有待在罗马，而是在戎马倥偬中度过。对于这些灾难，奥勒留表现出一种斯多亚派哲学家的冷静和镇定精神，他以静制动，坚如磐石，克服了种种磨难，使罗马帝国在他统治的岁月依然被英国著名罗马史家吉本称为"人类过着最为幸福繁荣的生活"的时期，他自己也被列为"古罗马五贤王"的最后一位。

但即便有如此的政绩，如果不是在这功业的作者那里还具有一种比这功业远为深沉的精神，以及这精神又被赋予文字的载体并幸运地流传下来，大概也还是不会有多少人记得这位近两千年前的皇帝。奥勒留的《沉思录》使其成为人类历史上罕见的一位真正的哲学家皇帝。下面我们就来具体介绍一下他的《沉思录》大致是怎样的一本书：其中包含一些什么样的思想，尤其是人生哲学和伦理的思想，它的精神信仰、思想特质和由此反映出来的作者品格特征，以及我们如何阅读它等等。

《沉思录》主要在思考什么

一般认为，《沉思录》所表达的是一种斯多亚派哲学，奥勒留是斯多亚派哲学的最后一位主要代表。为方便起见，我们可将斯多亚派哲学的发展主要分为两个时期：一是公元前古希腊的理论体系构建时期；二是公元后古罗马的伦理思考与实践时期。斯多亚派哲学的创始人是芝诺（前336—前246），早期斯多亚派哲人就已经相当重视伦理学了，他们认为哲学分为三个部分：以动物为喻，则逻辑学是骨腱，自然哲学是肌肉，而伦理学是灵魂；以鸡蛋为喻，则逻辑学是蛋壳，自然哲学是蛋白，伦理学则是蛋黄；以田园为喻，则逻辑学是篱笆，自然哲学是土地，伦理学则是果实。

到斯多亚派哲学发展的晚期——罗马帝国的斯多亚派哲人这里，其世界观、本体论、认识论就更是围绕着伦理学展开了，甚至考虑的中心问题都是伦理学的问题，而且主要是自我的心灵如何安顿、个人的行为如何展开的问题。罗马共和国时期的西塞罗（前106—前43）还有不少篇幅考虑制度和政治问题，而后来帝国时期的重臣塞涅卡（前4—公元65）、被释奴隶爱比克泰德（55—135）就都是主要思考个人伦理学的问题，尤其爱比克泰德对马可·奥勒留的影响最大。而且，他们都很重视言行合一，重视道德的自我实践与训练。

所以，我们在《沉思录》中看到，它主要也是一种伦理学或者说道德哲学的思考。而由于在古代社会，伦理学和人生哲学、精神信仰是紧密结合在一起的，乃至是以后者为主导的，所以，它也可以说是一种人生哲学、实践哲学和精神哲学。但《沉思录》并不是一种精心构制的哲学体系，甚至不是连贯的论著，而是一种始终联系于自己生命和道德实践的片段思考，所以，我们下面尝试从社会伦理、个人伦理与精神信仰三个方面来概述其思想。

有关社会伦理

奥勒留在社会伦理方面的思考可能是最少的，但却可能是最好的，或者说是在古典心灵中与现代社会最为契合的。所以，在这方面我们尽量作一些引证，用他自己的话来说明。

的确，我们首先会注意到，奥勒留并不想在社会政治的层面普遍地实现自己的哲学理想，在他那里，实际上是政治的归政治，哲学的归哲学。尽管是罗马帝国的最高统治者，但奥勒留从未考虑过使用当时世界上最强大的权力来推行他的哲学，因为，他深深知道，精神的力量必须自我唤醒，自我培育和自我训练。而且，一种至高的精神追求也不是所有人都能够，甚至愿意达到的。

在心灵的深处，奥勒留永远为自己保留了哲学的亲密一角，而作为罗马帝国的皇帝，他深知自己必须承担起他的职责。他知道他握有不仅是当时帝国，而且也许还是当时世界上最大的权力，但他同时又认为，就权利而言，自己又是一个公民团体中的普通一员，就像他的前任老安东尼皇帝一样，"把自己视为与任何别的公民一样平等的公民"（卷1-16），告诫自己不要欲求"一切需要墙和幕的东西"，不要去关心"灵魂究竟在身体中寄寓多久"，而是要"在全部的生命中只关心这一点：即他的思想不要离开那属于一个理智的人、属于一个公民团体的人的一切"（卷3-7）。

而且，奥勒留还不仅把自己视为一个罗马公民，同时也是一个世界公民。他说："我的本性是理性的和社会的，就我是安东尼来说，我的城市与国家是罗马；但就我是一个人来说，我的国家就是这个世界。"（卷6-44）奥勒留甚至说："如果一个人生活在世界上任何地方都像生活在一个国家（政治团体）中一样，那么住这儿或者住那儿对他并没有什么关系。"这当然主要是就德行的磨炼而言，对一个有德行的人来说，他的确可以四海为家。奥勒留有一种世界主义的情怀，他超越了国家主义的狭隘眼界，他不仅从一个特定政治社会的角度考虑自己的义务，也从一个普遍的人类大家庭的一员考虑自己的义务，从人既是理性的存在又是社会的存在这一人的本性的角度考虑自己的义务。他认为自己也是一个伟大国家（人类世界）里的一个公民。他说："人是至高之城的一个公民，所有其他的城都像是至高之城的下属。"（卷3-11）

的确，奥勒留看重人，甚至尊崇人，但尊崇的是人的理性和责任。他甚至表现出对大自然的一种歉疚之情，他谈到自己及先辈不断从大地得到营养，"当我践踏它，为许多的目的滥用它时，它默默地承受着我"（卷5-4）。他认为，一个人在辞别人世的时候，应该感谢哺育了他的树林（社会）和大地（自然）。他认为人比动物是更高的存在，但是，"对于那没有理性的动物和一般的事物和对象，由于你有理性而它们没有，你要以一种大方和慷慨的精神对待它们"（卷6-23）。"我们在缺乏理性的动物中发现蜂群、畜群、对雏鸟的哺养、某种意义上的爱；因为甚至在动物中亦有灵魂"（卷9-9）。而人作为更优越的存在自然更应当自觉地按照理智和社会的本性生活和行动。

当然，奥勒留也为自己是一个罗马人而感到骄傲。他希望自己"每时每刻都要坚定地思考，就像一个罗马人"（卷2-5）。他希望自己能够总是追忆"古代罗马和希腊人的行为"以为榜样（卷3-14），他希望自己像雅典人那样尊严地向神灵祈祷。奥勒留还写道："那不损害到国家的事情，也决不会损害到真正的公民；那不损害到法（秩序）的事情，也决不会损害到国家；而被称为不幸事件的这些事物中并无一个损害到法，这样，不损害到法的东西也就决不损害到国家或公民。"（卷10-33，卷5-22）从这段话看来，他更强调整体而非部分，更强调国家而非公民个人。但他也同样强调国家受法的支配，"法统治着一切"（卷7–31）。这种法也就是自然法，它贯穿于自然、社会与个人，它体现的是一种普遍的理性或本性。这种自然法也是一种道德法，它规定了国家与公民的各自权利和义务。它高于任何特殊国家的实存法，所以，那不会损害到个人的国家已经先定地具有一种道德的规定性，"理性动物的目的就是要遵循理性和最古老的城邦的政府的法律"。

奥勒留还写道："我接受了一种以同样的法对待所有人、实施权利平等和言论自由平等的政体的思想，和一种最大范围地尊重被治者的所有自由的王者之治的观念。"（卷1–14）这是一种令人吃惊的、具有现代意义的有关制度伦理的思想。在法律面前人人平等，人们享有言论自由和权利平等，最大范围地尊重被治者的所有自由，这是一种真正具有自由精神的王者之道。

有关个人伦理

不过，奥勒留的伦理思考主要还是一种个人伦理学，是一种自我伦理学，或如中国的儒家学者常常称谓自己的学问那样，是一种"为己之学"。由于奥勒留的思考主要是集中在这一方面，在书中有大量的内容，我们不再多引证，而是想在奥勒留的思想与中国的传统思想之间进行一点比较，以便较清晰地显示他的思想特征。这里也顺便说说，奥勒留大概是第一个与中国发生直接联系的罗马皇帝。《后汉书》曾经记载，在桓帝延熹九年（166）大秦王安敦（即马可·奥勒留·安东尼皇帝）派遣使者经日南送来象牙、犀角，并与中国建立通商关系。

从奥勒留的思想与中国主要思想的比较角度来看，我们或可在某种意义上说它包含着道家精神与儒家伦理的某种结合。一方面，我们注意到，老子也谈到了一种贯穿于世界万事万物的"道"，而且强调

"道法自然"，所以，人也应当按照自然的道来生活，接受自然的安排。庄子也认为，"万物与我为一"，追求"天放"的理想，主张齐生死、齐寿夭，摆脱功名利禄，乃至不以自己的身体为意，而重视自己精神上的自由。

奥勒留在对世界及人在其中的处境和命运的看法上，和道家颇有相合之处。但是，他并不像道家思想的突出代表——比如庄子以及后来受其影响的许多文学家那样，希望摆脱社会和政治义务的牵累或者与社会拉开距离，而做一个精神上逍遥的真人。相反，奥勒留极其重视对社会义务的承担，甚至把这种承担强调到了一种绝对义务论的程度，这就使他又颇接近于儒家的伦理。就像孔子强调遵循社会之"礼"，孟子努力阐明普遍之"义"一样，奥勒留也强调，黎明即起，就要毫不懈怠地去努力做好自己作为一个人、一个公民和一个皇帝所必须做的事情（参见卷5-1）。而在待人方面，奥勒留也像儒家一样强调不能逃离自己的同胞，要与人为善，乃至善待品行不良的人们，这是他一日之始就告诫自己的另一条座右铭（参见卷2-1）。他还为如何宽容地对待冒犯自己的人确立了十条原则（参见卷11-18），其中的内容和孔子提倡的"忠恕之道"颇有相通之处。

除了道家的天地精神和儒家的普遍义务感，在奥勒留的思想中，甚至还表现出某种墨家的节俭刻苦和法家的严峻刚硬。当然，他有自己的完全不同于这些流派的特点，有自己的在西方思想中的传承。他可能更注意痛苦的消除，而非快乐的希求——哪怕是纯精神的快乐。他更强调德行的自我坚持，既不像儒家相当执着地追求社会政治方面的理想，又不像道家追求一种具有审美意义的自由或超越。

我们还可以从如何认识与对待死亡的问题来观察一下奥勒留哲学与中国有关思想的不同。比如说，我们在《古诗十九首》中读到："人生寄一世，奄忽若飙尘。何不策高足，先据要路津。"（之四）"人生

非金石，岂能长寿考？奄忽随物化，荣名以为宝。"（之十一）"人生
忽如寄，寿无金石固。万岁更相送，贤圣莫能度。服食求神仙，多为
药所误。不如饮美酒，被服纨与素。"（之十三）"生年不满百，常怀
千岁忧。昼短苦夜长，何不秉烛游！为乐当及时，何能待来兹？"（之
十五）。这里从生命短暂引出的结论是对权力、荣名和快乐的追求。

　　奥勒留在其《沉思录》中也同样多次地谈到了人的生命的脆弱和
短暂。他谈道，死亡对所有人都是平等的，无论伟人还是仆人；最有
权力者还是最有智慧者；被哀悼者还是哀悼者；一些个人还是家族；
抱怨社会者还是不抱怨社会者；害怕死亡者还是不害怕死亡者…… 最
后都无一例外地走向死亡，迅速地被人们忘记。即便那些名人的名声，
也不久就会飘散（分别参见卷3-3，4-32，4-33，4-48，4-50，6-24，
6-47，8-25，8-31，8-37，10-27，10-31，12-27）。他和《古诗十九
首》的作者对死亡的认识应该说是大致一样的，但引出的人生态度却
截然不同，后者主张及时行乐。在这方面，我们还可以引《列子》的
观点为证，其《杨朱篇》说："万物所异者生也，所同者死也。……然
而万物齐生齐死，齐贤齐愚，齐贵齐贱。十年亦死，百年亦死。仁圣
亦死，凶愚亦死。生则尧舜，死则腐骨；生则桀纣，死则腐骨。腐骨
一矣，孰知其异？且趣当生，奚遑死后？"既然人生如此短暂，死后
的名声也不可靠，杨朱的结论是，人不妨纵情于生前的声色犬马之乐。

　　但是，在奥勒留那里，这种对死亡的清醒认识，除了可以用来帮
助我们摆脱对死亡的恐惧和无穷无尽的烦恼之外，也可以有助于我们
看淡对世间功名利禄的追求。他认为一个人过一种有德的一生，而非
纵欲的一生，才是真正体现了一个人与自然本性相合的本性。所以，
奥勒留的结论是"及时行德"而非"及时行乐"，甚至有一种"时不我
待"的紧迫感。当然，这里的比较并不是要显示中西之异，而只是应
用一个现成的例证来说明奥勒留思想的特点，并说明同样承认一种事

实却可以引出不同的价值观点。

有关精神信仰

由死亡的问题也引向了信仰的问题。在人的身体死后，人的灵魂是否继续存在？灵魂是否不朽？有没有一种"永恒的记忆"？乃至于有没有超越的、唯一的人格神？奥勒留虽然也谈到神灵，但谈得不多，并没有一个统摄一切、至高无上、全知、全能、全善的人格上帝的概念。他基本上还是使自己留在哲学的而非宗教信仰的领域。这一哲学甚至可以说是那些对世界与人生有一种超越的思考，却还是不能或不愿信仰一个唯一的人格神并达到一种确定的宗教信仰的人们所能达到的最佳思想，或最高精神境界。在"神"的这一意义上，它或者可以说是一种不信"神"的精神，或者说，是一种非入"神"的近神而居。

但这种人生哲学或道德哲学是否是自足的？是否它还只能是过渡的？或者恰恰因此它才是永久的？19世纪的法国学者雷朗表达了他的一种看法，他认为，奥勒留的《沉思录》是那些不相信超自然力量的人们的福音书。他说："作为一种真正永久的福音书，《沉思录》决不会变老。因为它不肯定任何教义。现在的福音书的某些部分会变得陈旧，因为科学不再允许构成其基础的对超自然的天真观念。而在《沉思录》中，超自然只是一个微不足道的斑点，不影响背景的令人惊叹的美。科学会摧毁上帝与灵魂，但《沉思录》将因其携带的生命与真理而保持年轻。马可·奥勒留的宗教是绝对的宗教，就像耶稣的宗教过去常常是的那样，它产生于一颗高贵的、面对宇宙的道德良心这一事实。这一高贵的道德良心，是任何种族、任何国家、任何革命、任何进步、任何发现都不可能改变的。"

我们是否同意雷朗的看法？人是否完全能够在自身的德行中自足？信徒和非信徒、渴求信仰者与崇尚理智科学者大概会产生不同的看法。我想，对这样一些问题的最终回答，最好还是留给读者自己。

这种思考表现出怎样的精神和品格特质

接下来我想指出奥勒留思想所表现出来的这样四个精神及品格的特质：

第一就是一种理智的诚实。斯多亚派是理性主义者，但并不是现代意义上的一种试图通过理性来解释和解决一切问题的理性主义者。到了罗马的斯多亚派哲人这里，这种理智的诚实更表现于理智探索范围的缩小，他们不愿过多地去探究不能确凿把握或知悉的东西。他们甚至缺乏这样一种对未知世界的强烈好奇心，也没有激情和想象来加强他们的求知动机和扩大他们的欲知范围。他们努力在人能确切知道的东西和不能确切知道的东西之间画上一条明确的界线，而他们主要是关注他们能够确切把握的东西，这就是自身的德行及其训练。这种理智的诚实还特别表现于对死后灵魂和神灵的探究上。他们坚定的理性主义限制了信仰的渴望。所以，我们看到，在《沉思录》中，在没有把握的情况下，作者不多谈死后，不打探来世，不讨论灵魂不朽，当然更没有死后的赏善罚恶、天堂地狱或者来世的因果报应。奥勒留经常谈到神意、神性，但对神灵的存在及如何存在其实谈得很少，他只是按自己的理解大略地肯定神灵的存在，并在星空尚未被自然科学"脱魅"的情况下，认为神灵是以某种星辰的形式存在。他并不去仔细地分辨神灵是一还是多、是人格的还是非人格的，也不去过多地探讨神与人的关系究竟是怎样的。他只是大致地满足于他们感觉到的自然界的神意和人身上的神性，而这种神性其实也是一种普遍的理性。但是，他也决不否定神的存在，以及某种天意与人的德行的必然联系。

第二个特点是平衡的中道。从中道的角度观察，思想史上可以看到两种发展或演变形态，一种是由中道到极端，从中和到分化。如孔子是相当中和、中道的，后来则有内圣和外王两派的不同发展。相当具有综合性的苏格拉底之后也有向大苏格拉底派和小苏格拉底派两个方面，而在小苏格拉底派中也有向快乐主义与犬儒派两个极端的发展。还有一种发展则是由极端到中道，比如说从犬儒派发展到斯多亚派。犬儒派的思想行为更趋极端，甚至其中有一种有意如此以引人注目的因素，而斯多亚派却渐趋中和。比如说，它不再刻意强调睡木桶、穿破衣等自找苦吃的行为，而是比较顺其自然、但心底其实是更为淡漠地对待外物。这一点我们在奥勒留《沉思录》第一卷中提到的几位斯多亚派哲人及他自身的行为方式中可以看得很清楚。在对待物欲方面，他们绝不纵欲，但也不禁欲，而只是自然而然地节欲。这是从心底里更看轻这些外物，也是要更专注于自己的精神。他们平时的生活和行为一如常人，并不炫人耳目，然而，不管外界发生什么变故，他们将始终坚定如常。

这就把我们引到奥勒留精神品格的第三个特点：温和的坚定。他不仅用理性和意志节制自己的欲望，也用理性和意志控制自己的激情。他始终是温和的，甚至常常可能会让人觉得是冷淡的。斯多亚派哲人对自己的一个基本要求就是不动心。他试图调动自己心灵的最大力量来使心灵不为任何外物和事件所动。他使自己坚如磐石，但这并不是像磐石一样来自本身的自然属性，而主要是一种意志磨炼的结果。他是温和的、宽容的、与人为善的，但也是坚定的、绝不改变自己道德原则的。

第四种精神特质则是一种此世的超越精神，即立足于此世，不幻想和渴望彼岸；但又超越于世俗的权名，淡泊于人间的功利。其中"超越权名"尤其是对已掌握或欲追求权名者而言，"淡泊功利"则可对所有人而言。奥勒留在自己的思考中不仅反复指出权力和名声根本性质上的虚幻，也指出财富和功利同样是不值得人们那样热烈地去追求的。

这里有一个有趣的问题：为什么相当多的政治家，包括伟大的政治家，比如腓特烈大帝，或者许多处在权力巅峰的人们会对奥勒留的《沉思录》心有所感，乃至深深契合？为什么那么多要忙着处理重大政治问题和经济事务的人们，那么多正处在权力或影响力巅峰的人们会腾出身来，如此耐心而且常常是倾心地聆听这样一位教导权力和名声并无价值的斯多亚派哲人的声音？一个外在的原因或者可以说是奥勒留也同样处在这样一种权力的顶峰，他有自己亲身的体验，他们想听听这位皇帝说了些什么。但更重要的原因，则无疑是一种既能够恰当地运用和把握权力，又不以不顾一切地攫取和牢固地占有权力为意图的超越精神。这种超越精神能够使人恰如其分地看待自己以及自己所掌握的权力，使他知道，无论这种权力以及由它带来的名声有多大，本质上都仍然是过眼烟云。有了这种超越精神和对权名恰如其分的认识，他就不容易自我膨胀，不容易滥用权力。而一个附带的有益结果可能是，不管他在政坛成就如何，甚至事业失败或者个人失意——这种失败和失意其实比成功更为常见，那么他还可以由这种超越精神得到一种安慰和解脱，使自己的心灵得到一种宁静。

至于淡泊于功利，则可以说对所有时代的所有人都有意义，而对现代人可能尤其有意义。和古代世界不同，现代世界是一个最为崇尚经济成就的世界，也是一个更为追求物质利益的世界。我们甚至不难在有些时期和有些地方看到物欲横流、功利滔滔的状况。而奥勒留的书可以使我们转过来也关心一下自己的精神，可以使我们知道，对人的评价并不应当主要看财富的多寡或者物质的成就，而是应当主要看他的德行、品格和精神。物质财富上的成功，也不是所有人都能达到的，甚至不是多数人能达到的，而心灵德行上的成就，则是任何身份、任何处境里的人都能通过自己的努力达到的。

总之，一种理智上诚实但又随时准备聆听一种来自上方的感召的精神，一种在各种极端中保持平衡和恪守中道的精神，一种温和待人和坚定地应万事万物的精神，一种超越和淡泊于权名功利的精神，以及一种履行自己职责、磨炼自身德行的精神，一种按照本性自然而然地生活的精神，在现代世界里绝没有失去意义，甚至仍然是现代人最需要珍视的价值所在。

当然，我们也在奥勒留的思想中发现某些困难或者说困惑，其中一个是有关抗恶的问题，一个是有关幸福的问题。奥勒留是不主张以恶抗恶的，那么怎样对待恶？他认为我们应当劝告作恶者，并且自己绝不受作恶者的影响，仍然循德行而行。而别人的恶行，对按照本性生活且具有自由意志的我来说并不构成恶，不仅不会影响，甚至有助于磨砺我的德行。但是，这些恶肯定还是恶。从社会的观点来看，是不是还可以比这更积极地对抗恶，减少恶，不仅不让恶在我这里蔓延，也不让恶在社会蔓延？而在这方面，斯多亚派的哲学是较少思考的，它主要还是一种自我磨炼的伦理学，而如果立足于社会，肯定还是可以采取一种更积极的态度，可以考虑从制度上如何约束恶，以及在某些危急关头动员和联合好人们奋起抗击恶。我们的确看到近代以来有些理论对改造社会的期望过高，但是否奥勒留对改造社会的期望过低呢？这些都是可以讨论的。

另一个问题是有关幸福的问题，这包括人们的自由、自尊及符合"人之为人"的物质生活条件，而即便是自由和自尊，也常常是需要某种物质手段来支撑的。斯多亚派的哲人所谈到的自由经常只是一种否定的自由、是说"不"的自由，但更具实质意义的自由肯定还是应当包括选择的多种可能性的。幸福的条件也需要包括某些外在的因素：

比如他人的评价、社会的尊重，以及一定的物质生活资料，好人有好报等等。

以上两个问题可以说是有联系的。它们都涉及纯粹自我德行以外的东西，而完全在自身德行中自足的观点，从实践的角度看，还是相当精英化的，适合作为社会道德的榜样而非大多数人常行的准则。

如何阅读本书

最后再简略谈一下《沉思录》这本书的风格和读法。《沉思录》与其说是一本著作，不如说更像是灵魂的低语。你必须使自己安静下来，才能清晰地听见它的声音。当然，它本身又有一种使心灵宁静的力量。它是朴实的，作者从来没有想到它会发表乃至传世，他只是要说出自己心里的话，只是要帮助自己进行一种精神和德行的训练。但它也表现出一种美，一种从纯净心灵中汩汩流出的美。

所以，读这本书，是可以随时拿起，随时放下的，一次能读多少就读多少。不必一次读完，也不一定都要按顺序读。而一种相对散漫的阅读方式也是符合作者的思考和写作方式的。奥勒留是在极繁忙的事务中随手记下自己的思考的。他不求系统甚至没有想过发表。而对读者来说，重要的是我们能够深入其思想，脱离日常的喧嚣而进入沉思。

所以，这本书不妨片段地读，但值得反复地读。它不是一次写完，也不必一次读完。而不知不觉中，你可能就读了许多遍了。它成了你的枕边书或者案头书。当然你也可以很久不去读它，在尘封了许多日子之后，你偶尔拿起它，又会像遇到一位老朋友。而如果有比较集中的时间的话，我也主张连贯地读一两遍全书，这样可以把握其总体思想，也不致对某些概念或表述感到突兀和不能理解。《沉思录》在自己的流传史上，也曾是长期尘封。在经历了一千多年近乎湮没无闻的岁月之后，它又突然在现代世界广泛地流传开来。这是否说明：现代人的心灵比起中世纪人的心灵来，更容易，或者毋宁说更需要感受其心灵的低语？一些人可能由"神"退向它，而还有另一些人则可能由它走向"神"。

而我的这本在翻译和反复阅读此书中形成的心得笔记，也希望能够对各方面的读者阅读《沉思录》有所帮助。书前有三篇导读，品读部分则其中每卷都有一个"提要"，点出我希望读者注意的地方。"注释"部分主要是知识性的，是想为读者提供一些有关人名、地名、学派、引文出处等知识的背景材料；"读记"部分，则主要是心得性的，是我的一些解释、评论及感想，也涉及文意的概括、主旨的点出、思想的源流或观念的比较，以及一些进一步的引证和引申等。最后我还在两篇"附录"中根据多种西方著作和史料，编制了有关作者生平以及本书流传和版本的介绍，并做了一个"主题索引"，可方便对某些专题感兴趣的读者进一步查阅。

导读三

与《道德箴言录》的比较

20世纪80年代，我翻译了两部篇幅不大的西方人生哲学和伦理学的经典：一部是古罗马帝国皇帝马可·奥勒留的《沉思录》；另一部是法国贵族拉罗什福科的《道德箴言录》。现在对这两本书做一点简单的比较，或可进一步加深我们对《沉思录》的理解。

这两本书所涉及的内容都是人很内在的心灵部分或很隐秘的心理部分。但如果说《沉思录》是在思索人的心灵应当追求什么，它告诉我们，甚至在外在的生活环境与自己的本性很不契合的时候，心灵也还是可以做一种独立高远的追求；那么，《道德箴言录》则是在说人们内心事实上在追求什么，它告诉我们，甚至当人们在行善的时候，他们的心里也很可能掺杂了一些其他的利己动机。前者展示了人的心灵可以飞翔得多么高，后者则告诉我们人事实上还匍匐得有多么低。

所以，在某种意义上，合观两书，或许恰好可以达到帕斯卡尔对人的一种认识：人既伟大而又悲惨。人在知、情、意方面所能达到的目标和状态都是有限的，甚至常常是处境悲惨的，但人能够意识到自己的限度。人有这样一种有关限度的思想，并仍然抱有一种对于无限的渴望，他就是伟大的，就在精神上无比地高于其他动物。人的伟大就在于能够认识自己的有限但仍然渴望无限。

　　这样，我们就不妨在我们的心灵里包含两端：一方面要具有现实感，对人性、对人所能达到的道德完善状态或人生幸福状态不抱太过分的期望；另一方面，又不要因此失望，失去善良或追求善良的动力，相反，我们因此更需要一种超越的精神力量，更应当努力向上和向善，努力地拔出自己，而不是停留在一种泥泞、黏稠乃至污秽的状态中。

　　当然，当我们说《沉思录》一书展示了人的心灵——其实是奥勒留自己的心灵——在努力向上、努力向无限追求的时候，我们并不是说奥勒留不知道人的限度，尤其是社会的限度。他作为一个当时世界上最强大的一个帝国的真正的哲学家皇帝，并没有将自己的哲学思想强加于社会，他个人的最高精神追求甚至不为这个社会所知，他对社会上的人们只是尽力履行自己作为最高统治者的职责——但并不包括安排和规定他们的精神价值追求的"职责"。然而，由于他的著作的流传，他的思想和精神追求无论如何还是深深地影响了后人。

　　同样，当我们说《道德箴言录》深刻地揭露出人们阴森复杂的心理动机的时候，我们也不是说拉罗什福科就放弃了对于人精神追求的希望，否定了人达到比较善良、社会达到比较健全状态的可能性。他说他的揭露性描述"仅仅考虑了那种处在本性被罪孽腐蚀的可悲状态中的人们"，而与"上帝以一种特别的恩惠所眷顾的人们无关"。他对作为人们行为主要动机的"利益"的理解也是宽泛的，不仅指物质财产的利益，也包括了对荣誉和名誉的追求。

　　所以，在奥勒留和拉罗什福科那里，他们的内心其实也都还同时包含了对无限的深沉渴望和对有限性的清醒认识的两端，只是各自都有一端比较彰显而另一端隐而不显。他们隐晦或沉默的一部分或可由对方彰显的部分而形成某种平衡和互补。

　　还有一些另外的对照，比如他们所处的时代，生活在公元2世纪的奥勒留是处在古典社会——古希腊罗马社会的晚期，也是一个强调更彻底和超越的基督教精神信仰时代的前夕；而生活在公元17世纪的拉罗什福科则处在这个信仰时代向一个重新世俗化的时代（近现代）回归的早期，这个时代且比古典时代不仅更重视此世，而且更重视实利。所以，他们的思想都可以说有某种预示或预感的意义。又比如虽然他们都同样主张要接受命运，但奥勒留更强调其间的必然性，而拉罗什福科更强调其间的偶然性；还有像奥勒留更推崇理性，而拉罗什福科更重视激情等等，不一而足。但在思想的层级上，他们都是处在高端而非低端；在文字上，他们也各自把一种短小精深、最具个性的思想形式——箴言和随感——发展到一个相当完美的地步。

　　《沉思录》是自己写给自己的隐秘手书，《道德箴言录》开始也只是在沙龙里口耳相传，直到出现了多有错误的盗印本，作者才不得不自己将其整理付梓。这两部书都不是为出版而作，不意却成为经典之作，甚至有一本还成为今天中国的热门畅销书。虽然说它不仅留传而且也流行总归是一件好事——和时下坊间许多畅销书相比，"与其你流行，还不如我流行"呢，但是，它的流行的确和作者，也许我还可以说和译者没有多少关系。它们的确不是那种好读而又实用的畅销书，读它们是颇要费些力气的，而且还可能令人感到不安——为什么我不能有另一种生活，不能让我的生活有更具精神性的一面？甚至还可能让人感到不快——难道我的内心真的还有这样多不洁的东西？但是，好书终究还是好书。对最好的一类书，我们要努力去配得上它，而不是让它来迁就我们。

卷　一

自我由来

马可·奥勒留青少年时期的雕像，现藏罗马卡比托利欧博物馆

【本卷提要】

　　这一卷的主题是追溯自己的由来，是马可·奥勒留谈他从自己的亲人、老师、朋友那里学到或观察到的东西。

　　首先，我们可以看到他一种深深感恩的心情。一个皇帝本来是最容易骄傲自大的，甚至一个小官员，也会认为自己所掌握的权力和资源是自己应得的，因而飞扬跋扈，乃至愤愤不平，认为自己还应得到更多的权力。而我们普通人也可能容易淡忘来自别人那里的恩惠，或者不知道自己无形中从别人那里所得到的好的熏陶和感染。而奥勒留开卷伊始就历数他从别人那里得到的种种好处，尤其是美德方面的好处。他将自己的优点和美德首先视作一种传承，而他也懂得在教育后代的事情上，一个人要不吝钱财，更要花费心血。

　　其次，我们也会发现奥勒留的一种与人为善的态度，他集中注意的是别人身上那些美的东西和善的方面。他表示感激的这些人在生活中肯定也还是会有他们的缺点。但我们在书中似乎听到这样一个声音：让我们专注于别人身上的优点吧，我们就可能也濡染一些这样的优点。而如果我们只注意别人身上的缺点，我们就会变成一个怨恨不已、愤世嫉俗的人。当然，有可能的话，我们不仅要努力与任何人身上的优点为友（"三人行，必有我师"），还应尽量与那些最优秀的人们为友（"无友不如己者"）。

　　最后，我们也可以说，奥勒留在感激和描述习得的别人的优点时，无意中也给我们描绘了他自己的一幅画像。正是因为善于发现和采撷别人身上的优点，他自己也就成了一个更为优秀和相当完美的人。当然，有些德行可以是"心向往之"，而尚未得之。作为皇帝，马可·奥勒留必须住在宫殿里，他心里其实更向往宁静的乡村茅屋，但他也并不刻意求之。因为实际上，最好的隐退之所和宁静之地还是在一个人的心里。奥勒留所推崇的德行是一种温和的中道精神，是一种"不动心"。但这种温和是一种坚定的温和，这种中道是一种能够在心灵中把握两个极端的中道。而之所以要对外界"不动心"，正是为了对真正有意义的东西"动心"。他也不神神道道，不语"怪力乱神"，不斤斤计较于琐屑之事，的确，他注意的是那些对人生最为根本和重要的东西。

　　这一卷虽然被作为第一卷放在前面，但却是在他生命的较晚，甚至最后的岁月写的，估计是写于176—180年之间。此卷所提到的人都已先他去世，包括他的妻子——皇后福斯蒂娜（Faustina）也在176年就已去世。

1–1　从我的祖父维勒斯，我学习到弘德和制怒。

【注释】

　　马可·奥勒留的祖父阿尼厄斯·维勒斯（Annius Verus），在其生父去世之后抚养他。其祖父曾三度担任过罗马的执政官，最初是在图密善（Domitian）皇帝时期，后来则是在公元121—126年间。

　　马可·奥勒留的全名是马可·奥勒留·安东尼（Marcus Aurelius Antoninus）。

【读记】

　　传统伦理学是以做人为中心的，主要考虑要成为一个什么样的人，拥有什么样的德行，而现代伦理学则是以行为为中心的，主要考虑做事的时候不管目标为何都应使用正当的手段。强调做人的传统伦理学显然要比强调行为的现代伦理学更为全面和内在，但现代伦理学承认人们不同的合理目标的歧义性和多元性，也可以说表现出对于所有人的一种平等尊重。马可·奥勒留可以说一开始就从他的祖父维勒斯观察和学习到做人和为官的两条最重要的原则：第一条是有关优良的道德（good morals），可以说是对如何做人的一种一般和总体的要求；第二条则是有关控制自己的脾气和激情。摆脱激情虽然是斯多亚派哲学的一个一般要求，但对掌握权力者尤其有意义。掌握大权的官员如果放任自己的脾气，将给很多人造成严重的后果，而"君王之怒"自然更如雷霆，影响可能殃及一国国民。所以说马可·奥勒留从他担任执政官的祖父那里一开始就把握到了一般做人和担当特殊重任的努力方向，为他日后的王者之道奠定了一种德行的基础。

1-2 从我父亲的名声及对他的追忆，我懂得了谦虚和果敢。

【注释】

奥勒留的亲生父亲：阿尼厄斯·维勒斯，与奥勒留的祖父同名，奥勒留尚在襁褓时其父就死于执政官任上。

【读记】

奥勒留的父亲去世很早，对他并没有直接的熏陶和教育。但马可·奥勒留认为他还是从父亲那里受到了谦虚和果敢的品质影响。这种影响主要来自他父亲的名声和人们对他的追忆，虽然大概也还有生理的遗传。所以，善于学习者不仅是从直接的耳提面命中学习，也从文化的传承中获益，这里鲜明地显示出一种家族传统的力量。一个为自己家族骄傲的人自然也想发扬光大这种家族传统。这里的"果敢"直译是"男子气概"（manly character），但这是一种和谦虚结合在一起的"男子气概"。没有谦虚节制的"男子气概"有可能大胆妄为；而缺少果敢的"谦虚"则容易变得优柔寡断。

1-3 从我的母亲，我濡染了虔诚、仁爱和不仅戒除恶行甚而戒除恶念的品质，以及远离奢侈的简朴生活方式。

【注释】

奥勒留的母亲叫多米特·卡尔维娜（Domitia Calvilla），也叫露西娜（Lucilla）。

【读记】

　　如果说马可·奥勒留并没有因为父亲的早逝而影响男子气概的培养，那么他还幸运地从他母亲那里直接濡染了一种母亲能够给予孩子、女性能够给予男性的最好品质，这就是仁爱与内心纯洁的品质。而且他母亲还帮助他养成了一种简单朴素的生活方式，这种生活方式对于一个世代富有显贵的家庭来说是非常难得的。但这简朴也是有迹可循：既然其母如此重视一种内在的心灵品质，对外在的奢华自然也就不会太在意了。反之亦然：重视锦衣美食有可能失去心灵最好的甘露。

1-4　从我的曾祖父那里，我懂得了不要时常出入公共学校，而是要在家里有好的教师；懂得了在这些事情上一个人要不吝钱财。

【注释】

　　这里的"曾祖父"，也许是指他母亲的祖父卡提留斯·西维勒斯（Catilius Severus）。

【读记】

　　当时罗马的公共学校质量不高，所以要获得更好的教育就常常需请家庭教师。这告诉我们一个家庭要重视教育投资，舍得在这方面花钱，但主要采取什么形式则又要依具体情况而定。一家如此，一国亦然。所谓"再穷不能穷教育，再苦不能苦孩子"即表示了类似的信念。又有"男孩穷养，女孩富养"一说，指的是相对来说，对男孩更要培养他的志气和自立自强的能力，乃至有时需要"苦其心志，劳其筋骨"。

1–5 从我的老师那里，我明白了不要介入马戏中的任何一派，也不要陷入角斗戏中的党争；我从他那里也学会了忍受劳作，清心寡欲，事必躬亲，不干涉他人事务和不轻信流言诽谤。

【注释】

这里取意译的形式，原文直译是说马戏中的蓝、绿两派。蓝、绿是填在竞技马车上的颜色，当时罗马人为这种竞赛如醉如狂，得胜的驭手获得巨大的荣誉，成为群众的偶像。在决斗中也是分门别派的，按其装备，有使用圆盾牌的（Parmularius），有轻装的（Scutarius），可参见电影《角斗士》（*Gladiator*）。

【读记】

这段话告诉我们，一个人要保持某种中立，更要有独立的精神，尤其对一个成长中的孩子来说，不要太早地介入党争和派别之争，这不仅是为了不浪费精力，也是为了与对峙的双方都保持某种距离，以便作出较清醒的判断，也防止养成为争而争的习惯，或者让党派的立场扭曲自己正在成长中的健全理智。有些争论可能是有意义的，但也最好在理智成熟之后再介入，而有些党争，如某些游戏中的党争则没有多少意义，最好永远都不介入。冷静不动心是斯多亚派哲学家特别希望达到的一种心灵状态。不要让一个孩子沉迷于游戏。一个人也必须学会独立，不去硬性地影响别人，也不轻易受别人影响。

1–6 从戴奥吉纳图斯，我学会了不使自己碌碌于琐事，不相信术士巫师之言、驱除鬼怪精灵和类似的东西；学会了不畏惧也不热衷于战斗；学会了让人说话；学会了亲近哲学。我先是巴克斯，然后是坦德西斯、马尔塞勒斯的一个倾听者，我年轻时学习写过对话，向往卧硬板床和穿粗毛皮，从他，我还学会了其他所有属于希腊学问的东西。

【注释】

戴奥吉纳图斯（Diognetus）据说是马可·奥勒留早年教育的启蒙老师，是一位画家，也是一名斯多亚派的哲学家，他主要教授奥勒留绘画和哲学。正是戴奥吉纳图斯影响了年轻的奥勒留，使他在年仅十一岁时就成了一名斯多亚主义者。

巴克斯（Bacchius）、坦德西斯（Tandasis）和马尔塞勒斯（Marcianus）三人已不可考，据说巴克斯是罗马时期的一名音乐家。

【读记】

奥勒留从戴奥吉纳图斯那里初识学问之道，这是一个重要和端正的开始。他开始"立乎其大"，不神神道道。甚至高学历、高地位者常有人身陷其中，而奥勒留一开始就学会了"不语怪力乱神"，他也学会了"不畏惧也不热衷于战斗"，或者说不惹事也不怕事，事发前谨慎小心，有所畏惧，事发后勇敢坚定，无所畏惧。而一个好的家庭教师还能带来更多的好老师，奥勒留由此打下了古希腊哲学和艺术的基础，并向往一种自我磨炼的艰苦生活方式。

1-7 从拉斯蒂克斯，我领悟到我的品格需要改进和训练，知道不迷误于诡辩的竞赛，不写作投机的东西，不进行烦琐的劝诫，不显示自己训练有素，或者做仁慈的行为以图炫耀；学会了避免辞藻华丽、构思精巧的写作；不穿着出门用的衣服在室内行走及别的类似事情；学会了以朴素的风格写信，就像拉斯蒂克斯从锡纽埃瑟给我的母亲写的信一样；对于那些以言辞冒犯我，或者对我做了错事的人，一旦他们表现出和解的意愿，就乐意地与他们和解；从他，我也学会了仔细地阅读，不满足于表面的理解，不轻率地同意那些夸夸其谈的人；我亦感谢他使我熟悉了爱比克泰德的言论，那是他从自己的收藏中传授给我的。

【注释】

　　尤尼乌斯·拉斯蒂克斯（Junius Rusticus），斯多亚派哲学家，给予了奥勒留最深刻的私人引导，还教授他法律，他一直是奥勒留的知己，在奥勒留的帝王生涯中扮演着帝师和智囊的双重角色，曾两次被奥勒留任命为执政官。

　　锡纽埃瑟（Sinuessa）是意大利中西部古国拉丁姆（Latium）的一个重要城镇，位于利日斯和瓦特纳斯之间的海岸上。

　　爱比克泰德（Epictetus，约55—约130）是罗马最著名的斯多亚派哲学家，生在弗里吉亚的希耶阿波利斯（Hierapolis，今土耳其棉堡），出生时可能是奴隶身份，其主人将他送至当时著名的斯多亚派哲学家鲁弗斯（Rufus）处接受了哲学教育，而后他成为自由民，在罗马任教，直至公元90年由于图密善皇帝驱逐哲学家而离开罗马，在尼科波利斯（Nicopolis）终其天年。严格来说，他并不著述。他的学生阿里安（Arrian）编撰了记载其主要思想的《手册》（*Encheiridion*）。爱比克泰德一生贫穷，早年由于酷刑曾落下腿疾，他以灵魂的宁静作为毕生追寻的宏旨，倡导忍让和仁慈，教导人们服从并安享命运的安排，演绎属于自己的命定的人生角色。

【读记】

　　拉斯蒂克斯是继续把奥勒留引向深入的老师，比如说引向古

罗马帝国另一位著名的斯多亚派哲学家、但却是出身奴隶的爱比
克泰德。如果说像"卧硬板床"还是外在的磨炼，这里则进入了
一种更深刻的内在磨炼。奥勒留也从他那里学会了在阅读中不浅
尝辄止，不为那些只是具有学问外表的人所迷惑。拉斯蒂克斯告
诫奥勒留不去追求华丽的辞藻和构思的精巧——这往往是年轻人
容易犯的毛病，奥勒留学会了朴素，而朴素不仅是一种为文的也
是一种为人的最好底色。拉斯蒂克斯也劝导奥勒留对那些冒犯者、
错待自己者，一旦对方愿意和解也就乐意与他们和解，这样不仅
表现出因意识到自己也可能冒犯和错待别人而产生出对对方的理
解和宽恕，也可以节省自己的精力以用于更重要或更具建设性的
事情上。中国近人有言"一个都不宽恕"，古人则云"仇必和而
解"，斯多亚派哲学无疑倾向于后者。

1-8 从阿波罗尼奥斯，我懂得了意志的自由，以及目标的坚定不移；
懂得了在任何时候都要依赖理性，而不依赖任何别的东西；懂得了在
失子和久病的剧烈痛苦中镇定如常；从他，我也清楚地看到了一个既
坚定又灵活、在教导人时毫不暴躁的活的榜样；看到了一个清醒的不
以他解释各种哲学原则时的经验和艺术自傲的人；从他，我也学会了
如何从值得尊敬的朋友那里得到好感而又丝毫不显得卑微，或者对他
们置若罔闻。

【注释】

　　阿波罗尼奥斯（Apollonius of Chalcis）是一位严格的斯多亚
派哲学家，他在奥勒留养父统治的年代来到罗马，成为奥勒留的
老师。据说他第一次被宣召入宫时曾说："老师不应该去就学生，
而是学生应该去就老师。"以致花了很大代价把他从遥远的家乡请

到罗马来的派厄斯皇帝后来说："请他到罗马还是比请他从住处到
皇宫容易些。"

【读记】

　　在此，一个斯多亚派哲学家的典型人格形象已经鲜明地显示
出来了，这就是始终依赖理性，充分调动意志，目标坚定不移。
而在任何巨大的痛苦中都能够镇定如常——忍受痛苦，是斯多亚
派哲学家最著称的能力。他还能够从值得尊敬的朋友那里赢得尊
敬——这不是通过讨好或者拉开距离的自傲，而大致是通过同样
品质的相互吸引，即所谓"物以类聚，人以群分"。阿波罗尼奥
斯逝世时奥勒留还未即位，奥勒留为此大恸。有批评说奥勒留为
此痛哭有违其哲学原则，派厄斯皇帝对批评者说："让他做一个人
吧！哲学与帝位都不能根除柔情。"

1-9　从塞克斯都，我看到了一种仁爱的气质，一个以慈爱方式管理
家庭的榜样和合乎自然地生活的观念，看到了毫无矫饰的庄严、为朋
友谋利的细心，对无知者和那些不假思索发表意见的人的容忍：他有
一种能使自己和所有人欣然相处的能力，以致和他交往的愉快胜过任
何奉承，同时，他又受到那些与其交往者的高度尊敬。他具有一种以
明智和系统的方式发现和整理必要的生活原则的能力，他从不表现任
何愤怒或别的激情，完全避免了激情而同时又温柔宽厚，他能够表示
嘉许而毫不啰唆，拥有渊博知识而毫不矜夸。

【注释】

　　喀罗尼亚的塞克斯都（Sextus of Chaeronea），斯多亚派哲学
家，古希腊著名历史学家普鲁塔克（Plutarch）的孙子（一说侄

子），奥勒留经常聆听其演讲，甚至在他做了皇帝之后。

【读记】

如果说前面我们看到了一个意志坚定的榜样，从塞克斯都我们则看到了一个"圣之和者"，他能够慈爱地管理家庭，能够和所有人欣然相处，给别人带来快乐。但他又绝非是一个乡愿、一个和事佬、一个好好先生，而是一个有自己原则的人，实践这些生活原则看似容易其实很不易：庄严易，但毫无矫饰的庄严不易；帮朋友忙容易，但为朋友谋利细致入微不易；使人愉悦容易，但同时能够得到愉悦者的高度尊敬不易。而这可以说得益于塞克斯都有一种以明智和系统的方式发现和整理必要的生活原则的能力。为了使自己的思想和生活清明，给自己留出一些清理自己的时刻是重要的。曾子曾说"吾日三省吾身"，蔡元培受母训：每日待人接物之后都要反省有何做得不当和不周之处，梁漱溟主张黎明即起到户外静默和晨读，都可以说有类似的意义。我们一般人的反省清理或不如此频繁，但却有必要定期给自己留出一些静思的时间。

1-10 从文法家亚历山大，我学会了避免挑剔，不去苛责那些表达上有粗俗、欠文理和生造等毛病的人们，而是灵巧地通过回答的方式、证实的方式、探讨事物本身而非词汇的方式，或者别的恰当启示，来引出那应当使用的正确表达。

【注释】

亚历山大（Alexander），祖籍佛里吉亚（Phrygia），是奥勒留的希腊文文法教师，他曾写过有关荷马的评论。阿里斯提德

（Aristides）曾为其葬礼发表演说。

【读记】

奥勒留从文法家亚历山大那儿学会的是一种苏格拉底的方法，即不是直接挑剔和苛责别人的文法毛病，而是通过问答和别的恰当启示来引出正确的表达，这里自然还没有涉及苏格拉底的辩证思想的接生术，但也是一种："引而不发，跃如也。"

1-11 从弗朗特，我学会了观察仅仅在一个暴君那里存在的嫉妒、伪善和口是心非，知道我们中间那些被称为上流人的一般是相当缺乏仁慈之情的。

【注释】

弗朗特（Marcus Cornelius Fronto），奥勒留和维勒斯（Lucius Verus）这两位未来的皇位继承人的共同老师，主要教授修辞学，著名演说家和书简作家，143年担任执政官，曾和奥勒留有大量的书信往来。后者也给予弗朗特极高的荣誉，甚至令元老院为他塑像。

【读记】

奥勒留从弗朗特那里所学到的观察表明，他不仅是理想主义的，也是有现实感的；不仅知道人应该追求什么，也知道人事实上是什么，知道人们地位的崇高并不一定就能带来思想和品行的崇高。奥勒留其实受弗朗特在多方面的影响极大，但不知何故在此写得极少。

1—12 从柏拉图派学者亚历山大，我懂得了若非必要，我不应时常在言谈或信件中对人表示说我没有闲暇；懂得了我们并不是总能以紧迫事务的借口来推卸对与自己一起生活的那些人的义务。

【注释】

亚历山大（Alexander the Platonic）是修辞学家，大概于170年左右成为皇帝的秘书。

【读记】

奥勒留在这里学到的是一种人与人关系的分寸感，是一种对各种各样的人们的不同态度：对有些人亲而不亵，还有一些则疏而不离。什么人比较忙？政界和商界的人大概比较忙，但他们仍然没有理由来推卸或怠慢对自己亲人的责任。

1—13 从克特勒斯，我懂得了当一个朋友抱怨，即使是无理地抱怨时也不能漠然置之，而是要试图使他恢复冷静；懂得了要随时准备以好言相劝，正像人们所说的多米蒂厄斯和雅特洛多图斯一样。从他，我也懂得了真诚地爱我的孩子。

【注释】

克特勒斯（Cinna Catulus）是一位斯多亚派哲学家。多米蒂厄斯和雅特洛多图斯则不可考。

【读记】

第1—4节是讲亲人，第5—12节是讲老师，第13—15节是讲友人。奥勒留从克特勒斯那里学到的主要是为友之道，因为是和朋友打交道，就比与一般人打交道时对自己的要求应高一些：即便朋友是无理的抱怨也不能置之不理，且应好言相劝。

1–14　从我的兄弟西维勒斯，我懂得了爱我的亲人，爱真理，爱正义；从他，我知道了思雷西亚、黑尔维蒂厄斯、加图、戴昂、布鲁特斯；从他，我接受了一种以同样的法对待所有人、实施权利平等和言论自由平等的政体的思想，以及一种最大范围地尊重被治者的所有自由的王者之治的观念；我也从他那里获得一种对于哲学的始终一贯和坚定不移的尊重，一种行善的品质，为人随和，抱以善望，相信自己为朋友所爱；我也看到他从不隐瞒他对他所谴责的那些人的意见，他的朋友无须猜测他的意愿，这些意愿是相当透明的。

【注释】

　　在奥勒留的生活中，西维勒斯（Severus）作为人名多次出现：其母亲的祖父卡提留斯·西维勒斯（Catilius Severus）地位显赫，曾两次担任执政官；奥勒留本人在童年也曾根据外曾祖父的名字被命名为卡提留斯·西维勒斯；奥勒留还经常听取逍遥学派的克劳狄·西维勒斯（Claudius Severus）所作的演讲。但这里说"兄弟"不可能是真的。奥勒留没有兄弟。据推测他可能是指某位表兄。还有人认为是指克劳狄·西维勒斯（其子与奥勒留的一个女儿结婚）。另一种推测认为指的是奥勒留养兄维勒斯，但此处的描述不太像，且后面专门有说到其养兄的地方。

　　思雷西亚·帕克图斯（Thrasea Pactus），罗马元老院议员和斯多亚派哲学家，以高贵和勇气而为人称道，被暴君尼禄（54—68年在位）判处死刑。

　　黑尔维蒂厄斯·普里斯库斯（Helvidius Priscus），思雷西亚·帕克图斯的女婿，出身高贵且崇尚自由，被尼禄流放并被皇帝维斯佩申处以极刑。

加图（Cato）也称马库斯·波希乌斯（Marcus Porcius，前95—前46），罗马保守派政治家和斯多亚派哲学家，因美德和勇气而享有盛名。他支持庞培并在内战中反对恺撒，在恺撒的塞浦路斯大捷之后自杀。

可能是指戴昂·卡西乌斯（Dion Cassius），罗马元老院议员，地位显赫，来自小亚细亚西北部的卑斯尼亚。曾用希腊文撰写过《罗马史》，从罗马城建立开始直至他所处的时代，是研究早期罗马帝国的重要史料。

古罗马有两位家喻户晓的布鲁特斯（Brutus）：一是路奇乌斯·朱利乌斯·布鲁特斯（Lucius Junius Brutus），是罗马共和国的建立者，一是马库斯·朱利乌斯·布鲁特斯（Marcus Junius Brutus），是古罗马的政治家和将军，和盖乌斯·卡西乌斯·罗基努斯（Gaius Cassius Longinus）一起共谋了暗杀恺撒的行动。

【读记】

在这里我们遇到了一种政治哲学，这就是法律面前人人平等，法律对所有公民一视同仁，公民权利平等和言论自由平等。奥勒留留给我们的有关政治哲学的论述是最少的，但却是最好的！当然，这不是一种现代自由民主政体，因为不仅罗马公民权的范围是有限的，而且罗马政体也已经从共和变为帝制，所以这只是一种最大范围的尊重被治者的所有自由的王者之治的观念。

1-15 从马克西默斯，我学会了自制，不为任何东西所左右，在任何环境里和疾病中欢愉如常，在道德品格方面形成一种甜美和尊严的恰当配合；做摆在面前的事情并毫无怨言。我注意到所有人都相信思如其言，在任何行为中都不抱恶意；他从未表现过奇怪和惊骇，从不匆忙，从不拖延，从不困惑或沮丧，他不以笑声掩饰他的焦虑，另一方面也不狂热或多疑。他已习惯于仁慈的行为，随时准备宽恕，避开所有的错误；他给人的印象与其说是不断改善，不如说是一贯公正。我也注意到：任何人都不能认为受到了他的蔑视，或者敢自认是比他更好的人。他也具有一种令人愉快的幽默的本领。

【注释】

克劳迪厄斯·马克西默斯（Claudius Maximus），一位斯多亚派哲学家，他也受到奥勒留养父派厄斯皇帝的高度尊敬，被视为是一个完美的人，其忍受痛苦的勇气尤其为人所称颂。

【读记】

这是又一个斯多亚派哲学家的鲜明形象，在此值得注意的有两点：一是说他在道德品格方面形成一种甜美和尊严的恰当配合；二是说他给人的印象与其说是一贯公正，不如说是不断改善。单纯甜美并非德行，但一味强调道德的尊严又可能失之过苛，两者的恰当配合应该说是很不容易的，不可能一蹴而就，应该说是通过"不断改善"而达到的。

1–16   在我的父亲那里，我看到了一种温柔的气质，和在他经过适当的考虑之后对所决定的事情的不可更改的决心；在世人认为光荣的事情上他毫无骄矜之心，热爱劳作，持之以恒，乐意倾听对公共福利提出的建议；在论功行赏方面毫不动摇，并拥有一种从经验中获得的辨别精力充沛和软弱无力的行动的知识。我注意到他克服了对娈童的情欲；他把自己视为与任何别的公民一样平等的公民；他解除了他的朋友要与他一起喝茶，或者在他去国外时必须觐见他的所有义务，那些由于紧急事务而没有陪伴他的人，总是发现他对他们一如往常。我也看到了他仔细探讨所有需考虑的事情的习惯，他坚持不懈，决不因对初步印象的满足就停止他的探究；他有一种保持友谊的气质，不会很快厌倦朋友，同时又不放纵自己的柔情；他对所有环境都感到满足和快乐；能不夸示地见微知著，富有远见；他直接阻止流行的赞颂和一切谄媚；对帝国的管理所需要的事务保持警醒，善于量入为出，精打细算，并耐心地忍受由此而来的责难；他不迷信神灵，也不以赏赐、娱乐或奉承大众而对人们献殷勤；他在所有事情上都显示出一种清醒和坚定，不表现任何卑贱的思想或行为，也不好新骛奇。对于幸运所赐的丰富的有益于生命的东西，他不炫耀也不推辞，所以，当他拥有这些东西时，他享受它们且毫不做作；而当他没有这些东西时，他也不渴求它们。没有人能说他像一个诡辩家、一个能说会道的家奴，或者一个卖弄学问的人，而都承认他是成熟的人、完善的人、不受奉承的影响、能够安排他自己和别人事务的人。除此之外，他尊重那些真正的哲学家，他不谴责那些自称是哲学家的人，同时又不易受他们的影响。他在社交方面也是容易相处的，他使人感到惬意，且毫无损人的装腔作势。他对他的身体健康有一种合理的关心，他既不是太依恋生命，又不是对个人的形象漠不关心（虽然还有点漫不经心），但他通过自己的注意，仍然很少需要看医生，吃药或进补品。他很乐意并毫无嫉妒心地给拥有任何特殊才能的人开路，像那些具有雄辩才能或拥有法律、道德等知识的人，他给他们以帮助，使每个人都能依其长处而享有名声；他总是按照他的国家的制度行事并毫不做作。而且，他不喜欢变动不居，而是爱好住在同一个地方，专注于同一件事情，在他的头痛病发作过去之后，他又马上焕然一新，精力充沛地去做他通常的工作。他的秘密不多，而且这很少的一些秘密也都是有关公事的；他在公众观瞻之物和公共建筑的建设中，在他对人民的捐赠中表现出谨慎和节约，因为在这些事情上，他注意是否应当做这些事，而不是注意从这些事情上获取名声。他不在不合时宜的时刻洗澡，不喜欢大兴土木营建住宅，也不关注他的饮食、他的衣服的质料和色彩，以及他的奴隶的美貌。他的衣服一般是从他在海滨的别墅罗内姆来的，是从拉努维阿姆来的。我们都知道他是怎样对待请求他宽恕的塔斯丘伦的收税人的，这就是他总的态度。在他那里，找不到任何苛刻、顽固和残暴，也没有人们也许可以称之为甜言蜜语的任何东西；他分别地考察所有事情，仿佛他有充分的时间，毫不混淆，有条有理，精力充沛，始终一贯。那对苏格拉底的记录也可以用之于他，他能够放弃也能够享受那些东西——这些东西是许多人太软弱以致既不能够放弃又不能够有节制地享受的。而这种一方面能足够强健地承受；另一方面又能保持清醒的品质，正是一个拥有一个完善的、不可战胜的灵魂的人的标志，这正像他在马克西默斯的疾病中所表现的一样。

【注释】

奥勒留的养父，安东尼·派厄斯皇帝（Antoninus Pius，86—161，138—161年在位），和奥勒留在史上并称为"两安东尼"，他是罗马帝国"五贤帝"中的第四位，五贤帝的统治时期也因他的名字被称为"安东尼王朝"（Antonine Dynasty），五帝治下罗马帝国迎来了空前的繁荣。哈德良皇帝在138年指定安东尼为继承人，而其甫一上任，就尊赫德里安为神，基于此被元老院冠名为Pius（孝顺之意）。

罗内姆（Lorium），位于埃特鲁斯坎（Etruria，意大利中部的古国），设有竞技场，安东尼·派厄斯皇帝于161年3月7日卒于此。

拉努维阿姆（Lanuvium），位于意大利中西部古国拉丁姆，在罗马城附近，安东尼·派厄斯皇帝于86年9月19日生于此。

塔斯丘佗（Tusculum），古代拉丁姆的一个城市，位于今天意大利的罗马东南。拉丁姆诸城邦曾与罗马组成拉丁联盟，共同抵御伊达拉斯坎人。塔斯丘佗就是拉丁姆诸城邦之一。后拉丁姆诸邦与罗马矛盾激增，于前338年被罗马击破，该联盟诸邦遂成为罗马的殖民地或属国。

有关苏格拉底的记录可参见色诺芬的《回忆录》I，3，15。

【读记】

本节是第一卷最长的一节。奥勒留从他的养父那里获得了最主要的思想和品德的继承，尤其是在为王之道方面。对其养父的描述与称颂，还可参见卷6-30。《古罗马帝国衰亡史》的作者吉本认为，由这父子即两安东尼王统治的时期是古罗马帝国的黄金时代，是人们最希望生活在其治下的时期。从这一节的描述可以看出，奥勒留的养父派厄斯皇帝在其公德与私德方面有一种相当完美的平衡。

在公德方面，他能够从善如流，使拥有不同才能的人各得其所，各尽所能，他能够在国务方面量入为出，不好大喜功，不好新骛奇，维护公民平等，按制度行事而不随心所欲，不迷信神灵也不讨好大众，也阻止别人对自己的赞颂和讨好。

在私德方面，他能够不放纵自己对亲友的柔情和激情，保持和朋友的友谊。他对待物质享受的态度尤其值得注意，对于幸运所赐的丰富的有益于生命的东西，他不炫耀也不推辞，没有时不追求，不动心，享受时也不做作，不矫情。他能够放弃也能够享受物质的东西，而许多人要么是沉浸在物欲中不能自拔，无法放弃；要么是干脆禁欲，完全不敢接触，当然后者还是优于前者的，但强健的灵魂则能够既享受而又保有节制，能"贫贱不能移，富贵不能淫"，能够荣辱不惊，在任何环境中都保持自己的独立，善用物而不为物役。

个人品德对于处理好公务是十分重要的，甚至可以说构成一种公德的基础，如果一个人利欲熏心，他就很难在公共事务中不陷入贪腐。但是，拥有良好甚至高尚私德的统治者，也并不一定能自然而然地达成政治上的清明，因为这里还需要一种清醒而坚定的政治判断力和执行力，比如像中国南北朝时期的梁武帝，他自奉甚俭，但用人不当，结果酿成了使众多生灵涂炭的"侯景之乱"。

在奥勒留的养父派厄斯皇帝这里，我们发现他身上一种最突出的也是贯穿其私德和公德的气质就是：一种温和地坚守正道、坚守中道的气质，这种气质也是斯多亚派哲人的一般气质。除了上面所描述的中道之外，还有像他尊重真正的哲学家，但也不谴责那些"自称的哲学家"，只是不受他们的影响；他既不是太依恋生命，又不是对自己的身体漠不关心；既不纵欲但也不禁欲，而只是节欲等等。这样，比如说在对待物欲的态度方面，他就能比较同情地理解一般老百姓的渴望和欲求，乃至于"与民同乐"，但又绝不至于让自己的欲望膨胀到"率兽食人"。政治家，尤其是执政的政治家，为千千万万百姓计，是不能够走极端的，甚至不能够太浪漫的，更不能拿百姓做自己思想的试验品或个人伟业的垫脚石。

1-17 我为我有好的祖辈、好的父母、好的姐妹、好的教师、好的同伴、好的亲朋和几乎好的一切而感谢神明。我也为此而感谢神明：我没有卷入对他们任何一个人的冒犯。虽然我有这样一种气质，如果有机会是可能使我做出这种事情的，但是，由于他们的好意，还没有这种机缘凑巧使我经受这种考验。而且，我还要感谢神明：我很早就不由我的祖父之妾抚养，我保护了我的青春之美，直到恰当的时辰甚至稍稍推迟这个时辰才来证明我的男性精力。我隶属于一个统治者、一个父亲，他能够从我这里夺去所有的虚骄，而带给我这样的知识，即懂得一个人是可以住在一个不需要卫兵、华衣美食、火把和雕像等东西的宫殿里的，而且一个人有力量过一种私心所好的生活，同时并不因此而思想下贱，行动懈怠，而仍能以和统治者相称的身份来做那些为了公众利益必须做的事情。我感谢神明给了我这样一个兄弟，他能以他的道德品格使我警醒，同时又以他的尊重和柔情使我愉悦；感谢神明使我的孩子既不愚笨又不残废，使我并不熟谙修辞、诗歌和别的学问，假如我看到自己在这些方面取得进展的话，本来有可能完全沉醉于其中的；我感谢神明使我迅速地给予了那些培养我的人以他们看来愿意有的荣誉，而没有延宕他们曾对我寄予的愿我以后这样做的期望（因为他们那时还是年轻的）；我感谢神明使我认识了阿波罗尼奥斯、拉斯蒂克斯、马克西默斯，这使我对按照自然生活，对那种依赖神灵及他们的恩赐、帮助和灵感而过的生活得到了清晰而巩固的印象。没有什么东西阻止我立即按照自然生活，然而我还是因为自己的过错，因为没有注意到神灵的劝告（我几乎还可以说是他们的直接指示）而没有达到它；我的身体置于这样一种生活之外如此之久，但我从未触摸本尼迪克特或西奥多图斯，在陷入情欲之后，我还是被治愈了。虽然我和拉斯蒂克斯相处时常常会生气，但我总算没有做出会令自己后悔的事情来；虽然我母亲不能尽其天年而终，但她最后的年月是与我在一起的；在我希望帮助任何需要帮助的人的时候，或在任何别的场合，我都不感到我缺乏这样做的手段；而对我自己来说却不会有同样的需要：即需要从别人那里得到东西。我有一个十分温顺、深情和朴实的妻子；我有许多优秀的教师来教育我的孩子；通过梦和其他办法，我发现各种药物来治疗咯血和头昏……当我有一种对哲学的爱好时，我没有落入任何诡辩家之手，没有在历史作品上，或者在三段论法的解决上浪费时间，也没有专注于探究天国的现象；而上面所有这些事情都要求有神灵和命运的帮助。

写于格拉努瓦的夸迪（Quadi at the Granua）部落。

【注释】

　　本节所说的兄弟大致是指卢修斯·维勒斯（Lucius Verus，130—169，161—169年在位），他与奥勒留一起统治罗马帝国，共享皇权。这是罗马帝国第一次两个皇帝在位（古斯巴达也有双王制，但国王权力并不很大），也堪称一个奇迹。除此之外，他和奥勒留还有更为重要的私人关系，他们被同一个父亲收养，因此成为兄弟。他娶了奥勒留的女儿路西拉为妻，所以奥勒留还是他的岳父。他受过良好的教育，积极参与政治和军事事务，具有特殊的个性魅力；一说他是个懒惰的人，不配享有皇位，但奥勒留并不烦他，而维勒斯也因奥勒留的品德而相当尊重他，没有野心，故有此八年多的和平共治。本尼迪克特（Benedicta）和西奥多图斯（Theodotus）是奥勒留年轻时喜欢过的两位女性。

　　夸迪是日耳曼人的一个部落。奥勒留曾对其征战，本书中的部分就是在这一征战的途中写就的。Granua大概是说流入Danube的Graan河。

【读记】

　　在本卷的最后这一节中，奥勒留集中地表达了他的感恩之情，他认为他拥有几乎是好的一切，为他上面描述的好的祖辈、父母、老师、亲朋而感谢神明，而且他还幸运地没有卷入对他们任何一个人的冒犯，而他认为自己是有那样一种可能冒犯的气质的，只是机缘凑巧使他避免了那种考验，这实际上也就提出了一个"道德运气"的概念，而感谢神明在某种意义上也就是感谢命运，因为在一个人的成长过程中，越是早期越是比较依赖于运气和环境，直到他自己的理智成熟，认识到事务和自身的本性，并通过按照这个本性生活而成为自己行为的主人。

奥勒留从小生长的家庭环境非常显贵和富有，这种巨大财富的好处是，在他需要帮助任何需要帮助者的时候，他都不缺乏这样做的资源，但他同时又还能从一个作为皇帝的父亲那里夺去所有的虚骄，懂得一个人是可以完全无须奢华而生活的。奥勒留也庆幸自己的才华没有被引向修辞诗歌等艺术，因为这些艺术将和他日后的为王之道不太吻合，当他钻研哲学的时候，也没有流入诡辩或者烦琐的历史考证和逻辑分析，或者被虚渺的天国现象所吸引，而是专注于一种既有现实感又有超越性的人生和道德哲学。

但是，从另一种观点，尤其是从了解更多情况的后人的观点来看，奥勒留其实又不是那么幸运的。他幼年丧父，母亲也去世较早。他即位后，养兄不能承担治国重任，而当时罗马帝国又连遭各种自然灾害、边境战争、内部叛乱等，导致他连年在外奔波。而最不幸的，可能还是罗马帝国的盛世到他之后就告终结。他的亲生儿子、后来继承其王位的康茂德渐渐变成了一个暴君，尽管奥勒留请了许多优秀的教师来教育这个孩子，他却没有表现出任何对哲学的爱好，而是喜欢决斗、打猎等一些诉诸体力和武力的事情，在其子继任的头三年里，其国政尚能维持大局，但后来遇到的一次未遂刺杀却使其越来越走向残忍和任性。最后康茂德被杀，罗马帝国陷入长期混乱（电影《回忆录》所述他及其子的死并非历史真实）。还有奥勒留的妻子，据说也相当风流，但这种绯闻是否可信还是不确定的，奥勒留始终认为他妻子是"温顺、深情和朴实的"。奥勒留对自己的亲友是否有"溢美"或者有所"隐讳"？他对他的儿子倒是没有提及德行上的优点，而只是说他"既不愚笨又不残废"，但或许他对这个孩子的日后不祥前景还是有些预感。当然，人们仍然可以批评说他过于轻信，但正如马克思所说的，"轻信是最可容忍的一种缺点"，因为它意味着宁可失之于从好的方面去理解别人，而不失之于从坏的方面去揣度他人。

总之，外在的命运无论幸运或不幸，奥勒留都做到了自己的德行不受它们的影响，他还是虔诚、正直、朴素、节制、友善、尽职尽责地度过了自己的一生。

卷　二

人性反省

马可·奥勒留的半身胸像，现藏法国图卢兹圣雷蒙博物馆

【本卷提要】

　　《沉思录》第一卷是最为连贯的，所以有一个统一的主题：追念逝者的德行及对自己的有益影响，并感谢神灵。以后各卷的主题就不是那么明显突出，我们要考虑到它们是在不同的日子里断断续续地写下的，而且不是为发表，而完全是为自己写下的，是灵魂的自我低语。所以，后面的各卷提要知识择其要点而略加勾勒。有不少主题反复出现在各卷之中，我们则只能满足于抓住重点。

　　本卷的要点或可说是人性及其自我反省。人性分本性与偶性。人性的本性是良善的，它与宇宙的本性是相连接的。人类的本性与宇宙的本性都是整体的本性，而这也是神性，或所有的一切都是来自神意。人应当按照本性生活，使自我的本性与人类的、宇宙的本性合一，与神性合一。

　　但是，人也有偶性，有肉体带来的性质，人与人之间还有各种各样的差别性、偶然性。人有三部分：支配部分、肉体和呼吸。"支配部分"即内在的灵魂或灵魂中的理性、智慧；"呼吸"则似乎是贯通内外的空气。人事实上也就千差万别，你一日之始也就要准备遇到各种各样的心存不良者、庸人或浑浑噩噩者，但他们的本性还是与你相似，你不要恨他们，而是要善待他们。这就是你每日的功课。而如果你反省自身，你自己其实也有很多毛病。我们是通过认识自我来认识现实中的人性，认识人性中的个性，认识人性中的偶性，又同时也认识人性中的神性，人性中的共性。这共性是美好的，你应当专注于它。

　　作者在本卷中主要是反省自己，他尤其强调要及时行德，甚至连读书也常被视作分心。更重要的是专注地思考包括了部分的整体本性，以及实际地按照这本性践履自己的德行。这一卷乃至整本书都可能是奥勒留在五十岁以后写下的。所以，全卷中充满了一种对时光飞速流逝，时不我待，必须紧紧抓住现在来思考和实行最重要的事情的感觉。

2-1 一日之始就对自己说：我将遇见好管闲事的人、忘恩负义的人、傲慢的人、欺诈的人、嫉妒的人和孤僻的人。他们染有这些品性是因为他们不知道什么是善，什么是恶。但是，我——作为知道善和恶的性质，知道前者是美、后者是丑的人；作为知道做了错事的人们的本性是与我相似，我们不仅具有同样的血液和皮肤，而且分享同样的理智和同样的一分神性的人——决不可能被他们中的任何一个人损害，因为任何人都不可能把恶强加于我，我也不可能迁怒于这些与我同类的人，或者憎恨他们。因为，我们是天生要合作的，犹如手足、唇齿和眼睑。那么，相互反对就是违反本性了，就是自寻烦恼和自我排斥。

【读记】

有两种职业或身份的人：一种是偏于直接行动，其行为活动是和人们密切关联的，如政治家、商人、企业家、医护人员、工程师等等；还有一种是偏于思想观念，其行为活动和众人不直接发生关联的人，如哲学家、诗人、理论科学家、古代的隐士、修道士等等。后一种人往往只是与有限的人打交道，和熟人打交道，他们甚至可以限制和选择与自己打交道的人，亦即选择他们的朋友或志同道合者，他们对大众和社会的影响，往往要通过少数人和时间的中介。但是，前一种人，尤其是政治家、商人就往往要和很多人打交道，不仅是熟人朋友，还有很多陌生的人，包括可能他本人并不喜欢甚至很厌恶的人，包括敌手、阴谋家、卑鄙者、阴险者等等，但他为了做事而不得不和他们打交道，这样与其每天被动地疲于应付，或者突然情绪失控，就不如在一日之始就主动地提醒自己：今天我将遇见我不愿见到的人，而这就是我的人生，我的命运。

而这也就是人性，人具有共同性，也有差别性。那些我讨厌

的人们的本性还是与我相似的，我们不仅外在相似，都有人类的
体质特征，也有内在的相似，都有同样的理智乃至同样的灵性。
的确，他们有些恶劣的品性，那是因为他们不知道何谓善何谓恶，
而我既然知道什么是善什么是恶，就不能和他们一样行事，何况
他们也绝不可能把恶强加于我，所以我对他们就不能够以恶对恶，
不能对他们动怒或者憎厌，我甚至要怜悯他们对善恶的无知，我
们是天生处在一个不可逃离的社会中，是需要相互合作和共存的，
如果我们每天以这样的思想开始和人们打交道，就不会给自己带
来烦恼，当然对于那些特别喜欢安静思考的人们，他也可以选择
后一种职业生涯。只是，对于奥勒留来说，他虽然对于一种退隐
沉思的生活心向往之，但命运给他安排了国务的重任，他认为自
己也就应当坚定而坦然地承担。

2-2   不论我是什么人，都只是一小小的肉体、呼吸和支配部分。丢
开你的书吧；不要再让你分心，分心是不允许的；但仿佛你现在濒临
死亡，轻视这肉体吧：那只是血液、骨骼和一种网状组织，一种神经、
静脉和动脉的结构。也看看呼吸，它是一种什么东西？空气，并不总
是同样的空气，而是每一刻都在排出和再吸入的空气。那第三就是支
配部分了：这样来考虑它，你是一个老人；不要再让这成为一个奴隶，
不要再像线拉木偶一样做反社会的运动，不要再不满意你现在的命运，
或者躲避将来。

【读记】

　　奥勒留认为人有三部分：一是支配部分，也就是人的灵魂或
理智；二是肉体；三是呼吸，这呼吸或可被认为是沟通内外、连
接灵肉的。重要的是把灵魂或理性作为自己的支配部分。轻视肉

体，甚至也不让读书来使自己分心，使人分心的事很多，为什么奥勒留恰恰点出读书，这也许是因为任何物欲早已不能吸引他，但读书却是他爱好的，当他写下这些字句时已经是一位来日无多的老人，他想使自己专注于灵魂的沉思。

2-3　所有从神而来的东西都充满神意。那来自命运的东西并不脱离本性，并非与神命令的事物没有关系和关联。所有的事物都从此流出；此外有一种必然，那是为着整个宇宙的利益的，而你是它的一部分。但整体的本性所带来的，对于本性的每一都是好的，有助于保持这一本性。而现在宇宙是通过各种元素及由这些元素组成的事物的变化保存其存在的。让这些原则对你有足够的力量，让它们总是决定你的意见吧。丢开对书本的渴望，你就能不抱怨着死去，而是欢乐、真诚地在衷心感谢神灵中死去。

【读记】

　　奥勒留认为，人类只是整个宇宙的一部分，个人就更其如此。而整体的本性所带来的对本性的每一部分都是好的，这是他的哲学中很重要的一个命题，对整体好的也就是对部分好的。所以人要把整个宇宙、自然、社会都视作充满神意。

2-4　记住你已经把这些事情推迟得够久了，你从神灵得到的机会已够多了，但你没有利用它。你现在终于必须领悟那个你只是其中一部分的宇宙，领悟那种你的存在只是其中一段流逝的宇宙的管理者；你只有有限的时间，如果你不用这段时间来清除你灵感上的阴霾，它就将逝去，你亦将逝去，并永不复返。

【读记】

　　一个人的生命如果已经时日无多，那么他应当怎样度过余生：有些人的回答可能是及时行乐！而奥勒留的回答是：及时行德！你必须在精神上清洗自己、净化自己，否则死亡会在你还是一个恶人或庸人时就追上你，而每个人最好怀着一颗干净的心死去。

2-5　每时每刻都要坚定地思考，就像一个罗马人，像一个富有完整而朴实的尊严，怀着友爱、自由和正义之情感去做手头要做的事情的人那样。你要摆脱所有别的思想。如果你做你生活中的每一个行为都仿佛它是最后的行为，排除对理性命令的各种冷漠态度和强烈厌恶，排除所有虚伪、自爱和对给你的那一份的不满之情，你就将使自己得到解脱。你看到一个人只要把握多么少的东西就能过一种宁静的生活，就会像神的存在一样；因为就神灵来说，他们不会向注意这些事情的人要求更多的东西。

【读记】

　　要像一个罗马人那样坚定地思考与行动。奥勒留是为作为一个罗马人而感到自豪和骄傲的。就像古希腊人、雅典人为自己的名称感到自豪一样。这里"罗马人"已成为一个观念，它意味着有一种完整而朴实的尊严感，有一种同胞之情和正义感，能够坚定地行动。这里还说道，要把生活中的每一个行为都当作仿佛是自己的最后一个行为来做，这也意味着将这一行为本身就看作目的，你要让这一行为本身就正当、美丽和崇高。这里还说道"一个人只要把握多么少的东西就能过一种宁静的生活"，同样我们也可以说，一个浮躁不安的社会如果观念清明、分配合理，即使没有很多的财富也能过一种幸福得多的生活。

2-6 你错待了自己，你正在错待自己，我的灵魂，而你将不再有机会来荣耀自身。每个人的生命都是足够的，但你的生命却已近尾声，你的灵魂却还不去关照自身，而是把你的幸福寄予别的灵魂。

【读记】

　　这里我们又一次听到了自我反省的声音，而这种声音在生命接近尾声的时候就愈加悲怆动人。

2-7 你碰到的外部事物使你分心吗？给出时间来学习新的和好的东西而停止兜圈子吧。但你也必须避免被带到另一条道路。因为那些在生活中被自己的活动弄得筋疲力尽的人也是放浪者，他们没有目标来引导每一个行为，总之，他们的所有思想都是无目的的。

【读记】

　　对灵魂的呼吁，主要是希望它回来观照自身，而不让外部事务使其分心，不要兜圈子，也不要走向错误的道路，不要无所事事的放浪，也不要碌碌无为的盲目。

2-8 不要去注意别人心里在想什么，一个人就很少会被看成是不幸福的，而那些不注意他们自己内心的活动的人却必然是不幸的。

【读记】

　　奥勒留反复告诫自己的就是，不要去注意别人的心事，而是要注意自己的内心，因为幸福的源泉就在自己的内心，而不在别人对你的看法。

2-9　你必须总是把这一点记在心里：什么是整体的本性，什么是我的本性，两者怎么联系，我的本性是一个什么性质的整体的一部分；没有人阻止你说或者做那符合本性（你是其中的一部分）的事情。

【读记】

　　　整体的本性与自我的本性应当如此联系：使我的本性作为部分符合整体，而按照这种本性生活是完全在一个人的力量范围之内的。

2-10　西奥菲拉斯图斯在他比较各种恶的行为时像一个真正的哲学家那样说（这种比较就像一个人根据人类的共同概念所做的比较一样）：因欲望而引起的犯罪比那些因愤怒而引起的犯罪更应该受到谴责。因为，因愤怒而犯罪的人看来是因某种痛苦和不自觉的患病而失去了理智，但因欲望而犯罪的人却是被快乐所压倒，他的犯罪看来是更放纵和更懦弱。紧接着，他又以一种配得上哲学的方式说：因快乐而犯的罪比因痛苦而犯的罪更应该受到谴责；总之，后者较像一个人首先被人错待，由于痛苦而陷入愤怒；而前者则是被他自己的冲动驱使做出恶事，是受欲望的牵导。

【注释】

　　　西奥菲拉斯图斯（Theophrastus，约前372—前287），哲学家，亚里士多德的弟子，其名为亚里士多德所赐，意为"非凡的演讲"，继亚里士多德之后执掌吕克昂学园（Lyceum）。他撰写了大量关于哲学和自然历史的著作，其主要观点是反对目的论，认为目的论过于简单，因而不能清晰地解释某些生命体的特殊现象，并提倡观察自然和实验。

【读记】

　　奥勒留在这里引用了西奥菲拉斯图斯的观点，他看来也是同意这一观点的，这就是"因欲望而引起的犯罪比那些因愤怒而引起的犯罪更应该受到谴责"。因愤怒引起的犯罪也可以说是一种激情犯罪，它一般不是主动的而是被动的反应，常常是因为遇到了他一时接受不了的状态而失去控制，是为了摆脱某种痛苦；而因欲望而犯罪的人则是追逐快乐，这种动机无疑会更持久、更常见，是一种自我的主动趋赴，所以罪性更大。

2-11　由于你有可能在此刻辞世，那么相应地调节你的每一行为和思想吧。如果有神灵存在，离开人世并非一件值得害怕的事情，因为神灵将不会使你陷入恶；但如果他们确实不存在，或者他们不关心人类的事务，那生活在一个没有神或神意的宇宙中对你意味着什么呢？而事实上他们是存在的，他们的确关心人类的事情，他们赋予人所有的手段使人能不陷入真正的恶。至于其他的恶，即便有的话，神灵也不会使人陷入其中的。不陷入恶完全是在一个人的力量范围之内的。那不使一个人变坏的事物，怎么能使一个人的生活变坏呢？但宇宙的本性忽视这些事情是有可能的，但这不是由于无知，也不是因为有知，亦不是因为防止或纠正这些事情的力量，也不可能是因为它缺少力量或技艺，以致犯了如此大的一个错误——使好事和坏事竟然不加区别地降临于善人和恶人身上。但肯定，死生、荣辱、苦乐所有这些事情都同样地发生于善人和恶人，它们并不使我们变好或变坏。所以，这些事物既非善亦非恶。

【读记】

　　奥勒留在这里一开始又谈到，要以自己可能即将赴死的心态来调节自己的思想和行为。而死亡也不足畏惧，因为神灵事实上是存在的，神灵不会使人陷入真正的恶。不使一个人的品质变坏的事物，怎么能使一个人的生活变坏呢？奥勒留认为，像生死、苦乐、荣辱这些人们极其看重的事情其实是中性的，它们既非善也非恶，因为它们同样地发生于善人与恶人身上。看来奥勒留是认为不能指望人间社会事实上是能做到善有善报、恶有恶报的，而他也不以此为意，认为即便人世间不能实现赏善罚恶，也不影响我们砥砺自己的德行。他甚至也不把希望寄托于来世的因果报应或死后的天堂地狱。

2-12 所有事物消失得多么快呀！在宇宙中是物体本身的消失，而在时间中是对它们的记忆的消失。这就是所有可感觉事物的性质，特别是那些伴有快乐的诱惑或骇人的痛苦的事物，或者是那些远播国外的虚浮名声的性质。它们是多么的无价值、可蔑视、肮脏、腐坏和易朽啊！所有这些都是理智能力要注意的。理智能力也要注意那些以意见和言论造成名声的人；注意什么是死亡这一事实：如果一个人观察死亡本身，通过反省的抽象力把所有有关死亡的想象分解为各个部分，他就将把死亡视为不过是自然的一种运转；如果有什么人害怕自然的运转，那他只是个稚气未脱的孩子。无论如何，死亡不仅是自然的一种运转，也是一件有利于自然之目的的事情。理智能力也要注意人是怎样接近神的，是通过他的什么部分接近神，以及他的这个部分是在什么时候这样做的。

【读记】

这一段话使我们想起孔子面对河流所说的："逝者如斯夫！"而且更带有一种悲观的色调，奥勒留认为，物体以及万事万物对它们的记忆的消失，人物及其名声的消失，都表明它们是多么的无价值，多么的可蔑视。故而，理智能力不要把死亡和消失看作是坏事，而应视为自然的一种运转，理智能力要注意人是怎样接近神的，人应当近神而居。

2-13 没有比这更悲惨的了：一个人旋转着穿越一切，像诗人说的那样打听地下的事情，猜测他的邻人心里的想法，而不知道只要专注于他心中的神并真诚地尊奉他就足够了。对心中神的尊奉在于使心灵免于激情和无价值的思想而保持纯洁，不要不满于那来自神灵和人们的东西。因为，来自神灵的东西，因其优越性是值得我们尊敬的；而来自人的东西，因我们与他们是亲族的缘故是我们应当珍重的。有时他们甚至在某种程度上因对善恶的无知而引起我们的怜悯，这种不辨善恶的缺陷并不亚于不辨黑白的缺陷。

【读记】

　　人不要打探别人，甚至也不要打探来世，而是要专注于自己的内心，要满足于来自于神灵和人们的一切。前者因其优越性值得我们尊敬；后者因为同属一族而值得我们珍重。甚至他人的冒犯也因其对善恶的无知而只引起我们的怜悯，因为这种德盲犹如色盲。

　　这里说到了"怜悯"，和其他斯多亚派哲学家有些不同，如塞涅卡说怜悯是"弱小心灵的恶"，而基督教徒却视怜悯为一种基本的心灵品质。中国古代儒家也视"恻隐"为"仁之端"。

2-14 虽然你打算活三千年，活数万年，但还是要记住：任何人失去的不是什么别的生活，而只是他现在所过的生活；任何人所过的也不是什么别的生活，而只是他现在失去的生活。最长和最短的生命就如此成为同一。虽然那已逝去的并不相同，但现在对于所有人都是同样的。所以那丧失的看来就只是一单纯的片刻。因为一个人不可能丧失过去或未来——一个人没有的东西，有什么人能从他那里夺走呢？这样你就必须把这两件事牢记在心：一是所有来自永恒的事物犹如形式，是循环往复的，一个人是在一百年还是在两千年或无限的时间里看到同样的事物，这对他都是一回事；二是生命最长者和濒临死亡者失去的是同样的东西。因为，唯一能从一个人那里夺走的只是现在。如果这是真的，即一个人只拥有现在，那么一个人就不可能丧失一件他并不拥有的东西。

【读记】

　　每个人能拥有和把握的都只是现在，所以他失去和得到的其实也只是现在，最长和最短的生命也就在"现在"这一点上成为同一。因为过去已经过去，未来也还没有到来。由于一个人并不拥有过去与未来，而只拥有现在的片刻，他也就不可能丧失过去和未来，即他不可能丧失他没有的东西。而现在的片刻对于长寿者和早夭者都是一样，这样，活得长与活得短就没有什么差别。

　　但我们也许会说，一个人并不只是作为一个现在的片刻而存在，而是作为一个过去和现在的统一体而存在，一个在自己过去的生命中做了许多事情乃至丰功伟业，或者嘉言懿行的生命，和一个尚未展露自己的才华和潜德的生命是不一样的，在完整和一贯的人格的意义上，每个人都拥有自己的过去，甚至无法摆脱自己的过去。而死亡突然结束了一个人的生命，他也就没有了未来，而对另一个还活着的人来说，他却有自己的未来。当然死亡还可能随时打断他，但只要他活着，他就仍然可以说是拥有未来，并可以筹划他的未来。

凯恩斯说，从长远的观点来看，所有人都要死去，这对所有人都是一样的。从极其长远的接近永恒的观点来看，一个人是活几十年、一百年还是几千年甚至几万年确实没有太大的差别，但从人类的寿限或者大致百年的观点来看，活一两年和活七八十年之间却有着很大的差别，人类的作为也就在这几十年里做文章，所以相对长的生命仍然有意义，当然也要看用它来做什么。

奥勒留想告诉我们的是（其实是告诫自己，因为这是他写给自己的沉思记录）：不要去追求长生不老，乃至对长寿也不要刻意求之。长生不老是很多享尽世间的荣华富贵的皇帝都想追求的，比如说中国的秦皇汉武。但是一个皇帝即便能剥夺千万人的生命，他也无法把哪怕其中一个人的生命年轮哪怕一天增加到自己身上。不要因为你是权力最大的皇帝就以为能万岁万万岁，而哪怕只有这一件事你做不到，其他一切的占有也就没有了意义。因而应当更关注自己的灵魂。

2-15 要记住一切都是意见。因为犬儒派摩尼穆斯所说的话是很显然的，这些话的用途也是很显然的，只要一个人从这些真实的话中汲取教益。

【注释】

犬儒学派（Cynic），希腊哲学学派之一，活动时期在公元前4世纪到基督教时期。主要因其与众不同的生活方式而不是思想体系而与其他学派相区别。苏格拉底的门徒安提西尼被认为是这一运动的创始人。锡诺普人第欧根尼（Diogenes）则是该学派的典型，他力图过回归"自然"的生活。为此目的，他像一个流浪乞丐，在公共建筑中睡觉，乞讨食物，并以此证明即使处在如此极端的状况中仍有可能保持愉快和独立。他还提倡直言不讳以及朴素刻苦。犬儒派的思想与行为对后来的斯多亚派有较大影响。

摩尼穆斯（Monimus，约公元前4世纪），锡拉库扎（Syracuse）人，犬儒派哲学家，曾是一名科林斯钱商的奴隶，因被第欧根尼的言行感染而投入其门下。他的名言是"一切皆空"。根据怀疑派学者恩披里柯（Sextus Empiricus）的记载，他非常类似于阿那克萨哥拉（Anaxarchus），因为他将存在的事物比作布景制作活动，推测这些事物与人们在睡眠和癫狂中所感知到的印象相似。

【读记】

　　"一切都是意见"，也可以说一切都是看法。在斯多亚派哲学家看来，凡是自然发生的都是好的，只是人们的意见给它们染上了不同的色调。斯多亚派的早期哲学命题有些就是来自犬儒派。

2-16　人的灵魂的确摧残自身，首先是在它变成宇宙的一个肿块的——或者说就其可能而言变成一个赘生物——时候。因为，为发生的事情烦恼就是使我们自己脱离本性——所有别的事物的本性都包含在这一本性的某一部分之中。其次，灵魂摧残自身是在它被什么人排斥甚或怀着恶意攻击的时候，那些愤怒的人的灵魂就是这样。第三，灵魂摧残自身是在它被快乐或痛苦压倒的时候。第四，灵魂摧残自身是在它扮演一个角色，言行不真诚的时候。第五，是在它让自己的行动漫无目标，不加考虑和不辨真相地做事的时候，因为甚至最小的事情也只有在参照一个目标来做时才是对的，而理性动物的目的就是要遵循理性和最古老的城邦和政府的法律。

【读记】

　　奥勒留在这里谈到了人的灵魂摧残自身的五种情况：第一种

是在他自我膨胀或寄生的时候；第二种是在他愤怒的时候；第三种是在他被苦乐压倒的时候；第四种是在他不真诚的时候；第五种是在他漫无目标的时候。而奥勒留指出，理性动物的目的就是：内在地遵循理性，和外在地服从古老城邦和政府的法令。这里点出了守法也是理性动物的目的，当然这种法律是经受了时间考验的法律，是符合自然法的。

2-17　在人的生活中，时间是转瞬即逝的一个点，实体处在流动之中，知觉是迟钝的，整个身体的结构容易分解，灵魂是一涡流，命运之谜不可解，名声并非根据明智的判断。一言以蔽之，属于身体的一切只是一道激流，属于灵魂的只是一个梦幻，生命是一场战争，一个过客的旅居，身后的名声也迅速落入忘川。那么一个人靠什么指引呢？唯有哲学。而这就在于使一个人心中的神不受摧残，不受伤害，免于痛苦和快乐，不做无目的的事情，而且毫不虚伪和欺瞒，并不感到需要别人做或不做任何事情，此外，接受所有对他发生的事情，所有分配给他的份额，不管它们是什么，就好像它们是从那儿，从他自己所来的地方来的；最后，以一种欢乐的心情等待死亡，把死亡看作不是别的，只是组成一切生物的元素的分解。而如果在一个事物不断变化的过程中元素本身并没有受到损害，为什么一个人竟忧虑所有这些元素的变化和分解呢？因为死是合乎本性的，而合乎本性的东西都不是恶。

写于卡尔嫩图穆

【注释】

卡尔嫩图穆（Carnuntum），罗马的边关要冲，是上潘诺尼亚（Upper Pannonia）多瑙河畔的一个城市。它最早是一个重要的罗马军营，坐落于现在的奥地利境内，原属诺里克姆省（Noricum），公元1世纪后成为潘诺尼亚的一部分。哈德良皇帝在那里创立了罗马的公民城（municipium），奥勒留则在对马可曼尼（Marcomanni）的战争期间于此城居留了三年（172—175）之久，并写作了《沉思录》的部分篇章。

【读记】

上节讲到灵魂会摧残自身，那怎么使它不受摧残呢？一个人靠什么指引呢？面对万物流变的世界，包括人及其名声也不断消失的世界，我们怎样度过这一生命的旅程呢？奥勒留的回答是：我们需要哲学的指引，接受所有对自己发生的事情，就好像它们是源出于己一样，最后欣然地走向死亡。

卷 三

服从天意

上一任皇帝、马可·奥勒留的养父安东尼·派厄斯的雕像，现藏慕尼黑
古代雕塑展览馆（Glyptothek）

【本卷提要】

　　本卷的要点是服从神意。它依然从要及时思考最重要的事情开始，而以要在自身中保持神性，从认识万事万物中的神性，服从万物流转中的神意结束。

　　本卷中一个比较罕见的题目是谈到了自然的令人愉悦的美，甚至那个别地看不怎么美的东西从整体的观点看也是美的。奥勒留思考了什么东西是美好的，人要达到那最好或至善应当如何做。人应当独立和正直。独立即不要受别人的影响，不要太在乎别人的意见，不要分心，不要游荡，而只关注自己内在属于理智的人，外在是公民团体的一员这一点。你只需履行好你的义务，使生命完全正直，同时让自己的心灵准备好坦然地辞世。

　　在第三节出现了后面还要反复出现的悲怆而又欣然的旋律：多少伟人、英雄、圣哲都已死去，更不必说芸芸众生了，那还有什么值得不满和抱怨的呢？人应当达到纯粹、宁静，自愿地完全安心于他的命运。还在尘世时就履行好自己的义务，需要告别时就乐意地离去。这也是顺从神意。

3-1　我们不仅应当考虑到我们的生命每日每时都在耗费，剩下的部分越来越少，而且应当考虑另一件事情，即如果一个人竟然活得久些，也没有多大把握说理解力还能继续足以使他领悟事物，还能保持那种努力获得有关神和人的知识和思考能力。因为他将在排泄、营养、想象和胃口或别的类似能力衰退之前，就开始堕入老年性昏聩，而那种运用我们自己的能力，满足我们义务标准的能力，清晰地区分各种现象的能力，考虑一个人是否应当现在辞世的能力等诸如此类的能力绝对需要一种训练有素的理性，而这种理性整个地已经衰退了。所以我们必须抓紧时间，这不仅是因为我们在一天天地接近死亡，而且因为对事物的观照和理解力将先行消失。

【读记】

　　人要及时思考最重大的问题，不仅因为人的寿命有限，而且还因为在他的生命终结之前，他的理性能力就开始衰退。人不仅有体能的高峰也有理智的高峰，人并不一定是越老越聪明，所以我们必须思得其时。

3-2　我们也应当注意到：甚至在那合乎自然地产生的事物之后出现的事物也令人欣悦和有吸引力。例如，当面包在烘烤时表面出现了某些裂痕，这些如此裂开的部分有某种不含面包师目的的形式，但在某种意义上仍然是美的，以一种特殊的方式刺激着食欲。再如无花果，当它们熟时也会裂开口；成熟的橄榄恰在它们接近腐烂时给果实增加了一种特殊的美。谷穗的低垂、狮子的睫毛、从野猪嘴里流出的泡沫，以及很多别的东西，一个人如果孤立地考察它们，虽然会觉得它们是不够美的，但由于它们是自然形成的事物的结果，所以它们还是有助于装饰，使心灵愉悦。所以，如果一个人对宇宙中产生的事物有一种感觉和较深的洞察力，那些作为其结果出现的事物在他看来就几乎都是以某种引起快乐的方式安排的。所以，他在观察真正的野兽张开的下颚时，并不比看画家和雕刻家所模仿的少一些快乐，他能在一个老年人那里看到某种成熟和合宜，能以纯净的眼光打量年轻人的魅力和可爱。很多这样的事情都要出现，它们并不使每个人愉悦，而只是使真正熟稔自然及其作品的人愉悦。

【读记】

　　奥勒留在此提出了一个重要的美学观点，即有些现象孤立地看并不美，但作为整体的一个部分，作为自然形成的事物的一个结果或附属物就产生出一种美。而一个自然的过程也会有它不同阶段的美，比如年轻人的青春魅力和美丽可爱、老年人的久经沧桑的智慧和宁静之美。

3-3 希波克拉底在治愈许多病人之后自己病死了。占星家们预告了许多人的死亡，然后命运也把他们攫走。亚历山大、庞培、恺撒在粉碎数十万计的骑兵和步兵，频繁地把整个城市夷为平地之后，他们最后也告别了人世。赫拉克利特在大量地思考了宇宙的火之后，最后死于水肿病，死时污泥弄脏了全身。虫豸毁了德谟克利特，别的虫豸杀死了苏格拉底。所有这些意味着什么呢？你上船，航行，近岸，然后下来。如果的确是航向另一个生命，那就不会需要神，甚至在那儿也不需要。但如果是航向一个无知无觉之乡，你将不会再受痛苦和快乐的掌握，不会再是身体的奴隶，而身体有多么下贱，它所服务的对象就有多么优越，因为后者是理智和神性，前者则是泥土和速朽。

【注释】

科斯岛的希波克拉底（Hippocrates of Cos，约前460—前370），古希腊伯里克利时代的名医，被看作是医药史上最为杰出的人物之一。由于他创立了希波克拉底医学学派并产生了深远的影响，因此被尊为"医药之父"。这个学派彻底改变了古希腊的医学传统，将医学从巫术和哲学的遮蔽下独立出来从而开启了医学专业化的历史。

亚历山大大帝（Alexander the Great，前356—前323），古代马其顿国国王，曾师从亚里士多德，是世界历史上最为成功的军事领袖之一，在战场上所向披靡，先确立了马其顿在巴尔干半岛的霸主地位，后灭波斯帝国。直到他逝世，他已经征服了当时对古希腊而言的大部分世界，这片领域横跨欧亚地区，西起希腊、马其顿，东到印度恒河流域，南至尼罗河，北达巴比伦。亚历山大对世界的征服客观上促进了东西文化的交流。

庞培（C. Pompeius Magnus，前106—前48），贵族出身，罗马共和国末期的著名统帅、政治家。前83年投靠贵族派首领苏拉，曾先后镇压塞多留起义、斯巴达克起义，清剿地中海海盗。前65年吞并叙利亚和巴勒斯坦，前61年凯旋罗马。与克拉苏（Marcus Licinius Crassus）和恺撒组成"前三头同盟"，执掌罗马政局，后克拉苏卒，同盟解体，与元老院共同反对恺撒，争夺罗马的领导权，史称"恺撒内战"。前48年战败后逃至埃及，为法老近臣暗杀。

恺撒（Gaius Julius Caesar，前100—前44），贵族出身，古罗马军事统帅、政治家。公元前59年当选执政官。曾屡次征服高卢全境，掠取大量财富及奴隶，权势日隆。公元前48年追杀庞培入埃及，干涉埃及托勒密王朝政务。公元前45年被元老院封为终身独裁官。破例连任五年执政官，终身保民官，兼领大将军、大教长衔，及"国父"尊号。因其限制发放罗马贫民口粮，引起不满，其专制日益招致元老院贵族共和派的反对，于公元前44年3月15日被布鲁特斯、卡西乌斯以维护共和政体之名刺杀。大多数关于恺撒的生平记载来自他自己的军事评论，还有些同时代的文献资料，例如书信和演讲来自他的政敌西塞罗（Cicero）。

赫拉克利特（Heraclitus of Ephesus，前530—前470），出生于位于小亚细亚海岸爱菲斯（Ephesus）的一个贵族家庭，是前苏格拉底时期著名的伊奥尼亚派哲学家。据说他本可以继承王位却让与他人，一生远离公众事务，隐居时曾因患有水肿病而用哑语问医。他的哲学观点主要是认为世界的本原是活火，万物皆流，逻各斯（Logos）是世界秩序的基础。赫拉克利特的文章以晦涩而闻名，多用比喻，被称为"晦涩哲人"。

德谟克利特（Democritus of Abdera，前460—前370或前356），来自古希腊爱琴海北部海岸的自然派哲学家，为人乐观开朗，被誉为"笑的哲学家"。德谟克利特是第一个百科全书式的学者，也是古代唯物思想的重要代表。他创立了"原子论"，并以原子论为基础建立了认识论，主要观点是每一事物都是由原子所组成而且不可分割。

苏格拉底（Socrates，前469—前399），雅典哲学家，辩证法的创立者。苏格拉底与其学生柏拉图及柏拉图的学生亚里士多德并称"希腊三哲"。他关心人类本身，将哲学研究主题从宇宙和世界转移到伦理生活，使哲学从天上回到人间。苏格拉底致力于永恒真理的寻求，以"善"作为事物的最终目的，在哲学方法上发明了助产术和反诘论证的辩证法，哲学史多以苏格拉底为分水岭，将古希腊哲学划分出"前苏格拉底哲学"的阶段，足以说明苏格拉底本人对西方哲学所产生的深远影响。前399年，苏格拉底被雅典奴隶主民主制度以不信神和败坏青年的罪名判处死刑，他拒绝其好友所安排的出逃或恳求赦免的建议，申辩自己所挚信的伦理准则，饮鸩而亡。

【读记】

治好病人的名医，最后自己也终于不治；预告人死者，自己也被人看见其死；杀死千千万万人的人，最后也被人杀死。最有权力者也不得不死，而最有智慧的人，也仍然难逃一死。所有的人最后都要走向死亡，奥勒留于此提出灵肉的对比，他指出肉体只是泥土和速朽，是下贱的，而它所服务的对象——理智和神性——才是优越的，但他并没有像苏格拉底曾在临死前仔细讨论"不朽"的问题那样提出"灵魂不朽"的概念。

3-4　当你不把你的思想指向公共福利的某个目标时，不要把你剩下的生命浪费在思考别人上。因为，当你有这种思想时，你就丧失了做别的事情的机会。这个人在做什么，为什么做，他说了什么，想了什么，争论了什么，注意所有这些事情将使我们忽略观察我们自己的支配力量。所以我们应当在我们的思想行进中抑制一切无目的和无价值的想法，以及大量好奇和恶意的情感；一个人应当仅仅使他想这样一些事，即当别人突然问："你现在想什么？"他都能完全坦白地直接回答，想这个或那个，并且从你的话里清楚地表明：你心中的一切都是朴实和仁爱的，都有利于一个社会动物，你是一个全然不关注快乐或感官享受的人，也没有敌意、嫉妒和疑心，或者有任何别的你说出来会感到脸红的念头。因为，一个毫不拖延地如此回答的人是属于最好的人之列，犹如神灵的一个使者，他也运用植入他内心的神性，那神性使他不受快乐的玷污，不受痛苦的伤害，不被任何结果接触，也不感受任何恶，是最高尚的战斗中的一个战士；他不被任何激情所压倒，深深渴望正义，满心欢喜地接受一切对他发生和作为他的份额分配给他的事物；他不是经常，但也不是无须为了普遍利益来考虑别人的言行和思想。由于唯一属于他的是他为自己的行为所做出的决定，他不断地思考什么是从事物的总体中分配给他的，怎样使自己的行为正直，说服自己相信分配给他的一份是好的。因为那分配给各人的命运是由各人把握的，命运也把握着他。他也记住每个理性动物都是他的同胞，记住关心所有人是符合人的本性的，一个人不应当听从所有人的意见，而只是听从那些明白地按照本性生活的人们的意见。但是对于那些不如此生活的人，他总是记住他们在家是什么样的人，离家是什么样的人；白天是什么样的人，晚上是什么样的人；记住他们做什么工作，他们和什么人在一起过一种不纯洁的生活。相应地，他就一点也不看重来自这一类人的赞扬，因为这类人甚至对自己也是不满的。

【读记】

奥勒留认为，除非在考虑公共福利的时候需要思考别人，否则应当把余下的生命集中在观察我们自己的支配力量上。奥勒留提出了一个衡量自己心灵是否净化的标准，即当别人突然问你现在想什么，你是否都能完全坦白地直接回答自己在想什么，而且达到这一境界：这一想法任何时候说出来都不会感到脸红。这样的人就属于最好的人，因为他心中的一切都是朴实和仁爱的，就像中国古代贤哲所说的："无事不可对人言。"

3-5　不要不情愿地劳作，不要不尊重公共利益，不要不加以适当的考虑，不要分心，不要虚有学问的外表而丧失自己的思想，也不要成为喋喋不休或爱管闲事的人。而且，让你心中的神成为一个保护者、一个有生命的存在的保护者、一个介入政治的成熟的男子的保护者、一个罗马人、一个统治者的保护者。这个统治者像一个等待从生活中召唤他的信号的人一样接受了自己的职位，无须誓约也无须别人的证言。同时也欢乐吧，不寻求外在的帮助也不要别人给的安宁。这样，一个人就必然笔直地站立，而不是让别人扶着直立。

【读记】

奥勒留在这里强调的是有尊严的独立精神，这就需要让自己心中的神成为自身的保护者和统治者。一个这样的人是如此独立，他不寻求外在的帮助，也无须和别人签订誓约来保证自己履行职责。

3–6 假如你在人类生活中发现什么比正义、真理、节制和坚忍更好的东西，一句话，发现比你自己心灵的自足更好的东西——这种自足能使你在非你选择而分派给你的条件下，按照正确的理性行事，我说，如果你看到了比这更好的东西，就以全部身心转向它，享受那你认为是最好的东西的快乐吧。然而，如果并没有什么东西比这更好，比培植在你心中的神性更好——它检视你所有的爱好，仔细考察你所有印象，并像苏格拉底所说，使自身摆脱感官的诱惑，把自身交付给神灵并关心人类；如果你发现所有别的一切都不如它，比它价值要低，就不要给别的东西以地位吧，因为如果你一旦走上岔路、倾向于别的东西，你就将不再能够集中精力偏爱于那真正适合和属于你的善的事物了，因为，让任何别的东西——比方说众口称赞、权力或享受快乐——来同那在理性方面，在政治或实践中善的东西竞争是不对的。所有那些东西，即使它们看上去可以在加以限制的条件下使之适应于更好的事物，但它们会马上占据优势，把我们带走。所以我说，你要径直选择那更好的东西，并且坚持它——可是你说，有用的就是更好的。那么好，如果它对作为一个理性存在的你有用，就坚持它吧；但如果它只是对于作为一个动物的你有用，那就要拒绝它，不要自傲地坚持你的判断，而仅仅关心以一种确当的方法来探究。

【读记】

　　奥勒留在这一节中考虑什么是最好的东西，一些人认为有用的就是好的，或者说拥有名声、掌握权力、享受快乐是最好的。但奥勒留认为，我们衡量的标准应该是：一个东西是否好，不是要看它是否对作为一个动物的人有用，而是要看他作为一个理性存在的人是否有用。这样，就没有什么比正义、真理、节制和坚忍更好的东西了，也没有什么比心灵的自足更好的了，我们就要以全部的身心转向它，掌握那种就像柏拉图所说的由虚幻转向真理的"灵魂转向的技巧"。

3-7　不要把任何这样的事情评价为是对你有利的：即那些使你不守诺言、丧失自尊、憎恨他人、多疑、苛责、虚伪和欲望一切需要墙和幕的东西的事情，因为那更喜欢他自己的理性、神灵并崇拜神灵的人，他不扮演悲剧的角色，不呻吟，不需要独处或很多伙伴，最重要的是，他将在生活中不受死的诱惑也不逃避死亡，对于他的灵魂究竟在身体中寄寓多久，他是完全不关心的。因为，即便他必须马上离去，他亦将乐意地离去，就仿佛他要去做别的可以正派和体面地去做的事情一样；他在全部的生命中只关心这一点：即他的思想不要离开那属于一个理智的人、属于一个公民团体的人的一切。

【读记】

什么是需要墙壁来阻挡或者幕布来遮盖的东西？这就是那些见不得人的东西。奥勒留认为，一个有理性的人，不需要独处也不需要很多伙伴；他不受死的诱惑，但也不逃避死亡；他不关心他的灵魂究竟在身体寄寓多久，而只关心自己作为一个理智的人、作为一个公民团体的一员所应做的一切。

3-8　在进行磨炼和净化的一个人的心灵中，你不会发现任何腐朽、任何不法和任何愈合的伤口，当命运就像人们所说的使演员在剧终时离开舞台一样夺走他时，他的生命并非就因此是不完全的。此外，在他心中没有任何奴性，没有任何矫饰，他不是太紧地束缚于其他事物，同时又不是同它们分离，他无所指责，亦无所逃避。

【读记】

这里也同样谈到一种中道，一个磨炼和净化自己心灵的人，不是太紧地束缚于其他事务，同时又不是与它们脱离。

3-9　要尊重产生意见的那种能力。在你的支配部分里是否存在着与理性动物的本性和气质不相容的意见，完全依赖于这种能力。这种能力将使你不致草率判断，使你对人友善，对神服从。

【读记】

在人的支配部分里也会存在与理性动物的本性不相容的意见，所以就需要重视使产生意见的那种能力产生出好的意见，因为在某种意义上，人生的一切都是意见和看法。

3—10   那么把所有的东西丢开，只执着于这很少数的事情吧；此外还要记住：每个人都生存在现在这个时间里，现在是一个不可分的点，而他生命的其他部分不是已经过去就是尚未确定。因此每个人生存的时间都是短暂的，他在地上居住的那个角落是狭小的，最长久的死后名声也是短暂的，甚至这名声也只是被可怜的一代代后人所持续，这些人也将很快死去，他们甚至于不知道自己，更不必说早已死去的人了。

【读记】

　　一个人生命所占的时间短暂、空间狭小，连最长久的死后名声也是短暂的。这是奥勒留思想中一个反复出现的旋律。

3—11   为了加强上面所说的，让我们补充这一段：你对呈现于你的事物为自己下一定义或做一描述，以便清楚地从其实体、从其袒露、从其完整性来看看它是何种性质的事物，告诉你自己它适当的名称，以及组成它的各种事物（它以后将又分解为这些事物）的名称。因为没有什么比心灵的飞升更具有创造性，它能系统和真实地考察在生活中呈现于你面前的所有对象，总是凝视着事物以便同时看清这是一个什么性质的宇宙；万事万物在其中各起什么作用；相对于整体各有什么价值，相对于人又各有什么价值（人是至高之城的一个公民，所有其他的城都像是至高之城的下属）；每一事物是什么，它由什么东西组成，现在给我印象的事物又能持续多久，我需要以什么德行对待它，比方说，文雅、果决、真诚、忠实、简朴、满足等等。因此，一个人在任何环境中都应该说，这来自神，是按照命运之线配置和纺织，或按照巧合和机会这样一些东西而安排的；说这些事是来自与我同一根源的人，来自一个是我的同胞和伙伴然而却不知道什么事情合乎其本性的人。但是我作为知道什么事情是合乎本性的人，所以要根据同胞之情的自然法以仁爱和公正对待他们。而在同时，对这些我漠然置之的事物，我又要试图确定每一个的价值。

【读记】

　　心灵应当飞升以便凝视整体，看清宇宙的性质，万事万物在其中各占什么位置和各起什么作用，相对于整体又相对于人各有什么价值。奥勒留是把人看作是至高之城的一个公民，而神则按照命运之线编织了一张大网，我们要根据自然法以仁爱和公正对待自己的同胞。

3-12　当你做摆在你面前的工作时，你要认真地遵循正确的理性，精力充沛，宁静致远，不分心于任何别的事情，而保持你神圣的部分纯净，仿佛你必定要直接把它归还似的；若你坚持这一点，无所欲求亦无所畏惧，满足于你现在合乎本性的活动，满足于你说出的每个词和音节中的勇敢真诚，你就能生存得幸福。没有任何人能阻止这一点。

【读记】

　　心灵就在于宁静的自足，无所欲求亦无所畏惧，保持神圣的部分纯净，仿佛要直接把它归还一样。

3-13　就像医生总是要备好他们的器具和手术刀以待突然需要他们技艺的病人一样，你也要通过回忆那把神和人统一起来的契约而备有一些原则，用来理解神和人的事物，知道如何做一切甚至最小的事情。因为，若是你不同时参照神的事物，就不会把有关人的所有事情做好，反之亦然。

【读记】

　　人们往往会注意物质上的准备以备不时之需，但其实应当更重视心灵的准备。人要在自己的心里预先备有一些原则，从而在需要时知道自己如何行动，这是最重要的一种有备无患。而准备的途径是要通过那把神和人统一起来的契约。奥勒留认为，要同时参照神的事务，才能把人的事情做好。

3-14　不要再随便地游荡，因为你将面临自己记忆力的衰退，不再能追忆古代罗马和希腊人的行为，也读不成你为自己晚年保存的书籍。那么抓紧你前面的最后一些日子，丢开无用的希望，来自己援助自己，如果你完全关心自己的话，而这是在你的力量范围之内的。

【读记】

　　德行的培养需要通过不断地追忆古代罗马和希腊人的行为，而人的记忆力是会衰退的，奥勒留再次告诫自己要抓紧时间。

3-15　他们不知道有多少事情是通过词语的偷窃、播撒和收买来进行的。保持宁静吧，考察应当做什么，因为这不受眼睛而是受另一种观照力的影响。

【读记】

　　人们的意见都是通过词语来表达的，词语的魔力大矣，能够澄清和展示真相，也能够混淆和蒙蔽真相，所以奥勒留希望在运用好语言的同时诉诸一种思想的洞察力。

3-16　身体、灵魂、理智：感觉属于身体；爱好属于灵魂；原则属于理智。通过现象而得到形式的印象——这种能力甚至也为动物所拥有；被一连串的欲望所推动——这既属于野兽也属于把自己变成女人的男人，等于是一个法勒里斯和一个尼禄；拥有指导那看来合适的事物的理智——这也属于那些不信神的人，那些背叛祖国、关起门来做坏事的人。那么，如果所有别的一切我刚提到的这些人都是共同的，还留下什么为善良的人们所独有呢？那就是对所有发生的事情，对为他而纺的命运之线感到满意和愉悦；就是不玷污和不以一堆形象搅乱植入他心中的神性，而是使它保持宁静，把它作为一个神而忠顺地服从它，决不说任何违背真理的话，不做违背正义的事。即使所有别人都不相信他是过着一种简朴、谦虚和满足的生活，他也决不对他们中的任何一个人感到愤怒，也不偏离那引到生命的终结的这条道路，循此一个人应当达到纯粹、宁静、乐意离去，没有任何强迫地完全安心于他的命运。

【注释】

法勒里斯（Phalaris，？—约前554），西西里的阿克拉加斯的僭主，以凶狠残暴而恶名昭彰，传说他嗜好残食婴儿。法勒里斯还常将活人放在铜牛里烧死以闻其声，诗人品达（Pindar）更以铜牛酷刑指代法勒里斯。另有一种观点认为法勒里斯是一个本性仁慈的君王，他大力支持哲学和文学的发展。

尼禄（Nero Claudius Drusus Germanicus，37—68），古罗马帝国皇帝，公元54年登基，初期统治尚称得上仁慈，是罗马史上最为繁荣兴旺的年代之一。自59年起尼禄开始变得残暴，乱杀平民，传言称他是64年罗马城七日大火的元凶，他在火灾后嫁祸于基督徒，对基督徒施加迫害。尼禄极度奢侈和恐怖的统治激起了贵族、元老院及民众的不满。68年罗马发生叛乱，他被人民和元老院推翻后自杀。

【读记】

　　身心和智力是好人和坏人都拥有的。那么，它们也就是中性的了。除此之外，善良的人们还拥有些什么坏人没有的东西呢？那就是不玷污和不搅乱他心中的神性，服从命运的安排，最后宁静地走向生命的终结。这就像宋儒张载在《西铭篇》中所说："存，吾顺事；没，吾宁也。"

卷 四

退隐心灵

意大利南部的巴亚湾，奥勒留一家曾在此度假。这是 J. M. W. 特纳作于1823年的油画

【本卷提要】

　　卷四的要点可以说是"退隐心灵"。这不仅是因为外在条件的限制，更是由于奥勒留看轻人们常常看重的东西。每个人都有"欠缺"，而奥勒留隐退乡村最大的限制恰恰是众人艳羡或注目的地位——作为一个皇帝。而人们通常看重的东西，都是转瞬即逝。一个皇帝可能不缺权力与财富，但容易追求人的身体长存或者死后的名声不朽，名声其实也都是过眼烟云。我们可以做我们力量范围之内的事情，这就是在有生之年训练和完善自己的德行，对于我们力量范围之外的事情，我们则坦然地接受。所以，重要的是退隐自身，使自己的心灵宁静，依靠德行本身而得到自足的幸福。

　　这也意味着使自己生活的原则简单而又基本，意即只考虑按照自然或理智的本性生活，只做很少的必要的事情，不把自己的生活搞得太复杂，不让自己的生命变得太支离。

4-1　那在我们心中的支配部分，当它合乎本性时是如此对待那发生的事情——使自己总是易于适应那已经存在和呈现于它的东西。因为它不要求任何确定的手段，而是在无论什么条件下都趋向于自己的目标；它甚至从与它对立的东西中为自己获得手段，就像火抓住落进火焰中的东西一样。爝火会被落在它上面的东西压熄，但当火势强大时，它很快就占有和吞噬了投在它上面的东西，借助于这些东西越烧越旺。

【读记】

　　这段话可能有些费解，但它完全符合奥勒留的一贯思想：这就是顺应万事万物，不以它们为意，而是执着于自己的目标——按照本性生活。具体地说，我们心中的支配部分，也就是灵魂，它是怎样"爱好"那对它发生的事情呢？这种"爱好"，并不是热衷或迷醉它们，而只是使自己容易地适应它们，不抵制它们。这里关键的是要使自己心灵中的理性火焰燃旺，这样我接纳任何对我发生的事情，就只会使它们都成为让理性之火烧得更旺的燃料，即都成为我的手段。我不需要任何确定的、也是有限的手段，而是可以无所不用，在任何环境里都要安之若素，因为我生活的目标，就是按照本性生活本身。

4-2　让任何行为都不要无目的地做出，也不要不根据完善的艺术原则做出。

【读记】

　　这是一个很高的要求，但正像我们在传统伦理学家，尤其是亚里士多德那里看到的：一个人的人生还是应该有自己比较长远的甚至相当系统和总体的目的，而这个目的可以被理解为人的完善或者潜能的全面实现。完善论是伦理学目的论传统中最重要的派别，它与快乐主义构成一种对峙。

4-3   人们寻求隐退自身，他们隐居于乡村茅屋、山林海滨；你也倾向于渴望这些事情。但这完全是凡夫俗子的一个标记，因为无论什么时候你要退入自身你都可以这样做。因为一个人退到任何一个地方都不如退入自己的心灵更为宁静和更少苦恼，特别是当他在心里有这种思想的时候，通过考虑它们，他马上进入了完全的宁静。我坚持认为：宁静不过是心灵的井然有序。那么你不断地使自己做这种隐退吧，更新你自己吧，让你的原则简单而又基本，这样，一旦你要诉诸它们，它们就足以完全地净化心灵，使你排除所有的不满而重返家园。那么，你是对什么不满呢？是对人们的邪恶不满吗？那就让你的心灵回忆起这一结论吧：理性的动物是互相依存的，忍受亦是正义的一部分，人们是不自觉地行恶的；考虑一下有多少人在相互敌视、怀疑、仇恨、战斗之后已经死去而化为灰烬；那就会终于使你安静下来。——但也许你是不满于从宇宙中分配给你的东西——那么转而回忆一下这一思想：想想要么是神存在，要么是原子，即事物的偶然配合存在；或者想想这些论据，它们证明了这个世界是一个政治社会，那最终会使你安静。——但也许有形的事物还是要抓住你——那么进一步考虑一下：当心灵一旦使自己与身体分开，发现了它自己的力量，它就不论是在平缓还是激烈的活动中，都不会使自己与呼吸相混；也再想想你在痛苦和快乐方面所有你听到的和同意的；你将最终使你安静。——但也许对于所谓名声的愿望将要折磨你——那么看一看一切事物是多么快地被忘却，看一看过去和未来的无限时间的混沌；看一看赞美的空洞，看一看那些装作给出赞扬的人们判断的多变和贫乏，以及赞扬所被限定的范围的狭隘，那么最终使你自己安静吧。因为整个地球是一个点，你居住的地方又是地球上一个多么小的角落啊，在它上面存在的东西是多么的少啊，而要赞扬你的人又是什么样的人呢？

那么仍旧把这牢记在心：记住退入你自身的小小疆域，尤其不要使你分心或紧张，而是保持自由，像一个人，一个人的存在，一个公民，一个有死者一样去看待事物。在你手边你容易碰到并注意的事物，让它们存在吧，那无非是这两种事物：一种是不接触心灵的事物，它们是外在的，不可改变的，但我们的烦仅来自内心的意见；另一种是所有这些事物，你看到它们是很快改变和消失的；始终牢记你已经目击过多少这样的变化。宇宙是流变，生活是意见。

【读记】

世界不是一块净土，但心灵却可以是一块净土；外面的世界很热闹，但内心的世界却可以很安静。我们常常也会想要热闹，但内心能安静的人更有力量，甚至更幸福，因为这种力量或者幸福的源泉不依赖于外界的条件，而是来自自身。所以奥勒留告诫自己不要太渴望外界条件的变化，比如渴望隐退到乡村，甚至就不妨"隐居于"皇宫。任何人在任何环境里都可以退入自身，在自己的心灵中凝聚力量，体验宁静的幸福。

这种心灵的宁静之道，一是要不受物役，不抱怨社会分配给你的东西不公平；二是要不为名累，想一想不仅身体，身后的名声也是过眼云烟；三是不为别人的恶所左右，不用他人的错误来惩罚自己。如果还不能安静就不妨想想个人是多么渺小，万事万物都是转瞬即逝，让我们烦恼不安的观念其实都是一些可以改变的意见。

4-4　如果我们的理智部分是共同的，就我们是理性的存在而言，那

么，理性也是共同的，因此，那命令我们做什么和不做什么的理性就
也是共同的；因此，就也有一个共同的法；我们就都是同一类公民；
就都是某种政治团体的成员；这世界在某种意义上就是一个国家。因
为有什么人会说整个人类是别的政治共同体的成员？正是从此，从这
个共同的政治团体产生出我们真正的理智能力、推理能力和我们的法
治能力，否则，它们是从哪里来的呢？因为，正像我身上属土的部分
是从某种土给予我的，某种属水的部分是从另一种元素得来的，某种
炎热如火的部分是从某一特殊源泉而来的（因为没有什么东西是来自
无，也没有什么东西会复归于无），所以理性的部分也来自某种源泉。

【读记】

　　人有两种重要的共同性：内在地都拥有理性；外在地都是某
个政治社会的成员。而奥勒留还认为整个世界在某种意义上也是
一个国家，在这个意义上，我们也都是一个"世界公民"。我们对
应当做什么和不做什么，应当也能够建立一种普遍共识。

4-5 死亡像生殖一样是自然的一个秘密，是同一些元素的组合与分
解，而全然不是人应当羞愧的事情，因为它并不违反一个理性动物的
本性，不违反我们的结构之理。

【读记】

　　人既是理性动物也是感性动物，作为一个自然的感性存在，
人自然就有生有死，人不会对生感到羞愧，自然也就不应当对死
感到羞愧。

4-6 这些坏事应当由这样一些人做是自然的，这是一种必然的事情，

如果一个人不允许这样，就等于不允许无花果树有汁液。但无论如何要把这牢记在心：你和他都要在一个很短的时间里死去，不久甚至连你的名字都要被人忘却。

【读记】

　　人有差别，世界上有恶人，恶人总要做坏事，而好人坏人也都会死去，这给了我们一种冷静的现实感，也提醒我们要比较超脱地看待和接受尘世的恶。但我们应该注意到事情还有另一面，善就是善，恶就是恶，你要在有生之年站在善人一边，而不是恶人一边，你不要超脱到不抵制恶和不赞许善。

4-7　丢开你的意见，那么你就丢开了这种抱怨："我受到了伤害。"而丢开"我受到了伤害"的抱怨，这伤害也就消失了。

【读记】

　　和上一节一样，一方面既然生活是意见，就不能老沉湎在"我受到了伤害"的抱怨中；另一方面，生命就是生命，你要保护生命不受恶的侵犯。

4-8　那并不会使一个人变坏的东西，也不会使他的生活变坏，不会从外部或内部损伤他。

【读记】

　　见卷二第9节。这里的意思是说，不会使一个人的人品变坏的东西，也不会使他的生活变坏。而真正的德行，在斯多亚派哲学家看来，构成了生命的主要内容和意义，并能够抵御一切对他发生的事情。

4-9 那普遍有用的东西的本性不得不如此行。

【读记】

普遍的本性即存在于宇宙之中，也存在于人性之中，两者是一致的。且以一种必然性开辟自己的道路。

4-10 把一切发生的事情都看作是正当地发生的事情，如果仔细地观察，你将发现它就是这样。我在此不仅是指事物系列的连续性，而且指正当本身，仿佛它是由一个分派给每一事物以价值的人所做的。那么像你开始时那样观察，无论你做什么，都参照着善，参照着你将在此意义上被理解为是善的来做它，在一切行动中都贯彻这一点。

【读记】

一切发生的事情不仅有一种如其所示的连续性，而且有一种正当性。这就等于说，凡存在的就是合理的。但这也许适合于斯多亚派的哲人，而不适合于众人。

4-11 不要对事物抱一种那错待你的人所抱的同样意见，或者抱一种他希望你有的意见，而是要按其本来面目看待事物。

【读记】

这里说的是不要为错误的意见所左右，也不要为事物的外表所左右，而是要坚持实事求是。

4-12　一个人应当总是把这两条规则作为座右铭：一是仅仅做那支配的和立法的理性能力所建议的有关对待人们利益的事情；另一是如果身边有什么人使你正确和使你摆脱意见，那就改变你的意见。但这种意见的改变必须仅仅来自某种说服，就像对于何为公正或何为合乎共同利益之类问题的说服一样，而不是由于它看来令人愉快或带来名声。

【读记】

　　上一节说到不要轻易被别人的意见所改变，这一节则强调你自己坚持的一种观点也可能是错误的意见，这时你就应当改变你的意见，但这种改变必须是来自理性对理性的说服。

4-13　你有理性吗？我有。那为什么你不运用它呢？是因为当它要你走这条路，你却希望别的东西吗？

【读记】

　　我们不要奢望我们没有的东西，而要珍视我们拥有的东西。而我们所拥有的、最不可剥夺的东西就是我们的理性了。

4-14　你是作为一个部分存在。你将消失于那产生你的东西之中；但更确切地说，你将通过变形而被收回到它的生殖原则中。

【读记】

　　这里所说的"消失"就是死亡，而这种消失实际上是一种变形：部分回到整体中去。

4-15　在同一祭坛上的大量乳香：一滴是先前落下的，一滴是后来落下的；而这并不使它们有何区别。

【读记】

　　先落后落没什么不同，后落的乳香现在占据我们视线，但它马上要被再后落下的乳香盖住。所有人都来自尘土，也要归于尘土。

4-16　如果你回到你的原则并崇敬理性的话，过十天你对人们就会像是一个神，而现在你对他们却像是一头兽和一只猿。

【读记】

　　按照本性生活困难吗？十天你就可以变成一个像神的人；但这又容易吗？还是没有多少人真的如此实行。尼采曾把人比作在猿猴和超人之间的走钢丝者。你不仅不要使你的品德低于大多数人，你还要努力争取高于大多数人。

4-17　不要像仿佛你将活一千年那样行动。死亡窥伺着你。当你活着，当善是在你力量范围之内，你行善吧。

【读记】

　　向死而生，可能很多人会得出及时行乐的结论，但奥勒留告诫自己的却是要及时行善。中国古代的思想家庄子也经常说到齐寿夭乃至齐生死，但他还设想一种精神的逍遥，设想一种精神的快乐与自由，而奥勒留只考虑义务，只考虑尽其人事，然后安静地辞世。他不来寄另外的、更高的希望——无论是上帝的拯救还是自身的逍遥。

4-18　那不去探究他的邻人说什么、做什么或想什么，而只注意他自己所做的，注意那公正和纯洁的事情的人，或者像厄加剌翁所说，那不环顾别人的道德堕落，而只是沿着正直的道路前进的人，为自己免去了多少烦恼啊！

【注释】

厄加剌翁（Agathon，前448—前400），雅典著名的悲剧诗人，与悲剧诗人欧里庇得斯（Euripides）共享文坛盛名，也和柏拉图交情甚笃。他曾出现在喜剧之父阿里斯托芬（Aristophanes，前447—前385）的剧作《雅典人在妇女节》中，而柏拉图的名作《会饮篇》就是以厄加剌翁的第一部悲剧获奖为前提而开篇的。厄加剌翁对希腊戏剧作了诸多革新，在戏剧创作中借鉴了许多神话传说。

【读记】

首先做好自己的事。指责别人不如端正自己。

4-19　那对身后的名声有一强烈欲望的人没有想到那些回忆他的人自己很快也都要死去，然后他们的子孙也要死去，直到全部的记忆都通过那些愚蠢地崇拜和死去的人们而终归湮灭无闻。但假设那些将记住他的人甚至是永生不死的，因而这记忆将是永恒的，那么这对你又意味着什么呢？我不说这对死者意味着什么，而是说这对生者意味着什么。赞扬，除非它的确有某种用途，此外还是什么呢？由于你现在不合宜地拒绝了自然的这一礼物，而依附于别的一些事物……

【读记】

　　一个人死亡不仅丧失了他的身体，也丧失了他所拥有的一切物质的东西，即所谓"生不带来，死不带去"。但名声还会在死后持续一段时间，更有人想在自己身后留下高耸的纪念碑，以冀长久地影响后来者的生活，但最后这一切记忆仍要归于忘川。那么会不会有一种"永恒的记忆"，当然很难说是由人来持有，而可能是由某种超越的存在持有。这种不朽的记忆，如果存在，对终有一死的，但目前活着的人们就会具有一种重大的意义。作者在这里似乎话没说完，他可能也很难确定有或无，而这种言犹未尽还是意味深长的。

4–20　在各方面都美的一切事物本身就是美的，其美是归于自身的，而不把赞扬作为它的一部分。因此被赞扬就不使一个事物变好或变坏。我坚信这也适用于被平民称为美的事物，例如，物质的东西或艺术的作品。那真正美的东西除了法则、真理、仁爱或节制之外，不需要任何别的东西。而这些事物哪一个的美是因为它被赞扬才美，或者谴责会使它变丑呢？像祖母绿或者黄金、象牙、紫袍、七弦琴、短剑、鲜花和树丛这样的东西，难道没受到赞扬就会使它们变坏吗？

【读记】

　　美的东西是本身美的，而不是人们的赞扬使之美的。奥勒留似乎认为，这同样适用于被平民视为美的事物和哲学家认为真正美的事物，但两种美还是有所不同。前者更多的是作为手段的美，后者才是自在目的的美。

4–21　如果灵魂继续存在，大气怎么无穷地容纳它们呢？——然而大地又怎样容纳那些古往今来被埋葬的人的尸体呢？在此正像这些尸体在保持一段时间之后变化一样，不论它们变成什么样子，它们的分解都为别的尸体腾出了空间，那移入空气中的灵魂也是如此，在继续生存一段时间之后变被改变和分解了，通过融入宇宙的一种再生的智慧而获得一种如火焰一样的性质，以这种方式为到达那里的具肉的灵魂腾出地方。这就是一个人对灵魂继续存在的这种假设可能给出的回答。但是我们不仅必须考虑如此被埋葬的尸体的数目，而且要考虑每天被我们吃掉的动物以及别的肉食动物的数目。因为，被消费的是多大一个数目啊，这样，它们就以某种方式被埋葬在那些以它们为食的人的身体中！不过大地依然通过把身体化为血，化为如空气或火焰一般的元素而接受它们。

在这件事上怎样探究才能接触到真理呢？通过划分质料因和形式因。

【注释】

质料因和形式因是来自亚里士多德的概念。亚里士多德认为事物存在四种原因：形式因、目的因、质料因、动力因。质料是潜能，即变为某物的能力。质料是没有规定的，它能够被形式所规定，这时，它就变为现实。

【读记】

人死后将会怎样，一是内在地看，从主体的角度看，一个人死后还能存在某种意识吗？灵魂是否不朽？而从外在的、客观的角度看，一个切实的问题是，灵魂如果不死，它以何种方式存在？它，也会像葬入大地的尸体一样改变和分解，或者变成一种火焰吗？奥勒留似乎认为，人死后化在自然中，就类似于动物被葬在人腹中。这里还没有灵魂不朽的纯粹抽象概念，还受一种物质性或肉体性思维的影响，但也可以说是一种"知之为知之，不知为不知"。

4-22   不要思绪纷乱，而是在每个行动中都尊重正义，对每一印象都坚持运用领悟或理解的能力。

【读记】
　　思必循理，行必思义。

4-23   啊，宇宙，一切与你和谐的东西，也与我和谐。那于你是恰如其时的一切事情，对我也是恰如其时。啊，自然，你的季节所带来的一切，于我都是果实：所有事物都是从你而来，都复归于你。诗人说，亲爱的西克洛普之城；我不是也要说，亲爱的宙斯之城？

【注释】
　　西克洛普之城，指雅典。西克洛普（Cecrops）是神话传说中雅典的创建者及第一任国王。"Cecrops"意即半人面半蛇身，传说中他来自大地，其上半为人，下半为蛇。据说他统治雅典的时间是公元前1556—前1506年。他还是雅典文明的缔造者，为雅典人制定了婚葬嫁娶的礼仪，教会他们阅读和书写。

【读记】
　　这一节表达了对宇宙万物的欢欣之情，柔化了斯多亚派哲人似乎冷峻的形象。

4-24　哲学家说，如果你愿意宁静，那就请从事很少的事情。但是想一想是否这样说更好：做必要的事情，以及本性合群的动物的理性所要求的一切事情，并且像所要求的那样做。因为这不仅带来由于做事适当而产生的宁静，而且带来由于做很少的事而产生的宁静。因为我们所说和所做的绝大部分事情都是不必要的，一个人如果取消它们，他将有更多的闲暇和较少的不适。因而一个人每做一件事都应当问问自己：这是不是一件必要的事情？一个人不仅应该取消不必要的行为，而且应该丢弃不必要的思想，这样，无聊的行为就不会跟着来了。

【注释】

　　这里的哲学家大概是指德谟克利特，他说过类似的话。

【读记】

　　如何入静，不妨在自己的生活中做一种减法，即只以恰当的方式做必要的、很少的事情，从而给我们的生命留出较多的闲暇和空间。这种生活方式的一个现代范例是梭罗的生活方式。

4-25　试着如何使善良的人的生活适应于你，即这样的人的生活：他满足于他从整体中得到的一份，满足于他自己的公正行为和仁爱品质。

【读记】

　　你应采用善良人的生活，只关心自己的品德，在这之外，则满足于自然而然得到的份额而更无所求。

4-26　你见过那些事情吗？也要注意观察一下事情的另一面。不要扰乱你自己。要使你十分单纯。有什么人对你行恶吗？那他也是对他自己行恶。有什么事对你发生吗？好，那亘古以来就从宇宙中发生的一切是分配给你和为你纺织的。总之，你的生命是短促的。你必须借助理智和正义而专注于利用现在，在你的放松中保持清醒。

【读记】

这里所说的要使自己的生活变得十分"单纯"，也即指要使自己的生活原则简单而又基本，只做很少的、必要的、在自己能力范围的事情。有人对你行恶吗？那他也是对自己行恶，"多行不义必自毙"，"恶人自有恶人磨"，但这是不是有点过于清静无为，甚至逆来顺受？不过奥勒留也强调义务和职责，他的意思也许只不过是说，不是不要抗恶，而是不要对恶人感到不解和愤怒。而且，宇宙中也有一种命定的因素存在。

4-27 这要么是一个秩序井然的宇宙，要么是一团胡乱聚在一起的混沌，但仍然是一个宇宙。但怎么可能在大全中无秩序，而在你之中却存在某种秩序呢？当所有事物都如此分离、分散却仍互相关联时，在你之中也保持某种秩序。

【读记】

宇宙是秩序井然还是一片混沌，我甚至可以用我内在的秩序证明外在的秩序，而我也要努力保持这种内在的秩序以与外在的秩序相应。柏拉图也曾说到个人正义与成邦正义的类似与对称。

4-28 一种凶恶的品格，一种懦弱的品格，一种顽固的品格，残忍的、稚气的、兽性的、笨拙的、虚伪的、下流的、欺诈的、专横的。

【读记】

对恶德的描绘，我们可以注意其中的某种联系。比如凶恶的人其实常常也是懦弱的人。

4-29 如果他对宇宙是一个不知道其中有什么的局外人，那么他也是一个不知道其中在进行什么的局外人。他是一个回避社会理性的逃亡者，是一个关闭理解之门的盲人，是一个需要别人而非从自身中汲取对生活有用的所有东西的可怜虫。他是宇宙间的一个赘物，通过不满于发生的事情使自己撤离和分隔于我们共同本性的理性，因为正是同一本性产生了这些事情，也产生了他：他是从国家裂出的一块碎片，使自己的灵魂同那融为一体的各个理性动物的灵魂分开。

【读记】

对愚人的描绘。但这是多么类似于现代作家对现代人的描绘，比如加缪笔下"局外人"，陀思妥耶夫斯基笔下"非理性的地下室人"，卡夫卡笔下分裂的人、碎片的人。

4-30 一个是没有一件紧身外衣的哲学家，另一个是没有一本书的人，这后一种人也是一个半裸的人。他说，我没有面包，我与理性同在。——我不从我的学识中获取衣食，我与我的理性同在。

【读记】

任何人都有欠缺，或缺衣食，或缺学识，而哲学家不应以学识为谋食之具。

4-31 热爱你所学的艺术吧，不管它可能是多么贫乏，满足于它，像一个以他整个的身心、全部的所有信赖神的人一样度过你的余生，使你自己不成为任何人的暴君，也不成为任何人的奴隶。

【读记】

　　不做暴君，也不做奴隶；不想奴役别人，也不想被人奴役；不做刽子手，也不做受害者——就像加缪在动荡流血的20世纪所言，这是一种中道，也是一种独立精神。

4-32　考虑一下例如维斯佩申的时代，你将看到所有这些事情：人们婚育、生病、死亡、交战、饮宴、贸易、耕种、奉承、自大、多疑、阴谋、诅咒、抱怨、恋爱、聚财、欲求元老和王者的权力。而这些人的生活现在已全然不复存在了。再回到图拉真的时代，所有的情况也是一样，他们的生命也已逝去。也以同样的方式观察一下别的时代和整个民族，看看有多少人在巨大的努力之后很快就倒下了，分解为元素。但是你应当主要想想那些你自己熟知的人们，他们使自己分心于无益的事情，而不知道做合乎他们恰当的结构的事情，由此你坚定地坚持自己的结构，满足于它。在此有必要记住，给予一切事物的注意，有它自己恰当的价值和比例。因为这样你将不会不满足，只要你不过度地使自己注意小事。

【注释】

　　维斯佩申（Vespasian，9—79），第9任罗马帝国皇帝。

　　图拉真（Trajan，53—117），第13任罗马帝国皇帝。

【读记】

　　时代在变化，但人们的生活和人性并没有多么大的变化，还是生老病死，喜怒哀乐，善善恶恶。只是个人的主体发生了变化，他们已经逝去，而你也将逝去。所以，对各种事务都只须给予恰如其分的注意，包括对你自己。

4-33 先前熟悉的词现在被废弃了，同样，那些过去名声煊赫的人的名字现在也在某种程度上被忘却了，克米勒斯、恺撒、沃勒塞斯、利奥拉图斯以及稍后的西皮奥、加图，然后是奥古斯都，还有哈德良和安东尼。因为所有的事情很快就过去了，变成仅仅一种传说，完全的忘记亦不久就要覆盖它们。我说的这些也适用于那些以各种奇异的方式引人注目的人，至于其余的人，一旦他们呼出了最后一口气，他们就死去了，没有人说起他们。总而言之，甚至一种永恒的纪念又是什么呢？只是一个虚无。那么，我们真正应该做出认真努力的是什么呢？

【注释】

克米勒斯（Marcus Furius Camillus，前446—前365），罗马共和国早期著名的独裁者和军事家，出身贵族。根据罗马历史学家李维（Livy）和普鲁塔克的记载，他曾于前390年前后挽救罗马于危亡，击败高卢人，一生中五度出任独裁官，取得过四次辉煌胜利，被尊为罗马第二位祖国之父（第一位是传说中罗马城的建立者罗慕格）。

可能是指恺撒（Caeso Quinctius），是曾任罗马执政官和独裁者的卢修斯·奎克提乌斯·辛西纳提斯（Lucius Quinctius Cincinnatus，约前519—前430）之子，他以雄辩而著称。由于在辩论中抨击贵族，他被判以极刑，后逃至埃特鲁斯坎。

沃勒塞斯（L. Valerius Messalla Volesus），罗马帝国时期曾任

执政官。

利奥拉图斯（Leonnatus，前356—前322），亚历山大大帝时期杰出的军事指挥官，曾参与亚历山大去世后的继承人战争。他与亚历山大同岁，关系亲密，是亚历山大的七护卫之一。亚历山大死后，他被其临时继承人帕迪卡斯（Perdiccas，前320年5—6月逝世）任命为赫勒斯庞提安—佛里吉亚总督。

古罗马史上有几位著名的西皮奥（Scipio），均来自名将世家。一是普布里乌斯·科涅利乌斯·西皮奥（Publius Cornelius Scipio，前236—前183），史书上一般称"大西皮奥"，在第二次迦太基战争中战胜了汉尼拔（Hannibal），为自己赢得了美名"非洲的征服者西皮奥"（Scipio Africanus）；二是大西皮奥的弟弟卢修斯·西皮奥，统兵击败了叙利亚的安条克三世，被称为"亚洲的征服者"（Scipio Asiaticus）；三是大西皮奥的继孙，在第三次迦太基战争中，指挥罗马军团最终将迦太基城夷为平地。此处指的可能是大西皮奥。

加图，参见卷1-14注。

奥古斯都（Augustus，前63—公元14），原名盖耶斯·尤利乌斯·恺撒·屋大维（Gaius Julius Caesar Octavianus），是恺撒大帝的养子和继承人，曾任终身保民官、大元帅，是罗马帝国的开国君主，统治罗马长达43年，为罗马帝国创造了一段和平繁荣的辉煌时期。历史学家通常以其尊衔"奥古斯都"来称呼他。

哈德良（Publius Aelius Traianus Hadrianus，76—138），罗马帝国皇帝（117—138年在位），是图拉真的表侄，在图拉真弥留之际被确立为继承人。他也是一名斯多亚和伊壁鸠鲁派的哲学家，是罗马五贤帝中的第三位，在位期间将罗马帝国的版图扩张至东方，令罗马帝国盛极一时。哈德良认安东尼为养子，条件是后者同样认奥勒留和维勒斯为养子，从而为帝国确立了两代皇帝。

【读记】

　　每个时代有每个时代的流行词和英雄。然后它们就被新人新词遮盖以至遗忘。永垂不朽，只是一种希望和祝愿而不是一个事实。也许正是基于这种被前人或别人的身形遮掩的恐惧，现代社会尤其现代艺术界常常出现那些想以各种奇异的方式引人注目的人，比如某些行为艺术家。但标新立异者对人注意力的吸引往往只能持续很短的时间。而在奥勒留看来，我们需要真正努力的只有一件事：正直的思想，友善的行动，并始终坦然地接受一切。

4-34　自愿地把自己交给克罗托，命运三女神之一，让她随其所愿地把你的线纺成无论什么东西吧。

【注释】

　　命运三女神所司之职为：克罗托执掌纺绩命运的线；拉刻西斯分配命运之线的长短、掌握命运的盛衰荣枯；阿特罗波斯负责切断人的生命之线。

4-35　一切都只是持续一天，那记忆者和那被记忆的东西。

4-36　不断地观察所有在变化中被取代的事物，使你习惯于考虑到，宇宙的本性喜欢改变那存在的事物并创造新的类似事物。因为一切现存的东西在某种意义都是那将要存在的东西的种子。但你要仅仅考虑那撒在大地里或子宫里的种子：但这是一个很模糊的概念。

【读记】

　　这里奥勒留说，虽然一切现存物都是将存物的种子，但一个哲学家要紧紧考虑那撒在大地里和子宫里的种子。这是不是指那种富有精神生命力的种子恰恰需要通过某种死来复活或新生。就像《新约》中所说：一粒麦子死了就是死了，但如果撒到地里，就会有千万颗麦子。不过奥勒留说他这里的想法还是一个很模糊的概念，虽然这种模糊也让我们感到亲切。

4-37　你已不久于人世，但还没有使自己朴素单纯，摆脱烦恼，还没有摆脱对被外在事物损害的怀疑，还没有养成和善地对待所有人的性情，还没有做到使你的智慧仅仅用于正直的行动。

4-38　考察人们心中的支配部分，甚至那些聪明人的这一部分，看看他们避开什么，追求什么。

【读记】

　　"人们心中的支配部分"是指人们心中进行推理、选择和决定的部分，本身并无褒贬，我们要尽量地使它和理性或者说本性一致。

4-39　对你是恶的东西并不存在于别人的支配原则之中，也不存在于你的身体的变化和变形之中。那它在什么地方呢？是在你的这一部分。那儿存在着形成有关恶的意见的能力。那么让这种能力不要形成这种意见，一切就都会正常。如果那最接近于它的可怜的身体被割破、灼伤、化脓和腐烂，也还是要让那形成对这些事的意见的部分保持安静，亦即让它做出这样的判断：即能同等地发生于好人和坏人的事情决不是恶。因为，同样发生于违背自然而生活的人与按照自然而生活的人的事情，既不有悖于也不顺应于自然。

【读记】

什么是恶？同样发生于好人和坏人的事情并不是恶，是你自己把它看成"恶"，真正的恶是你做出不正当的行为。

4-40　永远把宇宙看作一个活的东西，具有一个实体和一个灵魂；注意一切事物如何与知觉相关联，与一个活着的东西的知觉相关联；一切事物如何以一种运动的方式活动着；一切事物如何是一切存在的事物的合作的原因；也要注意那继续不断地纺线和网的各部分的相互关联。

【读记】

奥勒留在这里注意到各种事物的关联。斯多亚学派倾向于强调事物的关联而不是分别。如事物因果的关联、整体和部分的关联以及物与我的关联。

4-41　你是一个带躯体的小小灵魂，正像爱比克泰德常说的那样。

4-42　事物经历变化并不是坏事，而事物由于变化而保持其存在也不是好事。

4-43　时间好像一条由发生的各种事件构成的河流，而且是一条湍急的河流，因为刚刚看见了一个事物，它就被带走了，而另一个事物又来代替它，而这个也将被带走。

【读记】

正如赫拉克利特所说："人无法两次踏进同一条河流。"而奥勒留强调万物流变，是要告诫自己权力、财富以至死后的名声都不值得追求，或者更确切地说不值得因这种追求而影响自己朴素、单纯的心境。因为这种追求必然带来烦恼和忧虑，所以不如从根本上放弃这种追求。这也是他反复强调多少伟人也如过眼云烟的要旨。

4-44 每一件发生的事情都像春天的玫瑰和秋天的果实一样亲切并且为人熟知，因为疾病、死亡、诽谤、背叛以及任何别的使愚蠢的人喜欢或烦恼的事情就是这样。

【读记】

奥勒留在这里不仅要把一般人看作是坏事的事情视为中性的，甚至要把他们看作是像春天的玫瑰一样亲切。如果这些事发生于我，那我就乐意地与它们为伴。不仅"既来之，则安之"，甚至"既来之，则友之"。

4-45 在事物的系列中，跟在后面的总是与在前面的那些恰恰配合，因为这系列并不像一些无关联的事物的单纯列举，仅只有必然的次序，而是一种合理的联系：正如一切存在的事物都被和谐地安排在一起一样，新出现的事物不仅表现出继续，并且表现出某种奇妙的联系。

【读记】

这里又一次谈道：凡是存在的，就一定是合理的。但没有像恩格斯演绎黑格尔那样认为：凡是合理的也是必然要存在的。斯多亚派哲学在宇宙论方面受赫拉克利特影响甚大，尤其在早期，芝诺也同意世界的本质是神圣的火。由火产生万物，再复归火，不断循环，灵魂也是一种纯净的火。

4-46　始终记住赫拉克利特所说：土死变水，水死变气，气死变火，然后再倒过来。也想想那忘记了路向何处去的人，想想他们与他们最常接触的人的争吵，想想支配宇宙的理性，以及每日发生的似乎对他们是陌生的事情；考虑我们不应当像仿佛我们睡着一般行动和言语（因为甚至在睡眠时我们也有言行）；我们不应当像从父母学习的孩子一样，仅仅因为我们被教诲而这样行动和言语。

【读记】

　　赫拉克利特也说过，我们不应当像睡着的人一样行动和言语。奥勒留不是一个单纯的思想家，而更是道德的自我实践者。既然强调实践，则会对各种有益于实践的思想资源广泛吸收而有所折中。

4-47　如果有神告诉你，你将明天死去，或肯定在后天死去，你将不会太关心是否是明天还是后天，除非你确实是精神极其贫乏，因为这差别是多么微小啊！所以，不要把按你能提出的许多年时间后死去而非明天死去看成什么大事。

【读记】

　　庄子也表达过"齐寿夭"的思想，这里关键的是持一种极长远的时间标准，而非较短的时间基准。

4-48　不断地想这些事：有多少医生在频繁地对病人皱拢眉头之后死去；有多少占星家在提前很久预告了别人的死亡之后也已死去；又有多少哲学家在不断地讨论死亡或不朽之后死去；多少英雄在杀了成千上万人之后死去；多少暴君，仿佛他们是不死的一样，在以可怕的蛮横手段使用他们对于人们生命的权力之后死去；又有多少城市，比如赫利斯、庞贝、赫库莱尼恩以及别的不可计数的城市被完全毁灭。再把你知道的所有人一个接一个地加在这上面，一个人在埋葬了别人之后死了，另一个人又埋葬了他：所有这些都是发生在一段不长的时间里。总之，要始终注意属人的事物是多么短暂易逝和没有价值，昨天是一点点黏液的东西，明天就将成为木乃伊或灰尘。那么就请自然地通过这一小段时间，满意地结束你的旅行，就像一颗橄榄成熟时掉落一样，感激产生它的自然，谢谢它生于其上的树木。

【注释】

　　赫利斯（Helice），古代城市，亚该亚（Achaia，希腊伯罗奔尼撒半岛北部古省）的首都，于公元前373年毁于地震。

　　庞贝（Pompeii），与维苏威火山（Mount Vesuvius）相邻，于公元79年毁于火山爆发。

　　赫库莱尼恩（Herculaneum），毗邻维苏威火山，于公元79年毁于火山爆发。

【读记】

　　这一节可以和卷三的第三节参照比较。它鲜明地揭示出属人的事物是多么的短暂易逝，但是否短暂易逝就没有价值？不过，奥勒留谈到人在接受生命的时候，应该像果实成熟时掉落一样感激产生它的自然，这是一种非常得体乃至不失高贵的思想。

4-49 要像峙立于不断拍打的巨浪之前的礁石，它岿然不动，驯服着它周围海浪的狂暴。

我是不幸的，因为这事对我发生了。——不要这样，而是想我是幸福的，虽然这件事发生了，因为我对痛苦始终保持着自由，不为现在或将来的恐惧所压倒。因为像这样的一种事可能对每一个人发生，但不是每一个人在这种场合都始终使自己免于痛苦。那么为什么不是一件幸事而是一个不幸对我发生呢？你在所有情况下都把那并不偏离人的本性的东西称为一个人的不幸吗？一个事物，当它并不违反人的本性的意志时，你会把它看成对人的本性的偏离吗？好，你知道本性的意志，那这发生的事情将阻止你做一个正直、高尚、节制、明智和不受轻率的意见和错误影响的人吗？难道它将阻止你拥有节制、自由和别的一切好品质吗？人的本性正是在这些品质中获得所有属于它自己的东西。记住在任何可能使你烦恼的场合都采用这一原则：即这并非是一个不幸，而高贵地忍受它却是一个幸运。

【读记】

　　如礁石一般坚定地驯服它周围海浪的狂暴，也就是一种以静制动，一个劳作了一天、非常疲惫的下班的人，一个遭受了很不公平待遇的人乃至一个遭遇到大灾难的人或民族读到这第一段话会感到安慰。因为他仍然是自由的，他可以对一切对他发生的事情在说"是"的同时也说"不"。说"是"的意思是：是的，这件事对我发生了，我接受它，我不否定它，我如其所是地看待它；说"不"的意思是：尽管如此，这发生的事情是中性的，即便是人为的作恶，虽然也是一个"恶"，但这是一个你的恶而不是我的恶，我并不会因为它而也做一件恶事。我甚至不把它看作一个不幸，"而高贵地忍受它却是一个幸运"。

4-50　通过重温那些紧紧抓住生命的人，对于蔑视死亡来说是一个通俗却仍不失为有用的帮助。他们比那些早死的人获得了更多的东西吗？他们肯定最终仍得躺在什么地方的坟墓里。克迪斯亚卢斯、费比厄斯、朱利安卢斯、莱皮德斯或任何类似于他们的人，他们埋葬了许多人，然后是自己被埋葬。总之，生与死之间的距离是很短的，仔细想一下吧，生命是带着多少苦恼，伴随着什么样的人，寄寓于多么软弱的身体而艰难地走过这一距离的，那么就不要把寿命看作是一件很有价值的东西，看一看在你之后的无限时间，再看看在你之前的无限时间，在这种无限面前，活三天和活三代之间有什么差别呢？

【注释】

　　费比厄斯（Fabius），可能是马库斯·费比厄斯（Marcus Fabius），公元前373年任罗马护民官。

　　莱皮德斯（Lepidus），可能是马库斯·埃米列斯·莱皮德斯（Marcus Aemilius Lepidus），罗马执政官、大祭司和监察官，他曾于公元前191年担任西西里（Sicily）的统治者，于前187年被选为执政官。他和他的同僚该乌斯·弗拉米尼乌斯（Gaius Flaminius）征服了利古里亚人（Ligurians）。前180年之前他任大祭司，自前179年开始进入元老院，同年被选为监察官。前175年二度出任执政官。前187年他监督了至今仍在使用的意大利北部最为重要的通道之一——自皮里琴察（Piacenza）到里米尼（Rimini）的罗马道路的修建。他建立了罗马的殖民地，帕尔马（Parma）和莫德纳（Modena），并以其名字为罗马兵营命名（Regium Lepidi）。

　　克迪斯亚卢斯和朱利安卢斯不知为何人。

【读记】

　　生与死之间其实只隔着一张薄纸，每个人的生命在时空中都只占一个很渺小的位置。在你的后面是无限，在你的前面也是无限。你可以感到一个人生命的渺小，也许还有孤独，就像陈子昂的诗所说的："前不见古人，后不见来者。念天地之悠悠，独怆然而涕下。"

4-51　总是走直路，直路是自然的，相应地说和做一切符合健全理性的事情。因为这样一个目标使一个人摆脱苦恼、战争及所有的诡计和炫耀。

【读记】

　　"总是走直路"，也就是说走正路、走大路，做正确的事情。一事当前，不要去考虑别人做这件事情是否别有用心，乃至有什么阴谋。而是优先考虑义务的召唤，考虑我只做正当的事情。

卷 五

恪尽职守

罗 马 帝 国

马可·奥勒留统治晚期的罗马帝国（180年左右）

[本卷提要]

　　本卷的要点是尽职尽责。第1节可作为所有懈怠者的座右铭。我们可以推测，作者是在冬天，在滴水成冰的营地写的。在那里，甚至连皇帝的行辕里，也只有被窝里是温暖的。但他必须早早起来去做每日的繁重工作。因为，人既是理性的动物，又是社会的动物，他必须承担自己的社会义务与政治职责。其中社会义务是每一个社会成员或每一个公民都必须承担的，而政治职责则是担任职务的人要承担的，职位越高，责任越大。还有一种自然义务则是人之为人的义务，包括对自然界的义务。作者在第4节中也表达了一种对我们祖祖辈辈生息于其上的大地的一种感恩之情。

　　履行这些义务并不是为了建功立业，也不是为了追求名声或回报，而只是做正当的事，或使自己的行为配得上社会、大地或神灵的恩赐。但是，政治的职责是否有赖于制度的正义？个人与国家是一种什么关系？作者在第22节中（亦可参看卷10—33），从整体优先的观点说："那不损害国家的事情，也不会损害公民。"但何谓对国家的损害，这国家应是何种国家，则还可以有进一步的解释。

5-1　早晨当你不情愿地起床时，让这一思想出现——我正起来去做一个人的工作。如果我是要去做我因此而存在，因此而被带入这一世界的工作，那么我有什么不满意呢？难道我是为了躲在温暖的被窝里睡眠而生的吗？——但这是较愉快的。——那你的存在是为了获取快乐，而全然不是为了行动和尽力吗？你没有看到小小的植物、小鸟、蚂蚁、蜘蛛、蜜蜂都在一起工作，从而有条不紊地尽它们在宇宙中的职分吗？你不愿做一个人的工作，不赶快做那合乎你本性的事吗？——但休息也是必要的。——休息是必要的，但自然也为它确定了界限，他为吃喝规定了界限，但你还是越过了这些限制，超出了足够的范围；而你的行动却不是这样，在还没有做你能做的之前就停止了。所以你不爱你自己，因为，如果你爱，你就将爱你的本性及其意志。那些热爱他们各自的技艺的人都在工作中忙得筋疲力尽，他们没有洗浴，没有进食；而你对你的本性的尊重却甚至还不如杂耍艺人尊重杂耍技艺、舞蹈家尊重舞蹈技艺、聚财者尊重他的金钱，或者虚荣者尊重他小小的光荣。这些人，当他们对一件事怀有一种强烈的爱好时，宁肯不吃不睡也要完善他们所关心的事情。而在你的眼里，难道有益于社会的行为是讨厌的，竟不值得你劳作吗？

【读记】

　　我们可以把这一节和卷二的第一节相互参照，那一节是讲一日之始你就要考虑今天要见到不少你不愿意见到的人，品行有亏的人，你不喜欢的人；这一节说一日之始就自我告诫，我这一天可能要做许多我不愿做的事，要承受沉重的劳作，但正像我们要坦然处之、与人为善一样，我们也要欣然劳作，积极尽分。你一早就要从温暖的被窝里爬起来，吃喝休息都有一自然的界限，你不要越过这些界限。你要爱自己的本性，承担自己的职责。这个皇帝，只是你的一个角色，但你既然演了这个角色，你就要把它演得尽量地好，全力以赴，废寝忘食。

一切必须辛勤劳苦的人，一切因遇人不淑而烦恼的人，也许可以把卷二与卷五的首条都抄下来，作为自己的座右铭。

5-2　这是多么容易啊：抵制和清除一切令人苦恼或不适当的印象，迅速进入完全的宁静。

【读记】

入静就是一种净化心灵：抵制尚未进来的、清除已经进来的一切不恰当的印象。

5-3　判断每一符合你本性的言行，不要受来自任何人的谴责或话语的影响，而如果做或说一件事是好的，不要把它想成对你是无价值的。因为那些人有他们特殊的指导原则，遵循着他们特殊的活动，你不要重视那些事情，而是直接前进，遵从你自己的本性和共同的本性，遵循两者合而为一的道路。

【读记】

正确的道路，是使自己的本性与共同的本性合一的道路。人是通过理性来认识这一道路的。

5-4　我按照本性经历所发生的事情，直到我倒下安息，直到我呼出的气息化为我每日吸入的那种元素，直到我倒在这块大地上——我的父亲从它收集种子，我的母亲从它获得血液，我的奶妈从它吸取奶汁，在许多年里我从它得到吃和饮的供应；当我践踏它，为许多的目的滥用它时，它默默地承受着我。

【读记】

　　这一节使我们想起美国生态哲学家利奥波德（Aldo Leopold）的"大地伦理"，它指出了人对大地或者说对自然界的亏欠、内疚与感恩。人类祖祖辈辈都靠大地滋养，但却常常破坏和滥用它。

5-5　你说，人们不能欣赏你的机智——就算是这样，但也有许多别的事情是你不能这样说的，有许多事情是我先天不适合的。那么展示那些完全在你力量范围内的品质吧：真诚、严肃、忍受劳作、厌恶快乐、满足于你的份额和很少的事物、仁慈、坦白、不爱多余之物、免除轻率的慷慨。你没有看到你马上能展示多少品质吗？那些品质都是你没有借口说是天生无能或不适合的，你还愿意使自己保留在标准之下吗？难道你是先天就不健全以致不能不抱怨、吝啬、谄媚、不满于你可怜的身体、试图取悦于人、出风头和内心紧张不安吗？不，的确，你本来可以早就从这些事情中解脱出来了，除非你的理解力的确天生就相当迟钝和麻木，但你也必须在这方面训练自己，不忽视它也不以你的迟钝为乐。

【读记】

　　身体素质的某些优势，不是所有人都具有的，有强有弱；智力条件的某些优势，也不是所有人都具有的，有智有愚；但是，德行的品质，却是在所有人的力量范围之内。而不论智愚强弱，皆可在道德上正直高尚。

5-6　有一个人，当他为另一个人做了一件好事，就准备把它作为一种施惠记到他的账上；还有一个人不准备这样做，但还是在心里把这个人看作是他的受惠者，而且他记着他做了的事情；第三个人在某种程度上甚至不知道他所做的，他就像一株结出葡萄的葡萄藤一样，在它一旦结出它应有的果实以后就不寻求更多的东西。一匹马在它奔跑后，一只狗在它追猎后，一只蜜蜂在它酿蜜后也是这样，所以一个人在他做了一件好事之后，也不应要求别人来看，而是继续做另一件好事，正像一株葡萄藤在下一个季节继续结果一样。——那么一个人必须以某种方式如此行动且不注意它吗？——是的。——但这也是必要的，即观察一个人正在做的事情。因为，可以说，察知他正以一种有益社会的方式工作，并的确希望他的社会同伴也察知他是社会动物特征。——你说得对，但你并没有理解现在所说的：因此你将成为我前面说过的那些人中的一个，因为甚至他们也因理性的某种展示而误入歧途。但如果你愿意理解现在所说的话的意义，就不要害怕你将因此忽略任何有益社会的行为。

【读记】

　　奥勒留在这里展示了一种德行的崇高境界。这个人是自然而然地做出有益于他人的德行，他不在德行中寻求任何其他的目的，他甚至在某种程度上不知道他所做的，从而也就绝不会去炫耀。他不会要求别人的感谢或报答，而只是像葡萄藤不断结出葡萄一样继续做好事。但人还是可以察知他的德行的意义：他是作为一种社会的动物，做一种有益社会的工作。奥勒留在与自己的对话中可能也陷入了某种犹疑：或许强调有益于社会也还是会让我们误入歧途，不如让我们就自然而然地做这一切吧。

5-7 雅典人中的一个祈祷是：降雨吧，降雨吧，亲爱的宙斯，使雨降落到雅典人耕过的土地上，降落到平原上。——我们确实不应当祈祷，不然就应以这种简单和高贵的方式祈祷。

【读记】

　　奥勒留为什么说雅典人的这种祈祷是简单和高贵的？也许首先是因为他不是祈祷个人特殊的、过分的要求；其次，他还表示，我们要以自己的行动来配得上宙斯的恩赐，即我们已经把土地耕作好了。

5-8　正像我们一定理解这样的话：埃斯库拉普给这个人开药方，让他练骑马或洗冷水浴或赤足走路，同样我们也一定理解这样的话：宇宙的本性给这个人开药方，让他生病、损折肢体、丧失或别的这类事情。因为在前一种情况里，开药方的意思是这样的，他为这个人开的药方是作为适于获得健康的东西；在后一种情况里它的意思则是：对每个人发生（或适合于他）的事情，都是以某种方式为他确定的，是与他的命运相适应的。因为这就是我们所谓事情对我们合适，正像工匠把石头相互适合地联结起来时，说墙壁上或金字塔里的方块石头合适一样。因为这整个就是一个适合、和谐。正如宇宙之成为这样的一个物体，乃是由所有个别的物体构成的，同样，必然性（命运）之成为这样一个原因，乃是由于所有的实在的个别原因造成。甚至那些完全无知的人也了解我的意思，因为他们说：它（必然性、命令）给这样一个人带来这样的事情。——那么，就是这件事带给了他，这件事作为药方开给了他。那么，我们就连同埃斯库拉普的药方接受这些事情吧！在他的药方中当然也有许多并不一致，但由于希望健康，我们都接受了。各样事情的完满与成就——这种为共同的本性断定是好的东西，你也把它断定为与你的健康属于同类的吧！要接受每一件发生的事情，即使它看来不一致，因为它导致宇宙的健康与宙斯（宇宙）的成功和幸福。因为宙斯带给任何人的，如果不是对整体有用，就不会带给他了。不论是什么东西，它的本性都不会引起任何与它所支配的东西不相合的事情。因此，你有两个理由应该满足于对你发生的事情：第一，因为它是为你而做的，是给你开的药方，并且在某种程度上它对你的关联是源于与你的命运交织在一起的那些最古老的原因；第二，因为即使那个别地降临于每个人的，对于支配宇宙的力量来说也是一种幸福和完满的原因，甚至于就是它继续存在的原因。如果你从各个部分或各个原因的联结与继续中间打断任何事情，整体的完整就破坏了。而当你不满意并且以某种方式企图消灭什么事物时，你确是力所能及地把它打断了。

【注释】

　　埃斯库拉普（Aesculapius），古希腊神话中专司医药和治疗的神。他的几个女儿分别掌管清洁、医药、康复等力量。

【读记】

　　一个人为什么应该满足于对他发生的事情？奥勒留在这里提出了两个理由。第一是因为它们是为你特开的药方，是为你对症下药的，虽然其中的关联可能是你不知道的最古老的原因。第二，它是对整体好的，是使整体或宇宙幸福和完满的，是使整体的各个部分完美无缺的，即便你个人目前看不到这种意志。而整体又有赖于所有部分的个别动因，所以，你如果抗拒对你发生的事情，就会破坏整体的完整性。这就意味着一个人对所有对他发生的事情，理解的要接受，暂时不理解的也要接受。或者不必去求个别的理解，而只做一种整体的理解。

5-9 如果你根据正确的原则没有做成一切事时，不要厌恶，不要沮丧，也不要不满；而是在你失败时又再回去从头做起，只要你所做的较大部分事情符合于人的本性，就满足了，热爱你所回到的家园，但不要回到哲学仿佛她是一个主人，而是行动得仿佛那些眼疼的人用一点海绵和蛋清，或者像另一个人用一块膏药，或用水浸洗一样。因为这样你将不在遵守理性方面失败，你将在它那里得到安宁。记住，哲学仅要求你的本性所要求的事情，而你却有那不符合本性的别的什么东西。——你可能反对说，为什么那件事比你正做的这件事更使人愉悦呢？——但这不正是因为快乐在欺骗我们吗？再考虑是否慷慨、自由、朴素、镇静、虔诚不更令人愉悦。当你想到那依赖于理解和认识能力的一切事物的有保障和幸福的过程，有什么比智慧本身更令人愉悦呢？

【读记】

上一节对一个人所提出的要求看来是一个严格的要求，由于所有的个别行为都会影响整体，所以要事事顺应。这一节则鼓励人如果自己没有做对事，也不要太沮丧。而只需从头做起，只要"大德不逾"即可。这里还谈到不要回到哲学仿佛它是一个主人，因为哲学只要求你做本性所要求的事情而再无其他，当然哲学的智慧本身最令人愉悦。

5-10 事物是在如此一种包围之中，以致在哲学家们（不是少数的也不是那些普通的哲学家）看来是完全不可解的，甚至对斯多亚派哲学家本身来说也是难于理解的。所有我们的同意都在变动不居之中，从不改变的人哪儿有呢？那么把你的思想带到对象本身，考虑它们的存在是多么短促而无价值吧，它们可能是为一个卑鄙的可怜虫，或一个娼妓、一个强盗所占有。然后再想想那些和你生活在一起的人们的道德水平，即使容忍他们中最令人愉悦的人也是几乎不可能的，更不必说容忍一个几乎不能容忍自己的人了。那么在如此的黑暗和肮脏中，在如此不断流动的实体和时间、运动和被推动的物体的急流中，有什么值得高度赞扬甚或值得认真追求的对象呢？我想象不出有这样的对象。反之，顺应自身，等待自然的分解，不为延缓而烦恼，却是一个人的义务，但仅仅使你在这些原则中得到安宁吧：一是对我发生的一切事情都是符合宇宙的本性的；二是决不违反我身外和身内的神而行动是在我的力量范围之内，因为没有人将迫使我违反。

【注释】

　　斯多亚派哲学的创始人是基提翁的芝诺（前340—前265），因为他通常在雅典集市的画廊柱下讲学，所以这一学派又被称为画廊学派。其后的主要首领，依次是克莱安西斯、克利西波斯等，罗马时代的是后期斯多亚派，其代表人物有塞内加、被尼禄皇帝释放的奴隶爱比克泰德，直到本书的作者奥勒留。

　　斯多亚派认为美德是世界的内在特点，它和人的牢固关系，正如自然规律和人的关系一样。所以，人的目标就是要按照自然去生活，以期与世界的设计相一致。

　　斯多亚派总是鼓励人们参与人类事业，相信一切哲学探究的目的都在于给人提供一种以心灵的平静和坚信道德价值为特点的行为方式。

【读记】

　　这一节似乎是奥勒留写下的最悲怆的一节，他感到包围着我们的事物是难以理解的，人们的道德水平是低下的，许多被人追求的东西是由你看不起的人占有的。"在如此的黑暗和肮脏中"，在事物流变的激流中，不知道还有什么值得高度赞扬或认真追求的对象。一个人只能相当消极地等待自身的分解。

5-11　我现在要把我自己的灵魂用于什么事情上呢？在任何场合我都必须问自己这个问题，我在我的这一被称为支配原则的部分中拥有什么呢？我现在拥有谁的灵魂呢？是一个孩子的灵魂？抑或一个年轻人、一个软弱的妇人、一个暴君、一个家畜、一个野兽的灵魂？

【读记】

　　"灵魂"或者支配的部分在奥勒留那里并不就等于善，甚至不为人类所专有。灵魂中的理性才是善。

5-12　我们甚至可以从这个问题学习——那些在许多人看来是好的事物是一种什么样的事物呢？因为，如果有人把诸如明智、节制、正义、坚定这样一些事情视作真正好的，他在首先抱有这种认识之后就将不耐烦听任何与真正好的东西相抵牾的事情。但如果一个人首先把那多数人认为好的东西理解为好的，那么他就可能把喜剧作家所说的东西作为真正适合的东西来倾听并欣然接受。这样，甚至多数人也觉出这差别。因为如果不是这样，当我们听到有关财富、有关促进奢侈和名声的手段的巧妙和机智的说法时，就不会觉得刺耳也不会从一开始就加以拒绝了。那么，接着问问我们自己，你是否重视这些事物，是否认为它们是好的？是否在心里抱有对它们的既定看法之后，喜剧作家的话还可以恰当地应用于它们——那占有它们的人，由于纯粹的富足却没有办法使自己得到安宁。

【读记】

　　奥勒留在这一节里强调少数（哲学家）与多数人的差别，首先是在理解什么东西是真正好的东西上的差别。少数人当然应该明确这差别，甚至多数人也能察觉出这差别，我们应当据此自问要重视或追求哪些事物，比如说是否追求多数人欲求的东西——财富。富人们可能拥有巨大的财富，却没有心灵的平安，甚至"富有"得只剩下金钱了。

5-13　我是由形式和质料组成的，它们都不会消逝为非存在，正像它们都不可能由非存在变为存在一样。那么我的每一部分就都将被变化带回到宇宙的某一部分，并将再变为宇宙的另一部分，如此永远生生不息。我也是通过这样一种变化的结果而存在，那些生我的人也是，如此可以按另一方向永远追溯下去。因为没有什么使我不这样说，即使宇宙是根据无数变革的时代所管理的。

【读记】

　　奥勒留看来认为，无中不能生有，有也不会变成无，一个人就处在这一永远生生不息的链条之中，部分在整体中永续，虽然可能是无意识地存续。

5-14　理智和推理艺术（哲学）对于它们自身和自身的工作是一种自足的力量。它们是从一个属于它们自己的第一原则启动的，它们开辟它们的道路直到那规定给它们的终点；这就是为什么这种活动被称为正确活动的原因，这个词表示它们是沿着正确的道路行进的。

【读记】

　　哲学是自足的，哲学是从自身启动的，并达到自己的终点。

5-15　这些事物决不应当被称为是一个人的东西，它们不属于一个作为人的人。它们不需要人，人的本性也不允诺产生它们，它们也不是人的本性达到其目的的手段。因而人的目的并不在这些事物之中，那有助于达到这一目的的东西也不在这些事物之中，帮助对准这一目的的东西就是那好的东西。此外，如果这些事物中有什么确属于人，一个人轻视和反对它们就是不对的，那表现出他不想要这些事物的人也就不值得赞扬，如果这些事物的确是好的，那么不介入它们的人也就不是好的。但是现在，一个人使自己丧失这些事物或类似事物愈多，甚至他被剥夺这些事物，他倒愈能耐心地忍受这损失，并在同样的程度上是一个更好的人。

【读记】

　　奥勒留认为物与人是处在这样一种什么关系中，物不属于人，甚至也不是人的本性达到其目的的手段，更不要说作为人的目的。所以，一个人只拥有很少的物甚至完全被剥夺，并不有损于他的本性，他甚至可以是一个更好的人。

　　物欲自然有一个多少算够的问题，人性也不会随物质的丰裕而丰裕。但是，我们还是可以考虑一些基本的物质条件是所有人都必需的，甚至像古希腊贤哲所说，即使对一个哲学家来说，中等财富也是好的。

5-16　你惯常的思想要像这样，你心灵的品格也要是这样，因为灵魂是由思想来染色的。那么用一系列这样的思想染你的灵魂：例如，在

一个人能够生存的地方，他也能在那里生活得很好。他必须住在一个
宫殿里吗？那好，他在一个宫殿中也能生活得很好。再考虑每一事物
无论是为了什么目的构成的，它的构成都是为着这一目的的，它都被
带往这一目的；它的目的是朝着它被带往的方向的，在那目的所在的
地方，也存在着每一事物的利益和善。那么理性动物的善就在于社会，
因为我们是为社会而造的，这已在前面说明过了。低等的东西是为高
等的东西存在的，这不是很明白吗？而有生命的存在都是优越于无生
命的存在的，而在有生命的存在里最优越的又是那有理性的存在。

【注释】

　　"这已在前面说明过了"，参考前面的卷2-1。

【读记】

　　这里又一次讲道，灵魂可能是中性的，要用其中的思想来染
色。这里还谈到，作为理性动物的人，也同时是一个社会（政治）
动物（参见卷2-1）。而且各种事物的存在系列，是一种等级制的
存在，而居于最高列的，是理性的存在者——人。

5-17　寻求不可能的事情是一种发疯，而恶人不做这种事情是不可
能的。

【读记】

　　奥勒留在这里把"寻求不可能的事情"看作是一种发疯，是
恶人所为。但如果按他前面的观点：个人并不能够完全理解天意，
有时"知其不可为而为之"，就是一种善念的冒险。

5-18 没有什么事情是一个人天性不可忍受的事情。同样的事情发生于另一个人，或是因为他没看到它们的发生，或是因为他表现出一种伟大的精神而使他保持坚定和不受伤害。那么无知和欺瞒竟然强过智慧就是一种羞愧。

【读记】

我对这段话的理解是：一个人可能会觉得某件对他发生的事情是不可忍受的，但事实上并没有什么从人的本性上说是不可忍受的事情。这样，他觉得"不可忍受"就是一种自我欺瞒？还有的人因为无知、因为麻木不仁而忍受了别人看来似乎不可忍受的事情，而真正高贵的忍受，是充分认识到这一灾难的同时也认识到自然与人的本性，从而通过一种伟大的精神而保持坚定与不受伤害。这样，前两种人相对最后的智慧者来说，自然就是一种羞愧。

5-19 事物本身不接触灵魂，甚至在最低程度上也不；它们也没有容纳灵魂之处，不能扭转或推动灵魂，灵魂仅仅转向和推动自身，做出一切它认为适合的判断，这些判断是它为自己做出的对呈现于它的事物的判断。

【读记】

事物其实是接触不到灵魂的。灵魂对事物做出好或坏的判断，其实只是它自己的看法。但是不是可以这样引申呢：我们可以通过自身灵魂的判断而改变世界，或至少改变对这世界的观感？

5-20 就我必须对人们行善和忍受他们而言，在这方面人是最接近我的存在。但就一些人对我的恰当行为形成障碍时，人对我就变成了那些中性的事物之一，不亚于太阳、风或一头兽。确实，这些人可能阻碍我的行动，但他们并不阻碍我的感情和气质，而这些感情和气质具有限定和改变行为的力量。由于心灵把每一障碍扭转为对它活动的一个援助，以致那是一个障碍的东西变成对一个行为的推进，那是一道路上屏障的东西却帮助我们在这条路上行进。

【读记】

就像在我外面的自然事物都是中性的一样，人在对我的正当行为构成障碍时也是中性的，也就是说，他们能阻碍我行，但不能阻碍我心。甚至它们和其他阻碍一样，"艰难困苦，玉汝于成"。但这只是就它们对我构成障碍而言，就我必须对他们行善和忍受他们而言，他们就成了与我同类的、最亲近我的存在。此大概也可用"民胞物与"解之。

5-21 尊重那宇宙中最好的东西，这就是利用和指引所有事物的东西。同样，也要尊重你自身中最好的东西，它具有跟上面所说的同样的性质。因为那利用别的一切事物的东西也在你自身中，你的生活受它指导。

【读记】

尊重宇宙中和自身中最好的东西，也就是尊重本性、尊重理性，并使它成为自己生活的向导。

5-22 那不损害国家的事情，也不会损害公民。对所有看来是损害的现象都来应用这一规则：如果国家不受其损害，那我也没有受到损害。

但如果国家被损害，你不要对损害国家的人愤怒，而是向他展示他的错误。

【读记】

　　这里看来是非常强调国家对公民、社会对个人的某种支配性。但它是不是也可以这样来理解：任何损害到个人或公民的事情，也必定会损害到国家和社会？

5-23　经常想想那存在的事物和被产生的事物变化和消失得多么迅速。因为实体就像一条湍急地流动的河，事物的活动处在不断的变化之中，各种原因也在无限的变化之中起作用，几乎没有什么是保持静止的。考虑那接近于你的东西，那所有事物都消失于其中的过去和未来的无尽深渊。那么，那自得于这些事物或为它们发愁、把自己弄得很悲惨的人不是很傻吗？因为这些事物仅仅烦扰他一段时间，一段短暂的时间。

【读记】

　　什么都会过去的，快乐会过去，痛苦也会过去。哪怕快乐会快快地过去，痛苦会慢慢地过去，但都会过去。使你烦恼的人会过去，而烦他的你自己也会过去。所以，有什么必要烦恼呢？

5-24　想想普遍的实体，你只占有它很少的一部分；想想普遍的时间，你只分到它一个短暂和不可分的间隔；想想那被命运所确定的东西，你是它多么小的一部分。

【读记】

　　总是想到你自己的渺小，想到你不过是沧海一粟、永恒一瞬。

5-25　别人对你做了错事吗？让他去注意它吧。他有他自己的气质，他自己的活动。我现在有普遍的本性要我有的，我做我的本性现在要我做的。

【读记】

　　别人做了错事，那是因为他没有遵循普遍的本性。但我并不将错就错，以恶抗恶。我恰恰要改做正确的事情。

5-26　让你的灵魂中那一指导和支配的部分不受肉体活动的扰乱吧，无论那是快乐还是痛苦；让它不要与它们统一起来，而是让它自己限定自己，让那些感受局限于它们自身而不影响灵魂。而当这些感情通过那自然地存在于作为一个整体的身体之中的别的同情而出现于心灵之中时，那么你决不要拼命抵制这感觉，因为它是自然的，而是不要让自身的支配部分对这一感觉加上认为它是好的或坏的意见。

【读记】

　　身体产生苦乐的感觉是自然的，所以，并不是要抵制这些感觉，而只是不让灵魂给它加上好坏的标签。我的身体被刺伤流血，我并不能够说我感觉不到疼痛，但我并不在这感觉之上加上我的意见——比如说，这是多么坏的遭遇，它为什么竟发生于我，老天不公平——这样就会在身体痛苦的同时也折磨自己的灵魂。

5-27　和神灵生活在一起。那不断地向神灵表明他自己的灵魂满足于分派给他的东西的人，表明他的灵魂做内心的神（那是宙斯作为他的保护和指导而赋予每个人的他自身的一份）希望它做的一切事情的人，是和神灵生活在一起的。这就是每个人的理解力和理性。

【读记】

奥勒留甚少说到神灵。他并不否定神灵，但也没有提出一个唯一的、至高无上的人格神。他采取的态度大致如孔子的"祭神如神在"，或者像斯多亚派早期哲学家所说的"哪里有祭坛，哪里就有神"。这样除了尊重民众的信仰，是否还有更高、更强烈的虔敬？不过他理解的人内心的神主要还是每个人的理性。

5-28 你对患有狐臭的人生气吗？你对患有口臭的人生气吗？你怎样善待这一麻烦呢？他有这样一张口，他有这样一个腋窝，这种气味来自这些东西是很自然的。——但据说他有理性，如果他用心想一下，他能发现他为什么冒犯了别人。——我希望你满意你的发现，那么好，你也有理性，用你的理性能力来刺激他的理性能力，向他指明他的错处，劝诫他吧。因为如果他肯听，你将医治他，但没有必要生气。你非悲剧演员亦非妓女……

【读记】

奥勒留这里举了一个怎样对待一个冒犯者——比如一个有狐臭的人的例子。我们容易发生抱怨的是，的确，他有狐臭是自然的，但如果他明事理，他可以离我远着点。奥勒留认为，我们是可以这样告诉他的，但没有必要生气。"你非悲剧演员亦非妓女……"这句话没有说完，意思大概是你不必像悲剧演员那样去悲哀地拒绝，也不必像妓女那样去讨好地奉迎。

5-29　正像你离去时你不想死……所以在此生活是在你的力量范围之内。但如果人们不允许你，那么就放弃生命吧，并仍表现得仿佛你没有受到任何伤害。这屋子是烟雾弥漫的，我就离开它。但你为什么认为这是什么苦恼呢？只要没有什么这种东西迫使我出去，我就留下，自由自在，无人阻止我做我所欲的事，我愿意做那符合理性和社会动物本性的事情。

【注释】

　　"这屋子是烟雾弥漫的"来自当时这样一个幽默说法：有三件事让一个人离开屋子——屋里冒烟、屋顶裂缝和一个好争吵的老婆。

【读记】

　　奥勒留曾经谈道，人有三种存在：理性的存在、作为社会动物的存在和作为一个有死者的存在。让留就留，该去则去。人不应该为死亡忧心，而只做符合他本性的事情。

5-30　宇宙的理智是社会性的。所以它为高等的事物创造出低等的事物，并使它们与高等的事物相互适应。你看到它怎样使高下有序，相互合作，分配给每一事物以它适当的份额，把它们结合到一起使之与那最好的事物相和谐。

【读记】

　　这里所说的宇宙，是一个等级的但也是和谐的合作社会。这是否意味着人类的社会也应该是一个这样的社会？

5-31 你从此将如何表现于神灵、你的父母、兄弟、孩子、教师、那些从小照顾你的人、你的朋友、同胞以及你的奴隶呢？要考虑是否你从此要以这样一种方式表现于所有人，使人可以这样说你："一个在行为或语言中不犯错误的人——他从未对人们做事不义，说话不公正。"你要回忆一下你经历过多少事情，你一直能忍受多少困苦，你的生命现在告终，你的服务现在终止；你又见过多少美丽的事物，你蔑视过多少快乐和痛苦，你拒斥了多少所谓光荣的事情，你对多少心肠不好的庸人表示过和善。

【注释】

引文出自荷马：《奥德赛》，第4章，第690行。

【读记】

这一节好像是对第一卷的一个回答。既然你如此得益于你的亲友、老师和同胞，那么，你要做一个怎样的人呢？回答是：你要做一个正直的人、一个尽责的人、一个与人为善的人、一个斯多亚派的哲人。

5-32 无能和无知的灵魂怎么会打扰有能力和有知识的人呢？那么什么灵魂有能力和有知识呢？那知道开端和结尾的，知道那隐含在整个实体和在全部时间中以确定的时代（变革）管理着宇宙的理性的灵魂。

【读记】

灵魂有智有愚，智者或者爱智者的灵魂，知道首尾，能够认识宇宙的理性。

5–33　很快，你就将化为灰尘，或者一具骷髅，一个名称，甚至连名称也没有，而名称只是声音和回声。那在生活中被高度重视的东西是空洞的、易朽的和琐屑的，像小狗一样互相撕咬，小孩子们争吵着、笑着，然后又马上哭泣。但忠诚、节制、正义和真理却"从宽广的大地飞向奥林匹斯山"。如果感觉的对象是容易变化的，从不保持静止；知觉器官是迟钝的，容易得到错误的印象；可怜的灵魂本身是从血液的一种嘘气，那么还有什么使你滞留在此呢？是为了在这样一个空洞的世界里有一个好名声。那么你为什么不安静地等着你的结局，不论它是死亡还是迁徙到另一国家呢？直到那一时刻来临，怎样才是足够的呢？难道不就是崇敬和赞美神灵，对人们行善，实行忍耐和节制；至于那在可怜的肉体和呼吸之外的一切事物，要记住它们既不是属于你的，也不是你力所能及的。

【注释】

　　引文出自赫西俄德：《工作与农时》，第197行。

【读记】

　　这里提到人们在生活中高度重视的东西，是空洞和易朽的。比如说人们堂而皇之进行的战争，其实就像小狗的互相撕咬。庄子也曾说到战争就像发生在一只蜗牛的两个角上的争斗一样可笑。而人想滞留在这个世界上的原因，可能是为了在这样一个世界上留下一个好名声，但名声其实也是空洞的，只是"声音和回声"。当然，这并不是说要因此走向虚无主义，而仍然要坚持德行与真理。

5–34　如果你能走正确的道路，正确地思考和行动，你就能在一种幸福的平静流动中度过一生。这两件事对于神的灵魂和人的灵魂，对于理性存在的灵魂都是共同的，不要受别的事情打扰。好好地坚持正义的气质并实行正义，这样你就能消除你的欲望。

【读记】

　　奥勒留很少谈到幸福。这里他把幸福与正当联系在一起。但他所理解的幸福也主要是一种心灵的宁静。

5-35　如果这不是我自己的恶，也不是我自己的恶引起的结果，公共福利也不受到损害，为什么我要为它苦恼呢？什么是对公共福利的损害呢？

【读记】

　　奥勒留在这里也许暗示了一种个人伦理与社会伦理的划分，即作为个人我不会为任何对我发生的事感到苦恼，但作为一个公职人员尤其是最高统治者，我还是会对公共利益受损感到烦心。

5-36　不要不加考虑地被事物的现象牵着鼻子走，而是根据你的能力和是否对他们合适而给所有人以帮助；如果他们蒙受无关紧要的物质上的损失，不要把这想象为一种损害。因为这是一种坏的习惯。但当这个老人，当他离去时，回顾他抚育的孩子的巅峰时期，记住这是巅峰时期，你在这种场合里也要这样做。

　　当你在讲坛上呼唤时，人啊，你忘记了这些事物是什么吗？——是的，但它们是这些人强烈关心的对象——那么你自己也要这样愚蠢地对待这些事物吗？——我曾经是一个幸运的人，但我失去了它，我不知道怎么办。——但幸运只意味着一个人给自己分派了一种好的运气：一种好运气就是灵魂、好的情感、好的行为的一种好的配置。

【读记】

　　奥勒留提出了帮助别人的两条准则，一是根据自己的能力，一是考虑是否对受助者合适。他似乎认为，帮助孩子实现自己是一种最有价值的帮助，而对帮助别人弥补琐屑的物质损失，他评价颇低。

　　最后一段，奥勒留谈道，"当你在讲堂上呼唤时"，看来回忆了自己曾在哲学讲堂上作过报告，他并不认为这有辱一个皇帝的身份。他认为，幸运不是来自外界，而是出于自身。幸运就是灵魂、情感与行为的一种好的配置。

卷 六

认识本性

马可·奥勒留的妻子福斯蒂娜半身雕像，现藏法国卢浮宫

【本卷提要】

　　本卷的要点是认识本性。斯多亚派的基本生活准则是按照本性生活。但什么是本性呢？本性在人这里就是他的理性，而这理性又是和宇宙的本性（理性、神性）一致的。本卷一开始就说理性支配着宇宙。所有事物都是根据这一理性而创造而完善。在快结束本卷时作者又说："没有任何人能阻止你按照你自己的理智本性而生活，没有任何违反宇宙理智本性的事情对你发生。"

　　那么，如何认识本性？这就需要不受事物现象的遮掩，而要努力达到事物本身的底蕴；不受个人主观印象的束缚，也不受多数意见的干扰，而是努力洞察事物的本质，用自身的理性去认识宇宙的理性，从而做到与社会保持和谐，与神灵保持一致。不要害怕这种认识，因为任何人都不会受到真理的伤害。

　　这一卷还有一点颇值得注意的是对自己的认识和期许。在第33节，作者又一次描述了养父安东尼皇帝的崇高德行，希望自己也能仿效他而在死亡来临时拥有一颗"和他一样好的良心"。在第26节中，他又拎出"安东尼"这一名字（他们父子俩都叫安东尼），叮嘱自己的义务。在第44节中，作者说："就我是安东尼来说，我的城市与国家是罗马；但就我是一个人来说，我的国家就是这个世界。"这表现出比作为某一政治社会的公民更重要的，是作为一个人的世界主义情怀。

6-1 宇宙的实体是忠顺和服从的，那支配着它的理性自身没有任何原因行恶，因为它毫无恶意，它也不对任何事物行恶，不损害任何事物。而所有的事物都是根据这一理性而创造而完善的。

【读记】

何谓宇宙理性？这不是容易把握的概念。但这里并没有说它"充满善意"，或者有明确的、可以说明的目的，而只是说它"毫无恶意"。那么就让我们不妨把它理解成一种"不为尧存，不为桀亡"的冥冥天意，或者理解为大自然决不会对我们有心作恶。

6-2 如果你在履行你的职责，那么不管你是冻馁还是饱暖，嗜睡还是振作，被人指责还是被人赞扬，垂死还是做别的什么事情，让它们对你都毫无差别。因为这是生活中的活动之一，我们赴死要经过这一活动，那么在这一活动中做好我们手头要做的事就足够了。

【读记】

这是一个坚定的义务论者的典型形象。即不管自身的状态如何，不管行动的后果怎样，都坚持不懈地履行自己的职责。

6-3 反观自身，不要让任何特殊性质及其价值从你逃脱。

【读记】

"认识你自己"，这是最容易的，也是最困难的。你总是比别人多知道一点你的隐曲之处，比方说你的内心想法，但你终其一生也可能还是不完全了解你自己，会为你做出的行为感到吃惊。

6-4   所有存在的事物都很快要改变：它们或者要回归于气体，如果整个实体的确是一的话；或者它们将被分解。

【读记】

从"或者……或者……"，我们可以看到一种本体论的悬疑，而这在理智上是诚实的。

6-5   那支配的理性知道它自己是怎样配置的、它做什么和用什么原料工作。

【读记】

理性自在自知，故而能够支配。

6-6   亲自报复的最好方式就是不要变成一个像作恶者一样的人。

【读记】

作恶者不仅伤害你的利益，也可能伤害你的品格，把你变成和他一样的人。

6-7   在从一个社会活动到另一个社会活动的过程中，只在一件事情中得到快乐和安宁——想着神。

【读记】

聚精才能会神，入神方可心宁。

6-8   支配的原则是产生和转变自身的原则，当它使自己成为它现在的样子和它将愿是的样子时，它也使发生的一切在它看来都如其所愿。

【读记】

　　与其改变世界，不如改变自己。

6-9　每一单个的事物都是按照宇宙的普遍本性来完成的，因为，每一事物的确不是按照任何别的本性——不是按照一个从外面领悟它的本性，或一个在这本性之内领悟它的本性，或一个外在和独立它的本性——来完成的。

【读记】

　　如果说，宇宙的普遍本性不是在他之外、之内或者独立于他，那这本性就等于宇宙自身。

6-10　宇宙要么是一种混乱，一种诸多事物的相互缠结和分散；要么是统一、秩序和神意。如果前者是真，为什么我愿意留在一种各事物的偶然结合和这样一种无秩序中呢？为什么我除了关心我最终将怎样化为泥土之外还关心别的事情呢？为什么我要因为不管我做什么我的元素最终都是要分解的而烦扰自己呢？而如果后者是真，我便崇拜、坚定地信任那主宰者。

【读记】

　　宇宙要么是混乱的、偶然的、荒谬的，要么是统一的、有序的、必然的。正是从前一种观点产生了现代的存在主义，从后一种观点则产生了斯多亚派哲学。

6-11 当你在某种程度上因环境所迫而烦恼时，迅速地转向你自己，一旦压力消失就不要再继续不安，因为你将通过不断地再回到自身而达到较大的和谐。

【读记】

　　人很难不烦恼，但最好不要让烦恼过夜。

6-12 如果你同时有一后母和亲母，你要对后母尽责，但你还是要不断地回到你的亲母身边。现在就让宫廷和哲学是你的后母和亲母，经常地回到哲学吧，在它那里得到安宁。通过它，你在宫廷中遇到的事情，对你看来就是可忍受的了，你会在宫廷中表现出忍耐。

【读记】

　　国务是后母，哲学才是亲母。对后母要尽责，对亲母则还要尽心。

6-13 当我们面前摆着肉类这样的食物，我们得到这样一些印象：这是一条鱼死去的身体，这是一只鸟和一头猪死去的身体，以及，这种饮料只是一点葡萄汁，这件紫红袍是一些以贝类的血染红的羊毛，这些印象就是如此，它们达到了事物本身，贯穿其底蕴，所以我们看到了它们是什么。我们在生活中恰恰应以同样的方式做一切事，对于那些看来最值得我们嘉许的事物，我们应当使它们赤裸，注意它们的无价值，剥去所有提高它们的言辞外衣。因为外表是理智的一个奇妙的曲解者，当你最相信你是在从事值得你努力的事情时，也就是它最欺骗你的时候。可以再考虑一下克拉蒂斯本人对色诺克拉蒂斯所说的。

【注释】

克拉蒂斯（Crates），约公元前4世纪，来自底比斯，师从第欧根尼，是早期犬儒学派的代表人物之一。他放弃财产而主动承担矫正罪恶和虚伪的使命。

色诺克拉蒂斯（Xenocrates，前396—前314），来自加尔西顿城（Chalcedon），古希腊哲学家和数学家，前339—前314年主持柏拉图学园。他区分了存在的三种形式，感觉、理智和作为前二者综合体的意见。他认为世界是统一的和二元的，灵魂是自我运动的数字，神存在于万物之中，恶的力量连接了神性和人类。他所持的伦理学观点是，美德产生幸福，但是外在善能增益幸福并达到目的。

【读记】

这可能是对饕餮的肉食者最好的提醒：你不过是在大啃动物的尸体，这就是事物的本质。我们在必要时需要洞穿其本质，尤其是对那些我们渴求的事物，剥去外衣使其赤裸。它可能就不值得你那样渴求了。

6-14 群众赞颂的许多事物都属于最一般的物体，是一些通过凝聚力或自然组织结为一体的东西，例如石料、木料、无花果树、葡萄树和橄榄树。而那些具有较多理性人们赞扬的事物则可归之于被一个生命原则结为一体的东西，如羊群、兽群。那些更有教养的人们赞扬的事物则是被一个理性的灵魂结为一体的事物，但这还不是一个普遍的灵魂，而只是在经过某种技艺训练或以别的方式训练过的范围内是理性的，或者仅仅是就它拥有一些奴隶而言是理性的。而那高度尊重一个理性灵魂，一个普遍的适合于政治生活的灵魂的人却除了下面的事以外不看重任何事情：他超越于所有事物之上，他的灵魂保持在符合理性和社会生活的一种状态和活动之中，他和那些像他一样的人合作达到这一目的。

【读记】

　　这里谈到了四种被人们赞扬的事物等级，奇怪的是，被最多人赞颂的事物却是等级最低的，而被最少的人看重的事物却是等级最高的。

6-15　一些事物迅速地进入存在，而另一些事物则飞快地离开存在，而在那进入存在的事物内部也有一部分已经死灭。运动和变化不断地更新这世界，正像不间断的时间过程总是更新着无限持续的时代。那么在这一变动不居的急流中，对那飞逝而过的事物，有什么是人可以给予高度评价的东西呢？这正像一个人竟然爱上那飞过的一只鸟雀，却马上就看不见它了一样，每个人的生命正是这种情况，比方说蒸发血液和呼吸空气。因为事情就是如此，正像我们每时每刻做的那样，我们的呼吸能力一旦吸入空气，又马上把它呼出，你在出生时所得到的一切，也要重新变成那原先的元素。

【读记】

　　在万物流变中有没有什么稳定不变的东西呢？有没有什么人可以抓住的东西呢？或者我们应该放弃任何截取和占有，就视流变为正常。

6-16　植物的叶面蒸发不是一件值得尊重的事情，家畜和野兽的呼吸也不是，通过事物现象得到印象，像木偶一样被欲望推动，聚集兽群，从食物得到营养，都不是一件值得尊重的事情，因为这正像切割和分离我们食物的无用部分一样。那么什么是值得尊重的呢？是众口称赞的那些事情吗？不，我们决不能尊重那口舌的称赞，而这来自多数人的赞扬就是一种口舌的称赞。那么假设你放弃了这种无价值的所谓名声，还有什么东西值得尊重呢？我的意见是，按照你恰当的结构推动你自己，限制你自己于那所有的职业和技艺都指向的目标。因为每一技艺都指向它，被创造的事物应当使自己适应于它因此而被造的工作；葡萄种植者、驯马师、驯狗者都追求这一目的。而对年轻人的教育和训练也有此目的，因而教育和训练的价值也就在这里。如果这目的是好的，你将不追求任何别的东西。你还要重视许多别的东西吗？那么你将不会自由，对于你自己的幸福不会知足，不会摆脱激情。因为这样你必然会是嫉妒的、吝惜的、猜疑那些能夺走这些东西的人，策划反对那些拥有你所重视的这些东西的人。想要这样一些东西的人必定会完全处在一种烦恼不安的状态，此外，他一定会常常抱怨神灵。而尊重和赞颂你自己的心灵将使你满足于自身，与社会保持和谐，与神灵保持一致，亦即，赞颂所有他们给予和命令的东西。

【读记】

　　人的生理功能不值得尊重，众口称赞的事情也不值得尊重。值得尊重的只是做好你必须做的事情，并使这一特殊工作体现一种普遍的意义。

　　多欲不会使人自由。每增加一样东西，只会使你再多一重镣铐。最幸福的人往往是那些付出最多而所求最少的人。

6-17　上上下下、前后左右都是元素的运动。而德行的运动却不如此：它是一种更神圣的东西，被一种几乎不可见的东西推动，在它自己的道路上愉快地行进。

【读记】

德行的运动不同于元素的运动，但它是被一种什么样的"几乎是不可见的东西"推动呢？这正是德行的神秘之处。

6—18　人们的行为是多么奇怪啊：他们不赞扬那些与自己同时代，与自己一起生活的人，而又把使自己被后代赞扬，被那些他们从未见过或永不会见到的人的赞扬看得很重。而这就像你竟然因为生活在你前面的人没有赞扬你而感到悲哀一样可笑之至。

【读记】

人们各喜于赞扬自己的同代人，而又渴求他们决不会见到的后人的赞扬，这里的奇怪之处在于，你竟然如此轻视与你一起生活的人。

6—19　如果有一件事是你难以完成的，不要认为它对于别人也是不可能的，但如果什么事对于别人是可能的，是合乎他的本性的，那么想来这也是你能达到的。

【读记】

需要一种特殊优越性的事情，不是所有人都能做到的。合乎人的本性的事情却是所有人都能做到的。

6—20　假设在体育竞技中一个人的指甲抠伤了你的皮肤，或者在冲撞到你的头时使你受了伤，那好，我们不会有什么神经质的表现，不会以为他要杀我们，我们也不会随后怀疑他是一个背信弃义的伙伴；我们虽然还是防范他，但无论如何不是作为一个敌人，也不带猜疑，而是平静地让开。你在你生活的所有别的方面也这样做吧，让我们不要对那些好比是体育场上的对手一样的人们多心吧。因为，正如我所说的，不抱任何猜疑或仇恨地让开路在我的力量范围之内。

【读记】

　　如果把人世间看成一个体育的竞技场，你就不会把冒犯你的人看作一个敌人。你虽然还是要防止受伤，甚至还要按照游戏规则尽量争取赢，但却不会仇恨他，不会像在战场上一样试图消灭他。

6-21　如果有人能够向我展示并使我相信我没有正确地思考和行动，我将愉快地改变自己；因为我寻求真理，而任何人都不会受到真理的伤害。而那保留错误和无知的人却要因此受到伤害。

【读记】

　　有的特殊的真相说出来有可能会伤害人，但普遍的真理却不会伤害任何人。

6-22　我履行我的义务，其他的事物不会使我苦恼，因为它们或者是没有生命的物体，或者是没有理性的事物，或者是误入歧途或不明道路的存在。

【读记】

　　一块掉下的石子可能伤及我，但不会使我苦恼；一头野兽也可能伤及我，它也不会使我苦恼。那么我也不要对伤及我的人苦恼，因为他不知道自己的正确道路。

6-23 对于那没有理性的动物和一般的事物和对象，由于你有理性而它们没有，你要以一种大方和慷慨的精神对待它们。而对于人来说，由于他们有理性，你要以一种友爱的精神对待他们。在所有的场合都要祷告神灵，不要困窘于你将花多长时间做这类事，因为即使如此花去三小时也是足够的。

【读记】

　　大方地对待动物，友爱地对待他人，这样才显示出理性的高贵。

6-24 马其顿的亚历山大和他的马夫被死亡带到了同一个地方，因为他们或者是被收入宇宙的同一生殖本原，或者同样地消散为原子。

【注释】

　　亚历山大，见卷3-3注。

【读记】

　　死亡最终使所有人平等。

6-25 考虑一下在一段不可划分的时间里，有多少关系到身体和灵魂的事情对我们每个人发生，那么你就不要奇怪，在同样的时间里，有更多甚至所有的事物都在那既是一又是全的、我们称之为宇宙的东西中产生和存在。

【读记】

　　每个人都是小宇宙。

6-26　如果有人向你提出这个问题——"安东尼"这个名字是怎样写呢？你将不耐烦地说出每个字母吗？而如果他们变得愤怒，你也对他们愤怒吗？你不镇定地继续一个个说出每个字母吗？那么在生活中也正是这样，也要记住每一义务都是由某些部分组成的。遵循它们就是你的义务，不要烦恼和生气地对待那些生你气的人，继续走你的路，完成摆在你前面的工作。

【读记】

　　作者的全名是马可·奥勒留·安东尼。但人们因为他的养父叫安东尼而不大称他"安东尼"。我们可以设想这位皇帝会耐心地说出自己姓名的每个字母，就像他完成摆在他面前的每项义务。

6-27　不允许人们努力追求那些在他们看来是适合他们本性的和有利的事物，是多么残忍啊！但当你因他们行恶而烦恼时，还是要以某种方式不允许他们做这些事。他们被推动做这些事确实是因为他们假设这些事是适合于他们本性的，是对他们有利的，然而情况不是这样。那么教育他们吧，平静地向他们展示他们的错误。

【读记】

　　对斯多亚派一直有一种是否他们完全不抗恶的质疑。那么，这里我们看到他们还是会向犯错者指出其错误，还是会以某种方式不许他们去做这些事。但他们不会动怒生气，而是平静甚至坚定地这样做。

6-28 死亡是感官印象的终止，是一系列欲望的中断，是思想的散漫运动的停息，是对肉体服务的结束。

【读记】

　　奥勒留在这里解释了什么是死亡。但他没有提及灵魂结束对肉体的服务之后，是否还会有一个新的开始。

6-29 这是一个羞愧：当你的身体还没有衰退时，你的灵魂就先在生活中衰退。

【读记】

　　人不必羞愧自己身体机能的衰退，甚至也不必羞愧灵魂能力的衰退，但应当羞愧灵魂能力先于身体机能而衰退。

6-30 注意你并不是要被造成一个恺撒，你并不是以这种染料染的，以便这样的事情发生。那么使你自己保持朴素、善良、纯洁、严肃、不做作、爱正义、崇敬神灵、和善、温柔，致力于所有恰当的行为吧。不断努力地使自己成为一个哲学希望你成为的人。尊重神灵、帮助他人。生命是短暂的，这一尘世的生命只有一个果实：一个虔诚的精神和友善的行为。做任何事情都要像安东尼的一个信徒一样。记住他在符合理性的每一行为中的坚定一贯，他在所有事情上表现出的胸怀坦荡，他的虔诚，他面容的宁静，他的温柔，他对虚荣的鄙视，他对理解事物的努力；他如何经手每一件事情都先进行仔细的考察并达到清楚的理解；他如何忍受那些不公正地责备他的人而不反过来责备他们；他从不仓促行事，不信谣言诽谤；他是一个关于方法和行为的十分精细的考察者，不对愤怒的民众让步，不胆怯，不多疑，不诡辩；在房屋、床寝、衣服、食物和仆人方面，很少一点东西就能使他满足；记住他如何能够靠他节俭的一餐而支持到夜晚，甚至除了在通常的时刻之外不需要任何休息来放松一下自己；记住他在友谊中的坚定性和一致性，他如何容忍反对他意见的人的言论自由，当有人向他展示较好的事情时他获得的快乐，他的不掺杂任何迷信的宗教气质。要模仿所有这些品行，以使你能在你最后的时刻来临时，拥有一颗和他一样好的良心。

【注释】

　　恺撒，见卷3—3注。

　　安东尼，见卷1—16注。

【读记】

　　奥勒留在这里给出了他养父安东尼·派厄斯的又一幅画像，可以与卷1—16中的描述相互参照。他的养父无疑是对他影响最大的人，他们也有大致共同的命运，都喜欢哲学，又都成为皇帝。只是第一个安东尼没有像第二个安东尼一样留下自己的《沉思录》。写这段话时奥勒留似乎也接近了他的终点，正以一种慎终追远的心情怀念他的前任和父亲。他在这里强调的主要是个人品德。但这种个人品德，通过一种帝制的形式似乎更有可能渗透到其政治社会中去。英国历史学家吉本把两安东尼治下的时代称作是"古罗马帝国的黄金时代"。他甚至如此写道："如果让一个人说出，在世界历史的什么时代人类过着最为幸福、繁荣的生活，他会毫不犹豫地说，那是从图密善去世到康茂德继位的那段时间。那时广袤的罗马帝国按照仁政和明智的原则完全处于专制权力的统治之下。接连四代在为人和权威方面很自然地普遍受到尊重的罗马皇帝坚决而温和地控制着所有的军队。涅尔瓦、图拉真、哈德良和两位安东尼全都喜爱自由生活的景象，并愿意把自己看成是负责的执法者，因而一直保持着文官政府的形式。"

　　吉本所指的幸福时代，即古罗马五贤帝的时代，两安东尼是其中最后的两位，而奥勒留的命运可以说不及其养父。他统治的年代，不仅自然灾害频繁，发生了洪水、地震，尤其是大瘟疫，边境的反叛也带来了一系列的战争。但其命运中最悲哀的可能是他唯一幸存的儿子、后来继位的康茂德完全不喜欢哲学，而是好武爱斗，乃至滥杀无辜和有德重臣，最后在他手里结束了安东尼王朝的统治。

6-31　回到你清醒的感觉，唤回你自身吧；当你从睡眠中醒来，你明白那苦恼你的只是梦幻，现在在你清醒的时刻来看待这些（有关你的事）就像你曾那样看待那些（梦）一样。

【读记】

　　往事如梦，人生如寄。清醒的一刻，就意味着回到自身来看待这一切。

6-32　我是由一个小小的身体和一个灵魂构成的。所有的事物对于这小小的身体都是漠不相关的，因为它不能感觉出差别。但对于理智来说，只是那些不是它自身活动结果的事物才是漠不相关的。而凡是作为它自身活动结果的事物，都是在它的力量范围之内的。然而，在这些事物中又只有那些现在所做的事是在其力量范围之内，因为对于心灵将来和过去的活动来说，甚至这些现在的事情也是漠不相关的。

【读记】

　　斯多亚派哲学家对待事物的基本原则是不动心，他只关心自己现在要做的事情，也就是履行自己的义务。而其他一切事情都不介怀。

6-33　只要脚做脚的工作，手做手的工作，手脚的劳动绝不违反本性。所以，对于一个人来说，只要他做的是一个人的工作，他的工作也绝不违反本性。而如果这工作不违反他的本性，它对这个人来说就绝非坏事。

【读记】

　　不管是什么工作，不管是劳力还是劳心，只要它们是人的工作，就决不违反本性，也就决不是坏事。

6-34　有多少快乐是被强盗、弑父者和暴君享受的啊。

【读记】

　　所以，快乐本身并不尊贵。快乐还有不同的种类，在快乐之上或者之外还有更值得追求的东西。

6-35　你没有看到手艺人是如何使自己在某种程度上适应于那不谙他们手艺的人，同时又仍然坚持着他们的技艺的理性（原则）而并不忍从它离开吗？如果建筑师和医生将比人尊重他自己的理性（那是他和神灵共同的理性）更尊重他们自己的技艺的理性（原则），那不是令人奇怪吗？

【读记】

　　人是有差别的，甚至容易冲突的，但他们必定又是要生活在一起的。所以，爱智者既要坚持自己的理性原则，又要学会与非爱智者打交道。

6—36　亚细亚、欧罗巴是宇宙的一角；所有的海洋是宇宙的一滴；阿陀斯山是宇宙的一小块；所有现存的时间是永恒中的一点。所有的事物都是微小的、变化的、会腐朽的。所有的事物都从那儿来，从宇宙的统治力量中直接产生或者作为后继物出现。因此，狮子张开的下颚，有毒的物质，所有有害的东西，像荆棘、烂泥，都是辉煌和美丽的事物的副产品。那么不要以为它们是与你尊崇的事物不同的另一种性质的事物，而是对所有事物的源泉形成一个正确的看法。

【注释】

　　阿陀斯山（Athos），坐落于希腊北部爱琴海岸的一座名山。在希腊神话中，阿陀斯是在巨人与天神交战时巨人族的一员。阿陀斯将一块巨大的石头丢向海神波塞冬，使他跌入爱琴海，变成了阿陀斯半岛。另一种说法是，波塞冬用此山埋葬战败的巨人。

【读记】

　　世界浩大，而所有个别事物都是微小的，但又都是必要的。因此之故，那看来有害的丑陋的东西也仍然有其价值。

6—37　那看见了现在事物的人也看见了一切，包括从亘古发生的一切事物和将要永无止境延续的一切事物，因为一切事物都属于同一系统、同一形式。

【读记】

　　多中有一，一中有多，现在中包含着永恒，永恒中也包含着现在。

6-38　经常考虑宇宙中所有事物的联系和它们的相互关系。因为所有事物以某种方式都互相牵涉着，因而所有事物在这种情况下都是亲密的，因为一事物依次在另一事物之后出现，这是由主动的运动和相互的协作以及实体的统一性造成的。

【读记】

　　斯多亚派哲学更强调联系而不是分解，清静而不是斗争，共性而不是差异。

6-39　要使你自己适应于命运注定、要使你同它们在一起的事物，以及你注定要和他们生活在一起的那些人，要爱他们，真正地、忠实地这样做。

【读记】

　　君子要恤物爱人。

6-40　每个器具、工具、器皿，如果它实现了它被制作的目的，那就是好的，可是制作的人并不在它那里。而在为自然组合的东西里面，制作它们的力量是存在着、停留着；因此，更宜于尊重这一力量，并且想，如果你真是按照它的意志生活和行动，那么你心中的一切也都是符合理性的。而宇宙中那些属于它的事物也都是如此符合理性的。

【读记】

　　人造物与其创造者是分离的，自然物与其创作力则是结合在一起的。那么像尊重自身一样尊重大自然吧。

6—41　如果你假设那不在你力量范围之内的事物对你是好的或坏的，那必然是这样：如果这样一件坏事降临于你或者你丧失了一个好的事物，那你将谴责神灵，也恨那些造成这不幸或损失的人们，或者恨那些被怀疑是其原因的人们；我们的确做了许多不义的事情，因为我们在这些事物之间做出好与坏的区别。但如果我们仅仅判断那在我们力量范围之内的事物为好的或坏的，那就没有理由或者挑剔神灵或者对人抱一种敌意。

【读记】

　　如果我们对无法控制的事情做出好的或坏的判断，结果就将使我们抱怨神或者憎恨人。所以，让我们只对那原因是我们自身的事物做出好的或坏的判断吧。

6—42　我们都是朝着一个目标而在一起工作的，有些人具有知识和计划，而另一些人却不知道他们在做什么，就像睡眠的人们一样。我想，那是赫拉克利特说的，他说他们在发生于宇宙的事物中是劳动者和合作者。但人们是多少勉强地合作的，甚至那些充分合作的人们，他们也会对那发生的事情和试图反对和阻挠合作的人不满，因为宇宙甚至也需要这样一些人。那么这件事仍然保留给你，即懂得你把自己放在哪种工作者之中，因为那一切事物的主宰者将肯定要正确地用你，他将派你作为使用者和那些其劳作倾向于一个目的的人的一个。但你不要使自己扮演这一角色，正像克利西波斯所说，扮演一个戏剧中贫乏的、可笑的角色。

【注释】

　　赫拉克利特的说法来自普鲁塔克的记录："所有人在他们醒着的时候分享同一个宇宙，但睡眠者却马上进入了一个他自己的一个不可划分的财产世界。"

　　克利西波斯（Chrysippus，前280—前207），斯多亚派哲学家，写作了大量著作，开启了斯多亚主义系统化的进程，在他身上集中体现了"犬儒—斯多亚"的传统。

【读记】

　　不论有意或无意、自知或不自知，所有人都是合作趋向于一个目标的。你要争取做那自觉的合作者。但对不自觉的甚至反对合作的人们，也不要抱怨或者愤怒。因为甚至反对合作的倾向，也是"合作"题中应有之义——正因为有无知和反对者，有识者才更需要促进合作。

6-43　太阳承担了雨的工作，或者埃斯库拉普承担了果树（大地）的工作吗？那每个星星又是怎样呢，它们是不同的，但它们不还是一起致力于同一目的吗？

【注释】

　　埃斯库拉普，古希腊神话中的医神。见卷5-8。

【读记】

　　不同的事物各得其所，各尽所能，这就是宇宙的正义。

6-44　如果神灵对于我，对于必须发生于我的事情，都已经做出了决定，那么他们的决定便是恰当的，因为即便想象一个没有远见的神都是不容易的。至于说加给我伤害，为什么他们会打算那样做呢？因为，那样做对他们，或者对作为他们特别眷顾的对象的整体，会产生什么好处呢？但假如他们对我并没有做出个别决定，他们也一定至少对整体做出了决定，在这个总的安排里依次发生的事情，我应该欣然接受，并且满足。但如果他们完全没有决定——相信这个，乃是一件犯罪的事情，如果我们真相信这个，就让我们不祭祀，也不祈祷，也不对他们发誓，也不做任何别的好像神灵在面前并且同我们生活在一起时我们所做的事情吧——但是，假如神灵没有决定任何牵涉到我们的事情，我就能决定我自己了，就能对有用的事物加以考究了；符合于一个人自己的气质与本性的，就是对每个人有用的。但我的本性是理性的和社会的，就我是安东尼来说，我的城市与国家是罗马；但就我是一个人来说，我的国家就是这个世界。因此，对于这些城市有用的，对我才是有用的。

【读记】

　　奥勒留对于一个包括我在内的客观世界提出了三种可能：或者是对我做出了决定；或者是对整体做出了决定；或者完全没有决定，而只是由我决定我自己。奥勒留是不太相信神灵不做任何决定的。但即便神灵没做任何决定，我还是可以按我的本性思考和生活。然后，奥勒留说出了他最有世界情怀的一段话：就他是安东尼皇帝来说，他的国家是罗马；而就他是一个人来说，他的"国家"是整个世界。而在他看来，更多也更优先地考虑的是一个人。

6-45 无论什么事情发生于每个人,这是为了宇宙的利益的:这可能就足够了。但你要进一步把这视为一个普遍真理,如果你这样做了,那对于任何一个人都有用的东西也就对其他人是有用了。但是在此让"有用"这个词表示像通常说中性的东西那样的意义,也就是说既非好也非坏。

【读记】

　　为什么要接受发生于我的所有事情?第一,为了宇宙的利益;第二,对其他人有益。对整体好的也对个人好,但能不能说,对个人好的也都对整体好?也许可以,但只在这一意义上:这个人是按照本性生活。

6-46 正像在环形剧场和诸如此类的地方发生的情况一样,不断地看同一件东西和千篇一律的表演使人厌倦,在整个生活中也是这样,因为所有在上、在下的事物都是同样的,从同一个地方来的,那么还要看多久呢?

【读记】

　　奥勒留在这一节里确实流露出一点儿对生命的厌倦。虽然事物的变化好像不断在花样翻新,令人眼花缭乱,其实还是旧调重弹。

6-47 不断地思考,所有种类的人、所有种类的追求和所有的国家都消失了,以致你的思想甚至回溯到腓力斯逊、菲伯斯、奥里更尼安。现在把你的思想转向其他种类的人,转向那你必须退回的地方,那儿有如此多的雄辩家;如此多的高贵哲学家:赫拉克利特、毕达哥拉斯、苏格拉底；如此多的以前时代的英雄，如此多的追随他们的将军，以及暴君；除此之外，还有尤多克乌斯、喜帕恰斯、阿基米德和别的具有巨大天赋、胸襟博大、热爱劳作、多才多艺和充满自信的人，甚至那些嘲弄人的短暂和速朽生命的人，如门尼帕斯及类似于他的人。当想着所有这些时，考虑他们都早已化为灰尘。那么，这对他们有什么损害呢，这对那名字完全被人忘却的人们有什么损害呢？在此只有一件事有很高的价值：就是真诚和正直地度过你的一生，甚至对说谎者和不公正的人也持一种仁爱的态度。

【注释】

腓力斯逊（Philistion），公元前4世纪的著名医师，是天文学家和医师欧多克斯（Eudoxus）的老师。

菲伯斯（Phoebus），是希腊神话中的太阳神阿波罗的别称，是朱庇特与黑暗女神勒托（Leto）的儿子。他是光明之神，光明磊落，所以也被称为真理之神。他还掌管音乐、诗歌和医药，是希腊神话中最为俊美的神祇。但此处应是指人，仅供参考。

奥里更尼安（Origanion）不知何人。

毕达哥拉斯（Pythagoras of Samos，约前580—前500），古希腊哲学家、数学家和音乐理论家，生于萨摩斯岛，早年曾游历埃及，后定居意大利南部城市克罗顿，并建立了自己的学派。毕达哥拉斯的哲学思想深受奥佛斯教义影响，具有一些神秘主义因素。他认为灵魂属于轮回的结果。他用数学研究乐律，而由此所产生的"和谐"的概念也对古希腊的哲学有重大影响。在宇宙论方面，毕达哥拉斯结合了米利都学派以及自己有关数的理论。他认为存在着许多个但数量有限的世界。毕达哥拉斯对数学的研究还产生了后来的理念论和共相论：即有了可理喻的东西与可感知的东西的区别，可理喻的东西是完美的、永恒的，而可感知的东西则是有缺陷的，这个思想为柏拉图所承继并发扬光大。

尤多克乌斯（Eudoxus，约前408—前355），古希腊天文学家和数学家，出生于小亚细亚爱琴海岸的克尼杜斯（Cnidus），求学于雅典柏拉图学园，后创建了自己的学园。他的主要贡献是：以同心球理论呈现行星的复杂运动，以穷尽法研究面积与体积，创比例论解决不可公度的问题，从而使古希腊的数学完全转向几何。

喜帕恰斯（Hipparchus，前190—前120），古希腊天文学家、地理学家和古希腊时代最为著名的数学家之一。他出生于尼西亚，被看作是古代最伟大和最全面的天文观察者，是第一个量化并精确化太阳与月亮运动模式的希腊人，根据该模式他推算出日食和月食。为了研究天文学，他创立了三角学和球面三角学。后人在研究行星周期与各种参数时至今仍沿用着他所留下的大量的观测资料。

阿基米德（Archimedes，约前287—前212），古希腊物理学家、数学家，静力学和流体静力学的奠基人。他的主要贡献有：系统并严格证明了杠杆定律，为静力学奠定了基础；在研究浮体的过程中发现了浮力定律；确定了各种复杂几何体的表面积和体积的计算方法；创立了"穷竭法"，被公认为微积分计算的鼻祖；较精确地求出了圆周率；首创了记大数的数学方法。

门尼帕斯（Menippus of Gadara），约公元前3世纪出生于加达拉（Gadara），犬儒派哲学家和讽刺作家。他的作品风格鲜明，既悲且喜，但多已失传，著名的门尼帕斯式讽刺就是以他的名字来命名的一种文学形式。

【读记】

在这一节里，我们又听到了熟悉的旋律（可与卷3-3，卷

4-33，卷4-48参照）：多少伟人或小人、英雄或平民都已化为尘土。甚至笼统的"民族"或"人民"也都是虚幻。需要你看重的只有一件事，就是真诚和正直地度过你的一生。

6-48 当你打算投身快乐时，想想那些和你生活在一起的人的德行，例如某个人的积极，另一个人的谦虚，第三个人的慷慨，第四个人的某一别的好品质。因为当德行的榜样在与我们一起生活的人身上展示，并就其可能充分地呈现自身时，没有什么能比它们更使人快乐的了。因此我们必须把这些榜样置于我们的面前。

【读记】

人应当追求德行而不是快乐。德行也使人愉悦，但这种愉悦只是作为追求德行的副产品。德行总是和人格联系在一起，形成一个个的道德榜样。

6-49 我猜想，你不会因你体重只有这么些利特内而不是300利特内而不满。那么，也不要不满于你必定只活这么些年而不是更长时间，因为，正像你满足于分派给你的身体重量，你也满足于分派给你的时间长度。

【注释】

利特内，古西西里的一种计算重量的单位。

【读记】

人应当满足于分派给自己的空间（体重），也应当满足于分派给自己的时间（寿命）。

6-50　让我们努力说服他们（人们）。当正义的原则指向这条路时，要循这条路前行，即使这违背他们的意志。然而如果有什么人用强力挡你的路，那么使自己进入满足和宁静，同时利用这些障碍来训练别的德行，记住你的意图是有保留的，你并不欲做不可能的事情。那么你欲望什么呢？——某种像这样的努力。——而如果你被推向的事情被完成了，你就达到了你的目的。

【读记】

　　要走正确的路，而不是走人多的路，因为正确的路上可能人多也可能人少。但即便是一个人的路，只要它正确就应循此道而行。《圣经》上说"进窄门"，就像孟子说："虽千万人，吾往矣。"这的确也需要磨炼，甚至是一种最大的勇敢。曾对斯多亚派哲学产生过重要影响的古希腊哲学家第欧根尼曾经走进一家剧院，迎面碰到那些出来的人们，有人问他为什么还要进去？他说这是我一生都在练习的事情。

6-51　一个热爱名声的人把另一个人的行动看作是对他自己有利的；那热爱快乐的人也把另一个人的行动看作是对他自己的感官有利的；但有理智的人则把他自己的行为看作是对他自己有利的。

【读记】

　　热爱名声和快乐的人，要得到名声和快乐，必须依赖于他人。而热爱德行的爱智者，则可以是自足的。

6-52　对一件事不发表任何意见，使我们的灵魂不受扰乱，这是在我们力量范围之内的事情，因为事物本身并没有自然的力量形成我们的判断。

【读记】

　　事物不依赖于我们而存在，但我们的感觉好坏也不依赖于事物。对事物的好坏判断完全在我们的力量范围之内。

6—53　使你习惯于仔细地倾听别人所说的话，尽可能地进入说话者的心灵。

【读记】

　　斯多亚派哲学的创始人芝诺非常强调倾听，甚至认为能够倾听别人说话并从中获益的人，比凡事都自己发现的人更为优秀。他说："我们之所以有两只耳朵而只有一张嘴，是因为我们可以听得更多说得更少。"他批评一个滔滔不绝的年轻人说："你的耳朵掉下来变成舌头了。"他还说："抓住哲学家的正确方式是：抓住耳朵说服我。"

6—54　那对蜂群不好的东西，对蜜蜂也不是好的。

6—55　如果水手辱骂舵手或病人辱骂医生，他们还会听任何别的人的意见吗？或者舵手能保证那些在船上的人的安全、医生能保证那些他所诊治的人的健康吗？

6—56　有多少和我一起进入这世界的人已经离开了人世。

【读记】

　　想到他们，你已经应该感到庆幸。或者说也不是庆幸，而只是心情平静。

6-57 对于黄疸病患者来说，蜜尝起来是苦的；对于狂犬病患者来说，水会引起恐惧；对于孩子们来说，球是一种好东西。那么我为什么生气呢？你不认为一个错误的意见和黄疸病患者体内的胆汁或狂犬病患者体内的毒素一样有力量吗？

【读记】

　　如果别人做了他们必定会如此做的事情，也就没有必要对他们生气。你当然会察觉到他们的局限性，但因此就应当更包容。

6-58 没有任何人能阻止你按照你自己的理智本性生活；没有任何违反宇宙理智本性的事情对你发生。

【读记】

　　如果对你发生的事并没有违反宇宙的本性，你也就不要违反你自己的本性，因为这两种本性是一致的理智本性。

6-59 那么人们希望讨好的人是一种什么样的人呢？是因为什么目的，通过何种行为来讨好他们呢？时间将要多么迅速地覆盖一切，而且它已经覆盖了多少东西啊！

【读记】

　　讨好别人常常是为了从别人那里得到好处。但掌握好处的人，其实很快就要消失，你也要消失，而你如果讨好别人，你就失掉了你的人格。

卷 七

忍受诸恶

位于匈牙利的阿昆库姆城遗址，马可·奥勒留曾经在此写作《沉思录》

【本卷提要】

这一卷的要点或可说是忍受诸恶。这里的"恶"是指所有不好的事，从自然灾害、身体痛苦，到别人对你犯下的恶行，以至最后的死亡。作者告诉我们，不要对"恶"感到惊奇，它们是必然要发生的。而我们把它们视为"恶"或给它们增加"恶"，都是出自我们的意见。而我们是可以改变这种意见的。你只是要谨防自己的恶行。作者在这里比较罕见地谈到了"幸福"（第17节，还可参见卷8-1），但他并不渴求它。一个人不必自求多福。心灵在自己的德行中宁静自足其实就是一种最大的幸福。

本卷相对散漫，并包括了柏拉图、欧里庇得斯的一些引语。作者在第21节还有一段自语。值得注意的是，他说："你忘记所有东西的时刻已经临近，你被所有人忘记的时刻也已经临近。"前一句也许对了，后一句肯定错了。过了两千年，我们仍然没有忘记他。

7-1　什么是恶？它是你司空见惯的。在发生一切事情的时候都把这牢记在心：它是你司空见惯的。你将在上上下下一切地方都发现同样的事情，这同样的事情填充了过去时代的历史、中间时代的历史和我们时代的历史；也充斥着现在的城市和家庭。没有什么新的东西：所有事物都是熟悉的、短暂的。

【读记】

　　不要对恶感到奇怪。这里的恶不仅指道德上的邪恶，也指各种灾难。不要愤怒或者抱怨：为什么它偏偏对我发生？而它并不是只对你发生，也对过去和现在的其他人发生，未来它还会发生，它永远不会消失，永远不可能完全清除。所以，应该把恶看成是一种司空见惯的东西。

7-2　我们的原则怎么能死去呢？除非那符合于它们的印象（思想）熄灭。但是不断地把这些思想扇成旺盛的火焰是在你的力量范围之内。我对任何事情都能形成那种我应当拥有什么的意见。如果我能，我为什么要烦恼呢？那在我的心灵之外的事物跟我的心灵没有任何关系。——让这成为你的感情状态，你就能坚定地站立。恢复你的生命是在你力量范围之内，再用你过去惯常的眼光看待事物，因为你生命的恢复就在于此。

【读记】

　　恢复生命，首先在于恢复我们思考和判断的能力，而这是在我的力量范围之内的。

7-3　无意义的展览，舞台上的表演，羊群，兽群，刀枪的训练，一根投向小狗的骨头，一点儿丢在鱼塘里的面包，蚂蚁的劳作和搬运，吓坏了的老鼠的奔跑，被操纵的木偶，诸如此类。那么，置身于这些事物之中而表现出一种好的幽默而非骄傲就是你的职责，无论如何要懂得每个人都是有价值的，就像他忙碌的事情是有价值的一样。

【读记】

你不会做上述这些事，或者说，你做这些事的时候也知道这些事的性质。而人生的活动，可能就是由这样一些事情构成。虽然等级不同，但性质还是一样。所以我们应当有一种自嘲的幽默，而非总是针对他人的一种自傲的批评。

7-4 在谈话中你必须注意所说的话，在任何活动中你都必须观察在做什么。在一件事里你应当直接洞察它所指向的目的，而在另一件事里你应当仔细观察事物所表示的意义。

【读记】

你和别人都在做事，常常是同样的事，但你最好还应当了解你所做的事的意义和目的。

7-5 我的理智足以胜任这一工作吗？如果它胜任，那么我在这一工作中就把它作为宇宙本性给予的一个工具来使用。但如果它不胜任，那么，我或者放弃这一工作，把它让给能够较好地做它的人来做（除非有某种理由使我不应该这样做）；或者我尽可能好地做它，接受这样一个人的帮助——他能借助于我的支配原则做现在是恰当并对公共利益有用的事。因为无论是我做的事还是我能和另一个人做的事，都应当仅仅指向那对社会有用和适合于社会的事。

【读记】

　　不同人的理智能力还是有差别的。我应当尽力而为，但如果还是做不好，也就不妨坦然让贤。这并不值得羞愧，只要这样就能够对社会有益。

7-6　有多少人在享受赫赫威名之后被人遗忘了，又有多少人在称颂别人的威名之后亦与世长辞。

【读记】

　　称颂人者和被称颂人者都被人遗忘了，那为什么还要看重别人的称颂或者热心于称颂别人呢？

7-7　不要因被人帮助而感到羞愧，因为像一个战士在攻占城池中一样履行职责正是你的职分。那么，如果因为瘸拐你不能自个儿走上战场，而靠另一个人的帮助你才可能时怎么办呢？

【读记】

　　人应耻于失职而非耻于受助。

7-8　不要让将来的事困扰你，因为如果那是必然要发生的话，你将带着你现在对待当前事物的同样理性走向它们。

【读记】

　　如果你能理性地处理好现在，你就不用为将来而烦扰。

7-9　所有的事物都是相互联结的，这一纽带是神圣的，几乎没有一个事物与任一别的事物没有联系。因为事物都是合作的，它们结合起来形成同一宇宙（秩序）。因为，有一个由所有事物组成的宇宙，有一个遍及所有事物的神，有一个实体，一种法，一个对所有有理智的动物都是共同的理性，一个真理；如果也确实有一种所有动物的完善的话，那么它是同一根源，分享着同一理性。

【读记】

　　事物不仅是相互联系的，还是相互合作的。宇宙、神、实体、法、理性、真理既然都来自同一根源，也就有望达到尽善尽美。

7–10　一切质料的东西不久就要消失于作为整体的实体之中，一切形式（原因）的东西也很快要回到宇宙的理性之中，对一切事物的记忆也很快要在时间中淹没。

【读记】

　　事物无非质料与形式，或再加上对它们的记忆，而所有这些都将很快消失。

7–11　对于理性的动物来说，依据本性和依据理智是一回事。

7–12　使你直立，否则就被扶直。

【读记】

　　能直立者有福了，因天助自助者。而更重要的还是在道德上端正自己，否则你就要被纠正，甚至被拣出投到一旁。

7-13　正像在那些物体中各个成分是统一体一样，各个分散的理性存在也是统而为一，因为他们是为了一种合作而构成的。如果你经常对自己说我是理性存在体系中的一个成员（member），那么你将更清楚地察觉这一点。但如果你说是一个部分（part），你就还没有从心底里热爱人们；你就还没有从仁爱本身中得到欢乐；你行善就还是仅仅作为一件合宜的事情来做，而尚未把它看成也是对你自己行善。

【读记】

　　人是理性存在体系中的一个部分，但他却还可以通过他心中的理性而成为其中一个有自觉性的成员，一个仁爱的成员。

7-14　让那要从外部降临的事情落在那可以感觉这降临效果的部分吧。因为如果那些感觉得到的部分愿意，它们将要抱怨，但是，除非我认为发生的事情是一种恶，我不会受到伤害。而不这样认为是在我的力量范围之内。

【读记】

　　如果我受到伤害，比如说身体受损，受损的部分自然会感到疼痛。但让这就局限在这里，我不必认为我整个的人受到了伤害。

7-15　不管任何人做什么或说什么，我必须还是善的，正像黄金、绿宝石或紫袍总是这样说：无论一个人做什么或说什么，我一定还是绿宝石，保持着我的色彩。

【读记】

　　自身的善无待于他人的言行。

7-16 支配的能力并不打扰自身，我的意思是：不吓唬自己或造成自身痛苦。但如果有什么别的人能吓唬它或使它痛苦，让他这样做吧。因为这一能力本身并不会被它自己的意见带向这条道路。如果身体能够，让它自己照顾自己不受苦吧，如果它受苦，就让它表现出来吧。而这容易受到恐吓和痛苦的灵魂本身，完全有力量对这些事形成一种意见的灵魂，将不受任何苦，因为它将不会偏向这样一种判断。指导的原则本身除了需要自己之外，再不要任何东西，所以它是免除了打扰，不受阻碍的，只要它不扰乱和阻碍自己。

【读记】

　　如果我们的身体遭受痛苦，不要因此也让我们的灵魂遭受痛苦。因为灵魂完全有能力使自己不受伤害，它能够让自己对此形成一个恰当的判断。

7-17 幸福（eudaemonia）是一个好神（daemon），或一个好事物。那么你正在做什么呢？哦，幻想吗？当你来时，我以神灵之名恳求你，离去吧，因为我不要幻想。但你是按你的老办法来的，我不生你的气，而只是要你离去。

【读记】

　　希腊文前缀"eu-"意为"好"，而"daemon"意为"神"。幸福就是一个好的神。那么让这一个好神总是待在我们的心里吧。

7-18 有人害怕变化吗？但没有变化什么东西能发生呢？又怎么能使宇宙本性更愉悦或对它更适合呢？木柴不经历一种变化你能洗澡吗？食物不经历一种变化你能得到营养吗？没有变化，其他任何有用的东西能够形成吗？你没有看到对于你来说，就像对于宇宙本性来说一样是需要变化的吗？

【读记】

　　变化意味着推陈出新或生死交替。没有必要对变化感到恐惧，因为没有变化就不成其为世界，没有生死也就不成其为人生。

7-19　所有物体被带着通过宇宙的实体，就像通过一道急流，它们按其本性与整体相统一和合作，就像我们身体的各部分的统一与合作一样。时间已经吞没了多少个克利西波斯，多少个苏格拉底，多少个爱比克泰德？让你以同样的思想来看待每个人和每件事吧。

【读记】

　　时间会吞没一切，包括吞没最智慧者。那么，一个爱智者怎么还会抱怨自己的命运呢？

7-20　只有一件事苦恼我，就是唯恐自己做出人的结构不允许的事情，或者是以它不允许的方式做出，或者是在它不允许做的时候做出。

【读记】

　　应该只为一件事苦恼，那就是我的行为是否不正当。

7-21　你忘记所有东西的时刻已经临近，你被所有人忘记的时刻也已经临近。

【读记】

　　要忘记他，大概还需要更长的时间标尺。时间虽然过去了近两千年，奥勒留还是没有被人忘记。当然从一个接近于永恒的观点来看，两千年也仍然是一瞬间。

7-22　爱甚至于那些做错事的人，是人特有的性质。如果当他们做错事时你想到他们是你的同胞，这种情况就发生了，他们是因为无知和不自觉而做错事的，你们都不久就要死去，特别是，做错事者没有造成任何伤害，因为他没有使你的自我支配能力变得比以前要坏。

【读记】

　　托尔斯泰在《战争与和平》中写道：爱自己喜欢的人，那是人的爱；但爱那些做错事的人，尤其是对你做错事的人，那必须用一种神的爱。这样奥勒留对做错事的人的爱就已经包含有一些神的精神了。当然我们可以说，这两种爱是有些不同的。前一种爱是亲亲之爱，后一种爱则主要是一种怜悯的爱。

7-23　在宇宙实体之外的宇宙本性，就仿佛实体是蜡，现在塑一匹马，当它打破马时，它用这质料造一棵树，然后是一个人，然后又是别的什么东西，这些东西每个都只存在一个很短的时间。而对于容器来说，被打破对它并不是什么苦事，正像它的被聚合对它也不是什么苦事一样。

【读记】

　　形式变而质料不变，容器变而实体不变，在这个意义上，它们的聚散离合就不是什么苦事了。

7–24　蹙眉苦愁的神态是不自然的，如果经常这样，其结果是所有的美丽清秀都消散了，最后是荡然无存以致完全不可能再恢复。试着从这一事实得出它是违反理性的结论吧。因为如果甚至对做了错事的知觉都将消失，还有什么理性会继续存在呢？

【读记】

　　不要发愁，如果经常发愁，最后就可能永远不能回到快乐的心境。就像老是带着一副苦相，皱纹就要刻在你的脸上了。

7–25　支配着整体的理性不久将改变你见到的所有事物，而别的事物将从它们的实体中产生，这些事物又再被另一些事物取代，依此进行，世界就可以永远是新的。

【读记】

　　世界正因为变化消亡而万古长青。

7–26　当一个人对你做了什么错事时，马上考虑他是抱一种什么善恶观做了这些错事。因为当你明白了他的善恶观，你将怜悯他，既不奇怪也不生气。因为或者你自己会想与他做的相同的事是善的，或者认为另一件同样性质的事是善的，那么宽恕他就是你的义务。但如果你不认为这样的事情是善的或恶的，你将更愿意好好地对待那在错误中的人。

【读记】

　　人们做错事，要么是不辨善恶，要么是境遇不佳。而他们的无知和不幸，就应当构成我们宽恕他们的理由。

7-27   不要老想着你没有的和已有的东西，而要想着你认为最好的东西，然后思考如果你还未拥有它们，要多么热切地追求它们。同时无论如何要注意，你还没有如此喜爱它们以致使自己习惯于十分尊重它们，这样使你在没有得到它们时就感到烦恼不安。

【读记】

视物质上的"已有"为最好的，你只需要去做就行了。但精神上的"最好"自己还"未有"，故而要努力去追求精神上的"最好"。不过不必为此烦恼，或者说，烦恼正是你还不够喜爱它的证据。

7-28   退回自身。那支配的理性原则有这一本性，当它做正当的事时就满足于自身，这样就保证了宁静。

【读记】

心安来自于你做了正当的事情，心安是最好的枕头。

7-29   驱散幻想。不要受它们的牵引。把自己限制在当前。好好地理解对你或是对别人发生的事情，把每一物体划分为原因的（形式的）和质料的。想着你最后的时刻。让一个人所做的错事停留在原处。

【读记】

限制之道：把自己限制于当前，把别人的错误限制在他自己那里。

7-30   你要注意所说的话。让你的理解进入正在做的事和做这些事的人的内部。

【读记】

　　深入地理解也就能深入地谅解。

7-31　用朴实、谦虚以及对与德和恶无关的事物的冷淡来装饰你自己。热爱人类。追随神灵。诗人说，法统治着一切——记住法统治着一切就足够了。

【读记】

　　让法律统治天下，我们则努力敬神而爱人。

7-32　关于死亡：它不是一种消散，就是一种化为原子的分解，或者虚无，它或者是毁灭，或者是改变。

【读记】

　　奥勒留并不认为他完全清楚死后的情形。但不可知的东西也还是可以不足畏。苏格拉底也说："怕死只是不聪明而以为自己聪明、不知道而自以为知道的另一种形式。没有人知道死亡对人来说是否真的是一种最大的幸福，但是人们害怕死亡，就好像他们可以肯定死亡是最大的邪恶一样，这种无知，亦即不知道而以为自己知道，肯定是最应受到惩罚的无知。我不拥有关于死亡之后的真正的知识，我也意识到我不拥有这种知识。但是我确实知道做错事和违背来自上面的命令是邪恶的、可耻的，无论这上面是神还是人。"（《申辩篇》29B-C）

7-33　关于痛苦：那不可忍受的痛苦夺去我们的生命，而那长期持续的痛苦是可以忍受的；心灵通过隐入自身而保持着它自己的宁静，支

配的能力并不因此变坏。至于被痛苦损害的（身体）部分，如果它们
能够，就让它们表示对痛苦的意见吧。

【读记】

痛苦都是可以忍受的。如果说它"不可忍受"，那生命就已经
死了，忍受的主体已不再存在。身体此前自然会感到痛苦，但判
断的意见还是要由心灵做出。

7-34 关于名声：注意那些追求名声的人的内心，观察他们是什么人，
他们避开什么事物，他们追求什么事物。想想那积聚起来的沙堆掩埋了
以前的沙，所以在生活中也是先去的事物迅速被后来的事物掩盖。

【读记】

观察一下求名者的动机和行为，你就不会对名声有高的评价
了；如果再看一下，这种苦心求来的名声，是多么快地被埋没，
你对名声的评价就会更低。

7-35 引自柏拉图：那种有崇高心灵并观照全部时间和整体的人，
你想他会认为人的生命是一种伟大的东西吗？那是不可能的，他
说。——那么这样一个心灵也不会把死看作是恶，肯定不会。

【注释】

引自柏拉图的《理想国》，卷六，486A–B。
柏拉图（Plato，约前427—前347），古希腊哲学家，也是西
方哲学乃至整个西方文化最伟大的思想家之一。柏拉图原名阿里
斯托勒斯，因其自幼身体强壮，胸宽肩阔，故被称作"柏拉图"，

希腊语意为"宽阔"。他出身于雅典贵族,青年时师从苏格拉底。苏氏死后,他游历四方,企图实现他的贵族政治理想。公元前387年活动失败后逃回雅典,在一所称为阿加德穆(Academus)的体育馆附近设立了一所学园,该学园存在了九百多年,直到公元529年被查士丁尼大帝下令关闭为止。柏拉图的弟子中最为杰出者便是亚里士多德。柏拉图一生著述颇丰,其思想被划分为早、中、晚期,其中影响最为深远的有《理想国》和《法律篇》等。柏拉图的哲学思想奠基于两个世界的划分之上并由此创建了博大精深的客观唯心主义体系;他据此提出了理念论和回忆说的认识论,并以其作为其教学理论的哲学基础。

【读记】

人在宇宙中的地位是渺小的,也许,人唯一伟大的地方就在于他能认识到这种渺小,并在内心隐秘地渴望无限。

7-36 引自安提斯坦尼:国王的命运就是行善事而遭恶誉。

【注释】

普鲁塔克认为这段话是亚历山大大帝说的。

安提斯坦尼(Antisthenes of Athens,前445—前365),古希腊哲学家,苏格拉底的学生之一,犬儒学派的创建者。安提斯坦尼在成为苏格拉底的忠实门徒之前曾学习过诡辩,在受教于苏格拉底之后,他吸取并发展了其中的伦理层面,提倡一种为了美德而艰苦修行的生活。

【读记】

　　中国的老子也说："是以圣人云：'受国之垢，是谓社稷主；受国不祥，是为天下王。'"如果能够坦然于此，就不成天希望乃至要求别人歌颂了。

7-37　对于面容来说，当心灵发布命令时，它只服从自己，只调节和镇定自己，这是一件坏事，而对于心灵来说，它不由自己来调节和镇定，也是一件坏事。

【读记】

　　面容要服从心灵，心灵只服从自己。面容与心灵和谐时是美丽的，面容违拗心灵时是丑陋的。

7-38　因事物而使我们自己烦恼是不对的，因为它们与你漠不相关。

【注释】

　　选自欧里庇得斯的戏剧《柏勒洛丰》(*Bellerophon*)，Frag. 289。

7-39　面向不朽的神将使我们欢愉。

【注释】

　　估计也是一段引语，但来源已不可考。

7-40　生命必须像成熟的麦穗一样收割，
　　　　　一个人诞生，另一个人赴死。

【注释】

　　选自欧里庇得斯的戏剧《许普西皮勒》（*Hypsipyle*），Frag. 757，这段话是安菲阿拉奥斯（Amphiaraus）为安慰死去的阿耳刻摩洛斯（Archemorus）的母亲而说的。

7-41　如果神灵不关心我和我的孩子，
　　　　这样做自然有它的道理。

【注释】

　　选自欧里庇得斯的戏剧《安提俄珀》（*Antiope*），Frag. 207。

7-42　因为善与我同在，正义与我同在。

【注释】

　　选自欧里庇得斯的戏剧《安提俄珀》，Frag. 910。

7-43　不要加入别人的哭泣，不要有太强烈的感情。

【注释】

　　引文来源已不可考。

7-44　引自柏拉图：但是我将给这个人一个满意的回答，这就是：你说得不好，如果你认为一个对所有事情都擅长的人应当计算生或死的可能性，而不是宁愿在他所有做的事情中仅仅注意他是否做得正当，是否做的是一个善良人的工作。

【注释】

引自柏拉图《申辩篇》28 B。

7-45 雅典人啊，因为这确实是这样：一个人无论置身于什么地方，都认为那是对他最好的地方，或者是由一个主宰者将他放置的地方。在我看来，他应当逗留在那儿，顺从这偶然，面对他应得的卑贱的职分，不盘算死或任何别的事情。

【注释】

引自柏拉图《申辩篇》28 E。

7-46 我的好朋友，且想想那高贵的和善的事情是不是某种与拯救和得救不同的事情；因为对一个生活这么长或那么长一段时间的人，至少是一个真正的人来说，考虑一下，是否这不是一件脱离这种思想的事情：那儿一定不存在对生命的任何爱恋，但关于这些事情，一个人必须把它们托付给神，并相信命运女神所说的，没有谁能逃脱自己的命运，接着要探究的是：他如何才能最好地度过他必须度过的这一段时间。

【注释】

引自柏拉图《高尔吉亚留》512 D-E。

【读记】

每个人的一生都是有限的，实际上谁也不可能万寿无疆，需要我们考虑的只是如何最好地度过这一生。奥勒留抄录的一般都是他同意的话，他无须论战，他要做的只是援引先哲加强自己。

7-47 环视星球的运动，仿佛你是和它们一起运行，不断地考虑元素的嬗递变化，因为这种思想将濯去尘世生命的污秽。

【读记】

视力也许是我们身上最纯净、最少功利性的一种感官能力，是最接近精神的一种肉体能力，也是我们能够伸展得最远的能力；而"环视星球的运动"又或许是视力最崇高的活动。它使我们去感受和接近那近乎永恒和无限的星空，使我们有一种超脱功利世界的可能。

7-48 这是柏拉图的一个很好的说法：谈论人们的人，也应当以仿佛是从某个更高的地方俯视的方式来观察世事，应当从人们的聚集、军事、农业劳动、婚姻、谈判、生死、法庭的吵闹、不毛之地、各种野蛮民族、饮宴、哀恸、市场、各种事情的混合和各个国家的有秩序的联合来看待他们。

【注释】

在柏拉图现存的著述中没有发现这段话。

【读记】

我们有时需要仰视，比如说，仰视星空，并油然而生对宇宙和谐与永恒无限的敬畏之情；我们有时又需要俯视，以某种上天的眼光来观看人间，这样就能看到整体与部分的一种关系，并以一种普遍的观点来理解和把握人世，从而使我们在立足于部分的时候也有一种总体的眼光。

7–49　想想过去，政治霸权的如此巨变。你也可以预见将要发生的事情。因为它们肯定是形式相似的，它们不可能偏离现在发生的事物的秩序轨道，因此思考四十年的人类生活就跟思考一万年的人类生活一样。因为你怎么能看到更多的东西呢？

【读记】

　　一方面世界上万物流变；另一方面又是"太阳底下无新事"。那么变的是什么，不变的又是什么呢？变的是具体的事物、人物；而宇宙的基本结构和形式、贯通于自然和人类的本性却是不变的。

7–50　那从地里生长的东西要回到地里，

　　而那从神圣的种子诞生的，也将回到天国。

　　这要么是原子的相互结合的分解；要么是无知觉的元素的一种类似的消散。

【注释】

　　前两句引自欧里庇得斯的戏剧《内利西波斯》（*Chrysippus*），Frag. 836。

7–51　带着食物、酒和狡猾的魔术，

　　蹑步通过狭道想逃脱一死。

　　而天国送出来的微风，

　　我们必须忍受，无抱怨地忙碌。

【注释】

　　前二句诗引自欧里庇得斯的戏剧《哀求者》(*Suppliants*)，Frag. 1110。后二句的来源已不可考。

7-52　一个人可能更善于摔倒他的对手，可是他不是更友善、更谦虚；他没有得到更好的训练来对付所有发生的事情，也没有更慎重地对待他邻人的过错。

【读记】

　　有人喜欢与人斗，并总能斗赢他人。但他是否就能赢得一切呢？

7-53　在任何工作都能按照符合于神和人的理性做出的地方，也没有任何东西值得我们害怕，因为我们能够通过按我们的结构成功并继续进行的活动而使自己得益，而在这种地方，无疑不会有任何伤害。

【读记】

　　遵循理性做事使我们心安，因为理性可以预期；由着感情行事使人们担忧，因为感情无法预测。

7-54　在任何场合和时候，这些都是在你的力量范围之内的：虔诚地默认你现在的条件；公正地对待你周围的人；努力地完善你现在的思想技艺，未经好好考察不让任何东西潜入思想之中。

【读记】

　　如果把在你的力量范围内的这三件事情做到，你就将拥有一个好的人生。而不在你的力量范围之内的幸运，也会更容易地趋向你，但你并不是去追求幸运。

7-55 你不要环顾四周以发现别人的指导原则，而要直接注意那引导你的本性，注意那通过对你发生的事而表现的宇宙的本性和通过必须由你做的行为而表现的你的本性。而每一存在都应当做合乎它的结构的事情，所有别的事物都是为了理性存在物而被构成的，在无理性的事物中低等事物是为了高等事物而存在的，但理性动物是彼此为了对方而存在的。

那么在人的结构中首要的原则就是友爱的原则。其次是不要屈服于身体的引诱。因为身体只是有理性者和理智活动确定自己范围的特殊场所；不要被感官或嗜欲的运动压倒，因为这两者都是动物的，而理智活动却要取得一种至高无上性，不允许自己被其他运动所凌驾。保持健全的理性，因为它天生是为了运用所有事物而形成的。在理性结构中的第三件事是：摆脱错误和欺骗。那么紧紧把握这些原则的支配能力正直地行进，它就能得到属于它所有的。

【读记】

不要老是看别人怎么做，而是更多地思考你自己的本性，使你的本性与宇宙的本性和谐一致。也就是使你的行为和对你发生的事和谐一致，使你的行为表现出高等存在物具有的理性。人是理性的动物，人的结构中的三个基本原则是：友爱、节欲与真实。

7-56 想到你是要死的，要在当前的某个时刻结束你的生命，那么按照本性度过留给你的时日。

7-57 热爱那仅仅发生于你的事情，仅仅为你纺的命运之线，因为，有什么比这更适合于你呢？

7-58　面对发生的一切事情，回忆一下这样一些人，同样的事也曾对他们发生，他们曾是多么烦恼啊，把这些事情看作奇怪的，不满于它们，而现在它们到哪里去了呢？无处可寻。那么你为什么愿意以同样的方式行动呢？你为什么不把这些与本性相歧异的焦虑留给那些引起它们并被它们推动的人呢？你为什么不完全专注于利用对你发生的事物的正确方式呢？因为那样你将好好地利用它们，它们将给你的工作提供质料。仅仅倾听自身，在你做的一切行为中都决心做一个好人，记住……

【读记】

　　人世间总是会有烦恼者，但你可以不做烦恼者。你可能无法解脱别人的烦恼，但你可以不让烦恼在自己心中产生。烦恼者在烦恼中照样离世甚至因此更早离世，而你却可以在宁静中度过一生，为所当为。

7-59　观照内心。善的源泉是在内心，如果你挖掘，它将汩汩地涌出。

【读记】

　　每个人心里都有善源，重要的是要清除覆盖其上的枯枝败叶。

7-60　身体应当是简洁的，无论在活动中还是姿态上都不表现出杂乱无章。因为心灵通过脸容表现的理智和合宜，也应当体现在整个身体之中。但所有这些事情都应当毫不矫揉造作地去做。

【读记】

　　身体的杂乱无章反映出心灵的杂乱无章。正像心灵要尽量减少不必要的思想，身体也要尽量减少不必要的活动。

7—61　在这方面，生活的艺术更像角斗士的艺术而不是舞蹈者的艺术，即它应当坚定地站立，准备着对付突如其来的进攻。

【读记】

　　生活的艺术首先是坚定、沉稳，但需要搏击的时候，也能发出闪电般的一击。

7—62　总是观察那些你希望得到他们嘉许的人，看看他们拥有什么样的支配原则。因为那样你将不会谴责那些不由自主地冒犯你的人，你也不会想要得到他们的嘉许，只要你看清了他们的意见和口味的根源。

【读记】

　　对于那些赞扬者，你要在观其所往、察其所由之后，再考虑是否希望得到他们的赞扬。

7—63　哲学家说，每一灵魂都不由自主地偏离真理，因而也同样不由自主地偏离正义、节制、仁爱和诸如此类的品质。总是把这牢记在心是很有必要的，因为这样你就将对所有人更加和蔼。

【注释】

　　"哲学家"似指爱比克泰德。

【读记】

　　这是不是说灵魂偏离德行也是自然而然的？所以，我们对自己要努力"求其放心"，对他人则要有一种宽恕的情怀。

7-64 在任何痛苦中都让这一思想出现，即在这痛苦中并没有耻辱，它并不使支配的理智变坏，因为就理智是理性或社会的而言，它并不损害理智。的确，在很痛苦的时候也可以让伊壁鸠鲁的这些话来帮助你：痛苦不是不可忍受或永远持续的，只要你记住它有它的界限，只要你不在想象中增加什么东西给它，也记住这一点，我们并没有觉察，我们把许多使我们不惬意的事情也感觉为痛苦，像极度瞌睡、燥热和失去胃口。然后当你不满于这些事情时，你就对自己说，我是在遭受痛苦。

【读记】

　　痛苦并非耻辱，败德才是耻辱。而且，有些痛苦其实不是痛苦，只是我们过于敏感，把一些小小的不适，也说成是痛苦。而真正的痛苦，也有一个界限，过了这个界限，或者是它接触不到我了，或者是我感受不到它了。

7-65 注意，对薄情寡义的人，不要像他们感觉别人那样感觉他们。

【读记】

　　斯多亚派哲学家常常被认为是冷淡的人。但在这里我们看到，冷淡并不是一种薄情寡义，而只是对发生于自己的自然和人为的灾难不介怀。

7-66　我们怎么知道泰拉格斯在品格上不如苏格拉底优越呢？因为仅下面这些还是不够的：苏格拉底有一更高贵的死；更巧妙地与智者辩论；更能忍耐寒冷的冬夜；当他被命令去逮捕萨拉米的莱昂时，他认为拒绝是更高尚的；他昂首阔步地在街上走过——虽然这一事实人们很可能怀疑其真实性。此外我们还应当探究：苏格拉底拥有一颗什么样的灵魂，是否他能够满足于公正地对待人和虔诚地对待神，不无益地为人们的犯罪苦恼，同时也不使自己屈服于任何人的无知，不把从宇宙降临于他的任何事情看作是奇怪的，不把它作为不可忍受的东西，不允许他的理智与可怜的肉体的爱好发生共鸣。

【注释】

泰拉格斯（Telauges），毕达哥拉斯的儿子，继承了其父的学派和思想。根据第欧根尼·拉尔修的《名哲言行录》VIII.43，他也是恩培多克勒（详见卷12-3注）的老师，其作品已不可考。苏格拉底的学生埃斯基恩（Aeschines）在对话作品《泰拉格斯》中描述了苏格拉底如何反驳泰拉格斯所持的极端禁欲主义的观点。

萨拉米的莱昂（Leon of Salamis），雅典一位受过良好教育有着极高声名的人物，被三十僭主处以死刑。在柏拉图的《申辩篇》中，苏格拉底称他惧怕不正义更甚于惧怕死亡，于是他举了自己不服从三十僭主的处死莱昂的命令来证明自己的观点。

【读记】

品格是否更优越，不仅在于外在的德行，更在于是否拥有一颗虔诚、公正、对己节制、对人宽容、坦然接受万事万物的灵魂。

7-67　自然并没有如此混合你的理智与身体结构，以致不容许你有确定自身的力量和使你自己的一切服从你支配的力量；因为成为一个神圣的人却不被人如此承认是很有可能的。要总是把这牢记在心：过一种幸福生活所需要的东西确实是很少的。不要因为你无望变成一个自然知识领域中的辩证家和能手，就放弃成为一个自由、谦虚、友善和遵从神的人的希望。

【读记】

　　过一种幸福生活对有些人所需很少，但对另一些人也可能所需很多，你愿意做哪种人呢？哪种人更独立呢？幸福与否其实在很大程度上依赖于我们究竟如何理解幸福。如果把有德的生活本身就理解为幸福，那么人人都可以达到幸福。

7-68　在心灵的最大宁静中免除所有压力而生活是在你的力量范围之内，即使全世界的人都尽其所欲地叫喊着反对你；即使野兽把裹着你的这一捏制的皮囊的各个部分撕成碎片。因为置身于所有阻碍物中的心灵，是在宁静中，在对所有周围的事物的一种正确的判断中，在对提交给它的物体的一种径直运用中，坚持自己，以致这判断可以对落入它的视线的事物说：你确实存在（是一实体），然而在人们的意见中你可以呈现为另一种不同的模样；这运用也将对落入它手的事物说：你是我正在追求的事物，因为对于我来说，那出现的事物始终是可以用于理智的和政治的德行的质料，一句话，是可以用于那属于人或神的艺术训练的。因为一切发生的事情都或者与神或者与人有一种联系，决不是新的和难于把握的，而是有用的和方便的工作材料。

【读记】

　　一个斯多亚派哲学家的心灵力量起作用的范围是很小的吗？但我们可以看到，在这一范围内，它的力量是多么的巨大：即使全世界的人都反对他，即使野兽把他撕成碎片，他仍然可以在自己的心灵中保持宁静，仍然不改变自己的生活原则。

7-69　道德品格的完善在于，把每一天都作为最后一天度过，既不对刺激做出猛烈的反应，也不麻木不仁或者表现虚伪。

【读记】

　　把每一天都作为最后一天度过，也意味着把每一天都作为你精神更新的一天度过、作为你最重要的一天度过，使精神"日新"而"日日新"。

7-70　不朽的神是不烦恼的，因为他们在如此长的时间里必须不断地忍受这样的人们，忍受他们中的许多恶人，此外，神也从各个方面关心他们。但是，作为注定很快要死去的人，你就厌倦了忍受恶人吗，而且当你是他们中的一个时也是这样？

【读记】

　　人不妨效法不朽的神，仿佛自己要进入某种永恒而生活，或者说，为配得上进入永恒而生活。

7-71　对一个人来说这是一件可笑的事情：他不从他自己的恶逃开——这的确是可能的；他竟要从别人的恶逃开——而这是不可能的。

【读记】

人生在世，无法规避别人的恶，但至少能够规避自己的恶。

7-72 无论哪种理性和政治（社会）的能力发现（自己）不是理智的也不是社会的，它就恰当地判断（自己）是低于自身的。

【读记】

人是需要温饱的动物，但也是高于温饱的存在。

7-73 当你做了一件好的事情，另一个人由此得益，你为什么要像傻瓜一样寻求除此之外的第三件事——得到做了一件善行的名声或获得一种回报呢？

【读记】

不管动机如何，一件有益于他人的好事，仍然是好事。但追求名声或回报的动机，却降低了对持有这种动机的行为者人格的评价。

7-74 无人厌倦收到有用的东西。而按照本性行动是有用的。那么就不要厌倦通过别人做这些事而收到有用的东西吧。

【读记】

从长远和整体的观点来看，按照本性行动，一定会对这个行动者有益。但"有益"并不是这个行为者的动机。

7-75 大全的本性运动着产生宇宙。而现在发生的一切事物或者是作为结果，或者是作为连续出现的，甚或那宇宙支配力量本身的运动所指向的主要事物也不受理性原则的支配。如果记住这一点，将使你在很多事情中更为宁静。

【读记】

　　经常想到整体、宇宙、大全，要比老想着个体、自我、特殊能使我们更容易进入宁静。

卷　八

内在堡垒

马可·奥勒留骑马雕像，位于罗马卡比托利欧山广场

【本卷提要】

　　本卷的要点是内在堡垒，或者说心灵的堡垒。奥勒留说："那摆脱了激情的心灵就是一座堡垒，因为人再没有什么比这更安全的地方可以使他得到庇护。"（第48节）构建这一内在的堡垒是在每一个人的力量范围之内的。作者反复谈到什么是在我们力量范围之内的事情，什么是不在我们力量范围之内的事情。但让你的心灵摆脱欲望、激情与错误的意见或判断则是在你的力量范围之内。无欲则刚，无怠则宁。外在的任何堡垒都能够被攻破，而奠基于心灵的这一堡垒却是不可摧毁的。

　　本卷第5、25、31、37节反复谈到死亡：凡人死，伟人亦死；侍姬死，主人亦死；被悼念者死，悼念者亦死；个人亡，家族亦亡。不死乃至推迟死亡，这些都不在我们的力量范围之内，但凭自己的良心好好地度过今生今世，却在我们的力量范围之内。

8-1　这一反思也有助于消除对于虚名的欲望，即像一个哲学家一样度过你的整个一生，或至少度过你从青年以后的生活，这已不再在你的力量范围之内了；你和许多别的人都很明白你是远离哲学的。然后你落入了纷乱无序，以致你得到一个哲学家的名声不再是容易的了，你的生活计划也不符合它。那么如果你真正看清了问题的所在，就驱开这一想法吧。你管别人是怎样看你呢，只要你将以你的本性所欲的这种方式度过你的余生你就是满足的。那么注意你的本性意欲什么，不要让任何别的东西使你分心，因为你有过许多流浪的经验却在哪儿都没有找到幸福：在三段法中没有，在财富中没有，在名声中没有，在享乐中没有，在任何地方都没有找到幸福。那么幸福在哪里？就在于做人的本性所要求的事情。那么一个人将怎样做它呢？如果他拥有作为他的爱好和行为之来源的原则。什么原则呢？那些有关善恶的原则：即深信没有什么东西对于人是好的——如果它不使人公正、节制、勇敢和自由；没有什么东西对人是坏的——如果它不使人沾染与前述品质相反的品质。

【读记】

　　奥勒留可能也曾在财富、名声、快乐或在逻辑地寻求真理中寻找幸福，但都没有找到。他和我们一样，是一个普通的人，也曾迷失过自己，甚至认为他已经不可能像一个哲学家一样度过一生，但不管怎样，每个人都还是可以就从现在开始按照本性度过余生。因为，甚至连"像一个哲学家一样度过你的整个一生"的愿望也都还有对于虚名的欲望。那么，就不妨让我们简单朴实地就从现在开始一种公正、节制、勇敢和自由的生活，而不管人们给这种生活贴上什么标签。

8-2 在采取每一个行动时都问自己，它是怎样联系于我呢？我以后将后悔做这事吗？还有一点点时间我就要死，所有的都要逝去。如果我现在做的事是一个有理智的人的工作，一个合社会的人的工作，一个处在与神同样的法之下的人的工作，那么我还更有何求呢？

【读记】

努力不做以后将后悔的事。但如果已经做了这样的事，就不如尽快地摆脱后悔而马上去做正当的事。

8-3 亚历山大、盖耶斯和庞培与第欧根尼、赫拉克利特、苏格拉底比较起来是什么人呢？由于他们熟悉事物，熟知他们的原因（形式）、他们的质料，这些人的支配原则都是同样的。但在后者看来，他们必须照管多少事物，他们是多少事情的奴隶啊！

【注释】

盖耶斯即尤利乌斯·恺撒。

【读记】

这里区分了两种人：亚历山大、恺撒、庞培是行动领域中的巨人。第欧根尼、赫拉克利特、苏格拉底则是观念领域中的巨人。这些人的支配原则都是同样的。但哲学家较政治家更为自由和独立。

8-4 考虑一下，人们无论如何也要做同样的事情，即使你将勃然大怒。

【读记】

　　需要制怒的一个原因还在于，发怒将无济于事，甚至使事情更糟糕。

8-5 主要的事情在于：不要被打扰，因为所有的事物都是合乎宇宙本性的，很快你就将化为乌有，再也无处可寻，就像哈德良、奥古斯都那样。其次要聚精会神地注意你的事情，同时记住做一个好人是你的义务，无论人的本性要求什么，做所要求的事而不要搁置；说你看来是最恰当的话，只是要以一种好的气质，并以谦虚和毫不虚伪的态度说出来。

【注释】

　　哈德良，参考卷4-33注。

　　奥古斯都，参考卷4-33注。

【读记】

　　斯多亚派哲人一个鲜明的性格特点是专注，是无比地专注于做好自己的事情，而不是干预他人的事情。

8-6 宇宙的本性有这一工作要做，即把这个地方的事物移到那个地方，改变它们，把它们从此处带到彼处。所有事物都是变化的，但我们没有必要害怕任何新的东西。所有的事物都是我们熟悉的，而对这些事物的分配也保持着同样。

【读记】

　　在某种意义上，事物都在变化中。但并不是那种根本意义上的变化。因为宇宙的本性并没有改变，根本的人性也没有改变。

8-7   每一本性当它在循自己的路行进得很好时都是满足于自身的，当一个理性的本性在其思想中不同意任何错误的或不确定的东西时；当它使自己的活动仅仅指向有益于社会的行为时；当它把它的欲望和厌恶限制在那属于自己力量范围之内的事物上时；当它满足于那普遍本性分派给它的一切事物时，我们就说一个理性的本性循自己的路行进得很好。因为每一特殊本性都是这一共同本性的一部分，正像叶子的本性是这一植物本性的一部分一样，但在植物那里，叶子的本性是那没有知觉或理性、容易受到阻碍的本性的一部分，而人的本性则是这样一种本性的一部分，这种本性不易受到阻碍，是理智和公正的，因为它根据每一事物的价值平等地给予一切事物以时间、实体、原因（形式）、活动和事件。但我们的考察并不是要发现，任何一个事物和任一别的个别事物相比较在所有方面都是平等的，而是要把结为一个事物的所有部分与组成另一个事物的所有部分相比较。

【读记】
　　不满是没有按照本性生活的一个证据。因为一个人很好地按照本性生活时是满足的。我们要让事物各得其所，按它们不同的价值给予不同的重要性，这也就是一种平等对待，但不是所有方面的均平，而是整体地比较各个事物并给予它们恰如其分的对待。

8-8   你没有闲空或能力阅读，但是你有闲空或能力防止傲慢，你有闲空超越快乐和痛苦，你有闲空超越对虚名的热爱，不要烦恼于愚蠢和忘恩负义的人们，甚至不要理会他们。

【读记】

　　再忙也忙不过一个尽职尽责的皇帝，但奥勒留说，他虽然没有闲空去阅读他喜欢的书，但是他至少可以不做什么，在他心里筑起了一道墙，各种欲望和激情都不得入内。

8-9　不要让任何人再听到你对宫廷生活或对你自己生活的不满。

【读记】

　　或是有人听到过奥勒留对宫廷生活的不满，即使这种不满是因为对一种精神生活的渴望，奥勒留还是希望自己不再抱怨。

8-10　后悔是一种因为忽视了某件有用的事情而做的自我斥责，而那善的东西必定也是有用的，完善的人应当追求它。但完善的人没有一个会后悔拒绝了感官的快乐。这样快乐就既非善的亦非有用的。

【读记】

　　要为你没有做到的善行而后悔，不要为你没有得到的快乐而后悔。

8-11　一个事物，它自身是什么，自身的结构是什么？它的实体和原料是什么？它的原因的本性（或形式）又是什么？它在这世界上正做什么？它要继续存在多久？

【读记】

　　通过提问的方式来启动自己的思考，并永远使自己不要丧失对一些根本问题提问的能力。

8-12　当你不情愿地从眠床上起来时，记住这是按照你的结构和人的本性去从事社会活动，而睡眠却是对无理智的动物也是同样的。但那以每个个体的本性为据的东西，也是更特殊地属他自己的东西，是更适合于他的本性的，也确实更能带来愉悦。

【读记】

这是卷5-1的一个简缩版，但这里还谈到一点，愈是符合人的本性的东西，也愈是更特殊地属己的东西。

8-13　如果可能的话，不断地对灵魂收到的每一印象应用物理学、伦理学和辩证的原则。

【读记】

斯多亚派把哲学分为三部分：物理学、伦理学和逻辑学。物理学讲事物的本性，伦理学讲人的本性，逻辑学讲认识的方法，而它们的目的，最终都是使自己按照本性来生活。

8-14　无论你遇见什么人，径直对自己说：这个人对善恶持什么意见？因为，如果他对苦乐及其原因，对荣辱、生死持这样那样的意见，那么他做出这样那样的行为，对我来说就没有任何值得奇怪和不可解的地方了，我将在心里牢记他是不能不这样做的。

【读记】

如果他人的犯错具有某种必然性，那我就没有什么必要耿耿于怀。

8-15　记住：正像对无花果树结出了无花果感到大惊小怪是一种羞愧一样，对这世界产生了本来就是它产物的事物大惊小怪也是一种羞愧，对于医生来说，如果他对一个人患了热病大惊小怪；或者一个舵手对风向不遂人意大惊小怪，对他们来说都是一种羞愧。

【读记】

　　对不应该大惊小怪的事情大惊小怪是一种羞愧，因为你对一种必然性竟然如此无知。

8-16　记住：改变你的意见，追随纠正你缺点的人，这跟要坚持你的错误一样，是和自由一致的。因为这是你自己的活动，这活动是根据你自己的运动和判断，也的确是根据你自己的理解力做出的。

【读记】

　　服从真理、改恶从善，仍然是一种自由，因为这是你自主的活动。

8-17　如果一件事是在你的力量范围之内，为什么不做它呢？但如果它是在另一个人的力量范围之内，你责怪谁呢？责怪原子（偶然）抑或神灵？不论怪谁都是愚蠢的。你决不要责怪任何人。因为如果你能够，就去改变那原因；但如果你不能够，那至少去改正事物本身；而如果连这你也做不到，那你不满有什么用呢？因为没有什么事物是不带有某种目的做出的。

【读记】

　　总是记住区别你能做到的事和不能做到的事。对你能做到的事，就尽力去做；对你不能做到的事，也就不必抱怨。

8-18 那死去的东西并不落到宇宙之外。如果它逗留在这里，它也在这儿改变，被分解为恰当的部分——宇宙的元素和你自身的元素。它们也在变化，且不发牢骚。

【读记】

死亡如果只是分解，消逝如果并不丧失，那我们也同样无须抱怨了。

8-19 一切事物存在都有某种目的，如一匹马、一棵葡萄树。那你为什么奇怪呢？甚至太阳也要说，我存在是有某种目的的，其余的神灵也要同样说。那么你是为什么目的而存在呢？为了享受快乐吗？看看常识是否允许这样说。

【读记】

万物存在皆有其目的，而人的目的并不是为了享受快乐。常识告诉我们，人无论主观或者客观，并不趋向于这样的目的。甚至人越是追求快乐，反而越得不到它。

8-20 自然在每一事物结尾时对它的关心不亚于在其开始或中途对它的关心，就像往上投球的人一样。那么对于球来说，被投上去对它有什么好处呢？而开始落下甚或落下地对它又有什么损害呢？对于一个气泡来说，形成对它有什么好处，爆裂对它又有什么坏处呢？同样的话也适用于一道闪电。

【读记】

　　球有升有落、气泡有生有灭，这都是自然的。人有浮有沉、有开头有结尾，这些也是自然的。

8-21 深入地审视身体，看看它是一种什么性质的事物，当它变老时，它变成什么样的事物，当它生病时，它又变成什么样的事物。

　　赞颂者和被赞颂者，记忆者和被记忆者的生命都是短暂的；所有这些活动都发生在这世界的一部分的一个小角落里，甚至在此也不是所有人都意见一致，不，不是任何人都和他自己在一起的。整个地球也只是一个点。

【读记】

　　身体就是身体，它有生有死，有病有老。我们不要在它的自然进程之外再加上不当的意见。不要因为我们不可能改变这一自然进程就大发牢骚。

　　对名声和技艺，也须如此看待。它们有生有灭，有兴有衰。一个人只是地球的一个小点，地球也只是宇宙的一个小点。

8-22 注意你面前的东西，看它是一个意见还是一个行为或者一句话语。

　　你正直地忍受这一事，因为你宁愿它明天变成好事而不是今天就是好事。

【读记】

　　你不能改变别人的行为话语，但你可以改变你自己对他们的意见。一件坏事，如果已经对我发生了，比如说，别人的一个冒犯行为或者诽谤话语，你不能说它现在不是坏事，但你正直地忍受它，它就可能向好的方面转化。

8-23　我在做什么事情呢？我做有关人类善的事情。有什么事对我发生吗？我接受它，把它归于神灵——所有事物的根源，所有发生的事物都是从它们那儿获得的。

【读记】

　　我接受一切，但并不是去做一切，而只做正当的事情。发生于我的事情，可能无所不有，但我不能无所不为，而只能为所当为。

8-24　当洗澡时你看到这样的东西——油腻、汗垢、肮脏、污秽的水，所有的东西都发出令人作呕的气味——生命的每一部分和一切事物都是如此。

【读记】

　　就像在净化身体时，你会看到污垢，净化心灵时，你同样会看到丑恶的东西。但这就是生命的自然过程。

8-25　柳西那看见维勒斯死了，然后柳西那死了；西孔德看见马克西默斯死了，然后西孔德死了；埃皮梯恩查努斯看见戴奥梯莫斯死了，然后埃皮梯恩查努斯死了；安东尼看见福斯蒂娜死了，然后安东尼死了。这就是一切。塞勒尔看见哈德良死了，然后塞勒尔死了。那些机智颖悟的人，或者预言家或者趾高气扬的人，他们现在到哪里去了呢？比方说这些机敏的人：查拉克斯、柏拉图主义者迪米特里厄斯，还有尤德蒙及别的类似于他们的人。所有的人都是朝生暮死，早已辞世。有一些人的确甚至被人马上忘记，还有一些人变成了传说中的英雄，再一些人甚至从传说中也消失了。那么记住这一点：你，这一小小的混合物，也必定要或者是分解，或者是停止呼吸，或者被移到其他地方。

【注释】

维勒斯和柳西那是奥勒留的父母。奥勒留的女儿也叫柳西那（Annia Aurelia Galeria Lucilla，148 或 150—182），是他和皇后福斯蒂娜（Faustina）的第二个女儿和第三个孩子，奥勒留的共治者即养兄维勒斯的妻子。

马克西默斯是奥勒留的老师（见卷 1-15），西孔德（Secunda）则是他的妻子。

埃皮梯恩查努斯不可考。

戴奥梯莫斯（Diotimus），斯多亚派哲学家，生活在公元前 100 年左右。据说他曾斥责过伊壁鸠鲁的邪恶和堕落，并以伊壁鸠鲁的口吻伪造了 50 封书简来证明自己的观点。他认为幸福或善不存在于任何单一的善中，而在于福祉的完美积累中，这种观点似乎偏离了严格的斯多亚派的见解而更有似于亚里士多德的主张。

这里的安东尼是奥勒留的养父，他妻子叫福斯蒂娜。福斯蒂娜（Faustina，100—141），常作"大福斯蒂娜"（其女儿被称作"小福斯蒂娜"，是奥勒留之妻），罗马皇帝安东尼之妻，罗马皇后，其叔父是罗马皇帝哈德良。她和安东尼的婚姻生活非常幸福，曾诞下四名子女，被看作是罗马帝国历史上最有德行和最受尊敬的皇后。

塞勒尔是赫德里安皇帝的秘书。

查拉克斯（Charax），可能是一名僧侣历史学家，其生卒年不详，只知道他大概生活在尼禄稍后的年代。

迪米特里厄斯也许是指那位雅典最后的雄辩家与政治家。

尤德蒙据说是一个有名的占星家。

【读记】

我们为别人送终，然后别人为我们送终。一代一代，循环久远。亲友或还在追念，他人却早已忘却。即便是英雄、伟人，对他们的追忆也还是会淡薄，乃至消失。那么，我是否还要追求虚名呢？

8-26　一个人做适合于一个人做的工作对他就是满足。那么适合于一个人做的工作就是：仁爱地对待他的同类，轻视感官的活动，对似可信的现象形成一种正当的判断，对宇宙的本性和发生于它之中的事物做一概观。

【读记】

一个人做到这样就可以满意地辞世了——这就是他感觉尽了一个人的职分。还有没有遗憾？肯定还是有不少事情没有成功，但尽力而为就应当基本上心情平静了。

8-27　在你和别的事物之间有三种联系：一种是与环绕你的物体的联系；一种是与所有事物所由产生的神圣原因的联系；一种是与那些和你生活在一起的人的联系。

【读记】

由洞察这三种联系产生的态度是：第一，接受乃至亲近烦扰你的一切物体；第二，虔敬地对待神灵；第三，爱那些和你生活在一起的人并努力对他们尽责。

8-28　痛苦或者对身体是一个恶（那就让身体表示它的想法吧），或者对灵魂是一个恶；但是，灵魂坚持它自己的安宁和平静，不把痛苦想作一种恶，这是在它自己的力量范围之内。因为每一判断、活动、欲望和厌恶都是发生在内心，而任何恶都不能上升得如此高。

【读记】

　　痛苦不可能自己成为一种恶，除非你的内心把它变为一种"恶"。

8-29　通过常常这样对自己说而清除你的幻觉：不让任何恶、任何欲望或纷扰进入我的灵魂，现在这是在我的力量范围之内，而通过观察所有事情我看见了它们的本性是什么，我运用每一事物都是根据其价值。——牢记这一来自你的本性的力量。

【读记】

　　反复地告诫自己。"思思复思思""行行复行行"——心灵需要通过这样反复的锻打而凝聚自己的力量。

8-30　不仅在元老院中，而且对任何一个人都要恰当地说话，不矫揉造作，言辞简明扼要。

8-31　奥古斯都的宫廷、妻子、女儿、后代、祖先、姐妹、厄格里珀、亲属、心腹、朋友、阿雷夫斯、米西纳斯、医生和祭司，整个宫廷里的人都死去了。然后再看其他的，不是考虑一个单独的人的死，而是整个家族的死，像庞培的家族，那是铭刻在坟墓上的——他家族的最后一个。然后考虑那些在他们之前的人对他们可能撇下的后代的苦恼，然后必然有某个人成为最后一个。在此再考虑一整个家族的死。

【注释】

厄格里珀与米西纳斯是奥古斯都宫廷中的两位重要大臣，阿雷夫斯是位哲学家，是奥古斯都的私人朋友和顾问。

厄格里珀（Marcus Vipsanius Agrippa，前63—前12），古罗马皇帝奥古斯都的密友、女婿、军官和大臣。他在奥古斯都绝大多数的军事战争中屡立战功。其中最著名的一场战役是在亚克兴角（Actium）大败埃及皇后克娄巴特拉（Cleopatra）和马可·安东尼率领的海军。

阿雷夫斯（Areius），亚历山大人，奥古斯都时代著名的毕达哥拉斯式和斯多亚派的哲学家。奥古斯都非常尊重他，在征服了亚历山大城之后，宣布此城免遭洗劫是出于对阿雷夫斯的尊崇。据说阿雷夫斯和他的两个儿子，迪欧尼西厄斯（Dionysius）和尼卡诺（Nicanor）曾教导奥古斯都哲学。

米西纳斯（Caius Cilnius Maecenas，前70—前8），奥古斯都的心腹和政治顾问，他还慷慨资助了奥古斯都时代的新诗艺术的发展。他的名字后来成为大力支持艺术的慨然捐资者的别称。

【读记】

不仅不为自己个人的死而忧心，甚至不为整个家族的消亡而忧心。因为，这些事都不是在你的力量范围之内。

8-32 在每一活动中都好好地使你的生活井然有序是你的义务，如果每一活动都尽其可能地履行这一义务，那么就满足吧，无人能够阻止你，使你的每一活动不履行其义务。——但某一外部的事物可能挡路。——没有什么能阻挡那正当、清醒和慎重的活动。——但也许某一别的积极力量将受阻碍。——好，但通过默认阻碍和通过满足于把你的努力转到那被允许的事情上去，另一个行动机会又会代替那受阻的活动而直接摆到你面前，它也是一个适应于我们刚才说的那一秩序的行动机会。

【读记】

　　别人能够阻止你的成功，但不能够阻止你的德行。当别人阻挠时，你可以使你希望成功的行为有一些迂回和曲折，但即便完全没有成功的可能，你仍然可以说"不"，或者说，最极端的一种情形，就是"不成功则成仁"。

8-33　毫不炫耀地接受财富和繁荣，同时又随时准备放弃。

【读记】

　　就像法国思想家雷蒙·阿隆所说对勋章的态度：不拒绝（拒绝有时也是一种引人注目甚至做作）、不炫耀、不佩戴。

8-34　如果你曾见过一只手被切断，或一只脚、一个头，如果你看见离开了身体的其他部分躺在那儿，那么，那不满于发生的事的人就是这样就其所能地使自己变成这样，使自己脱离他人，或做出反社会的事情来。假设你已使自己从这一自然的统一离开——因为你天生就被造成为它的一个部分，而现在你却切断了与它的联系——在此却还是有一好的办法，即再统一起来还在你的力量范围之内。神没有把这一能力，即在自身被分离和切开以后，又重新统一到一起的能力，许给其他动物。但考虑一下神弘扬人的善意，他把这放到人的力量范围之内：即不会完全同宇宙分开；而当他被分离时，神允许他回来，重新统一，占据他作为一个部分的地位。

【读记】

　　人容易成为片段的人，比如追求快乐，就是使自己的追求变得单面和片段。现代人也常常是过着片段的生活，使自我异化，与自然和社会分离。但即便分离，人还是可以重新使自己的各个部分统一起来，使自己与自然和社会统一起来。

8-35　由于宇宙的本性给了每一理性存在以它拥有的所有别的力量，所以我们也从此得到了这一力量。因为正像宇宙本性在其预定的地方转变和安排一切阻碍和反对它的事物，使这类事物成为它自身的一部分一样，理性动物也能使每一障碍成为他自己的质料，利用它达到他可能已设计好的目的。

【读记】

　　接受障碍，但又克服障碍，斯多亚派哲学看似消极，但又是积极的。

8-36　不要通过想你的整个一生来打扰你。不要让你的思想涉及那你可能预期将落于你的所有苦恼，而是在每个场合都问自己，在这种场合里究竟有什么不可忍受的东西和不能过去的东西？因为你将会羞于承认。其次记住将来或过去都不会使你痛苦，而只有现在会使你痛苦。而如果你只是限制它，这种痛苦将缩小到一点点；如果甚至连这也不能抵住，那就斥责你的心灵吧。

【读记】

　　不要让未来的可能困苦来烦扰现在的你。让我们只承担今天的困苦，乃至不以苦为苦。没有什么不可忍受的东西，也没有什么不会过去的东西。

8-37　潘瑟或帕加穆斯现在还坐在维勒斯的陵墓之侧吗？乔内阿斯或戴奥梯莫斯现在还坐在哈德良的陵墓之侧吗？那将是荒唐的。好，假如他们还坐在那儿，死者又能意识到吗？如果死者意识到，他们会感到高兴吗？如果他们感到高兴，那又能使他们永远不死吗？这些人也要先变成老翁、老妪然后死去，这不是命运的秩序吗？那么这些死者之后的人做什么呢？所有的人都要走上这一条道路。

【注释】

　　维勒斯是与奥勒留共享皇权者，潘瑟是维勒斯的女主管，帕加穆斯是被释奴隶。乔内阿斯与戴奥梯莫斯（卷8-25）的身份估计也类似此。

【读记】

　　感怀悼念者也将随被感怀悼念者而去，感怀悼念者的痛苦和哀伤并不能使死者复活，那么不妨让这种哀痛也适可而止。

8-38　哲学家说，如果你能敏锐地观察，就能明智地调查和判断。

8-39　在理性动物的结构中我看不到任何与正义相反的德行，而是看到一种与热爱快乐相反的德行，那就是节制。

【读记】

　　理性动物的德行，是正义与节制。而你如果能认识到这一点，就还增加了一种德行：智慧。

8-40　如果你驱除你的关于看来给你痛苦的事物的意见，你的自我将得到完全的保障。——那这一自我是什么呢？——是理性。——但我并不是理性。——那就这样吧，让理性本身不要烦扰自己。但如果你的其他部分受苦，就让它表示它对自己的意见吧。

【读记】

　　人的确不等于理性，但人应当受理性的支配。

8-41　感觉障碍对动物本性是一种恶。运动（欲望）的障碍对动物本性同样是一种恶。某些别的东西对植物的结构同样也是一种阻碍和一种恶。所以，理解力的障碍对理智的本性来说也是一种恶。那么把所有这些道理用于你自身。痛苦或感官快乐影响你吗？感官将要注意它。——在你致力于一个目标时有什么东西阻碍你吗？如果你的确在做出这种绝对的努力（无条件或无保留的努力），那么肯定这一障碍对被考虑为是一个理性动物的你是一种恶。但如果你考虑一下事物的通常过程，你还是没有被伤害甚或被阻碍。无论如何，对于理解力是适合的事物，是任何他人都不能阻挠的，因为无论火、铁、暴君、辱骂都接触不到它。当它被造成为一个球体，它就继续是一个球体。

【注释】

　　这最后一句话似来自恩培多克勒。

【读记】

　　我们生活在一个充满限制和障碍的世界上，有生理的障碍、感觉的障碍，也有理智的障碍。我们可以让我们的感官、身体、理智各自注意自己的障碍，但归根结底，理智的障碍实际上又不是障碍，因为外在的东西又怎么可能阻止内在的理性呢？

8-42　说我给了自己痛苦是不合适的，因为我甚至对别人也没有有意造成痛苦。

【读记】

　　我可能无意中给别人造成了痛苦，但我无论如何能不给自己造成痛苦。

8-43　不同的事物使不同的人欢乐，我的欢乐则是使支配能力健全同时又不脱离任何人或对人们发生的任何事情，而只是以欢迎的眼光看待和接受一切，根据其价值运用每一事物。

【读记】

　　我的欢乐来自：入世而又离世，执着而又超脱。

8-44　注意你要对自己保证这一现在的时刻，因为那些宁愿追求死后名声的人没有想到：后来的人们将跟那些现在他们不记得了的人一样，两者都是有死的。那么以后这些人对你是否说这种或那种话，对你有这种或那种意见，于你又有什么关系呢？

【读记】

　　你没有见过以前的死者，甚至不知道他们的名字；你也见不到未来的人们，甚至也不知道他们的名字。那你为什么要看重他们对你的看法呢？

8-45　带我去你将要去的地方吧，因为在那儿我将使我心中神圣的部分保持宁静，换言之，如果它能按照它恰当的结构感觉和行动，它将是满足的。我的灵魂为什么要变得比过去不幸、恶劣、沮丧、自大、畏缩和恐惧呢？这种变化难道有什么充足的理由吗？你能为它找到这种充足的理由吗？

【读记】

　　灵魂要往上走，不要往下走，这样，在死的宁静之前，我们就可以坚守我心中神圣的部分，保持生的宁静。

8-46　没有什么不属人的事情能够从人发生；没有什么不符合一头公牛本性的事情从一头公牛发生；没有什么不符合一棵葡萄树本性的事情从一棵葡萄树发生；没有什么不适合于一块石头的事情从一块石头发生。那么如果从每一事物发生的事情都是平常和自然的，你为什么要抱怨呢？因为共同的本性带来的事情，没有不是由你所生的。

【读记】

　　对人发生的所有事情，没有什么是不属于"人"这一题中应有之义的，没有什么是不符合人的本性的。没有什么是异己的。那么，坦然地接受它们吧。

8-47　如果你因什么外在的事物而感到痛苦，打扰你的不是这一事物，而是你自己对它的判断。而现在清除这一判断是在你的力量范围之内。但如果在你自己的意向里有什么东西给你痛苦，那么谁阻止你改正你的意见呢？即使你是因为没有做某件你觉得是正当的事情而感到痛苦，你为什么不去做这件事而非要抱怨呢？——但有一个不可逾越的障碍横亘在前吗？——那么不要为此悲哀，因为不做这件事的原因是不以你的意志为转移的。——但如果不能做到这件事的话，活着就是无价值的吗？——那么就满意地放弃你的生命吧，正像那充分活动过的人死去一样，也对作为障碍的事物感到欢喜。

【读记】

　　痛苦只是来自我们的判断，而我们可以改变这一判断。我们要履行正义，能越过障碍就越过它，不能越过就接受它，哪怕是情况极端到"不自由，毋宁死"，我们也要带着宁静的心情死去。

8-48　记住：你的支配部分是不可征服的，如果它不做任何非它所愿的事情，即使它是出于纯粹的顽强而进行抵制的，那么当它自我镇定时，它也是满足于自身的。但是，如果它通过理性和审慎的援助形成对事物的一种判断时，它又将怎样呢？所以，那摆脱了激情的心灵就是一座堡垒，因为人再没有什么比这更安全的地方可以使他得到庇护。在此静候将来，这一堡垒是不可摧毁的。而不知道这一点的人就是一个无知的人，知道这一点却不飞向这一庇护所的人则是不幸的人。

【读记】

　　心灵就是你最坚固的堡垒。你只要驱除内心的情欲，就没有什么外在的力量能够摧毁这一堡垒。真正的危险不在"萧墙之外"，而在"萧墙之内"。

8-49 除了最初的现象所报告的，不要再对自己说什么，假设有人报告你说某个人说你的坏话，这个消息被报告了，但你并没有受到损害，并没有你受到损害的报告。我看到我的孩子生病了，我看到了，但我并没有看到他是在危险之中。如此始终听从最初的现象，不从内心对你增加任何东西，那么就没有什么对你发生了。或宁可像一个知道世界上发生的一切事情的人一样增加某种东西。

【读记】

让现象止于现象，偏见止于智者。让现象是什么就是什么，不再抱怨为什么。

8-50 这条黄瓜是苦的。——那就扔掉它。——道路上有荆棘。——那就避开它。这就够了。不要再增加什么，问为什么这世界上有这种东西啊？因为你将被一个熟悉自然的人嘲笑，正像如果你在木匠和鞋匠的铺子里因发现刨花和碎料而挑剔他们时遭到他们嘲笑一样。但他们还是有投放这些刨花和碎料的地方，而宇宙的本性却没有这外部的空地，但她的艺术中最奇妙的部分就在于虽然她限定了自身，她却能把她内部看来是腐朽、衰老、无用的一切东西转变为自身，从这些东西中重新创造出新的同样东西，以致她不需要任何从外面来的实体，也不需要一个她可以投放腐烂东西的地方。所以她是满足于她自己的空间、她自己的质料和她自己的艺术的。

【读记】

宇宙没有自己的特定垃圾场，它总是能够化腐朽为神奇。所以，不要吃惊于苦黄瓜和荆棘路。它们如此不仅出自事物本性，它们其实还有一种神秘的"效用"。

8-51　你的行动不要迟缓呆滞，你的谈话不要缺乏条理，你的思想不要漫无秩序，不要让你的灵魂产生内部的纷争和向外的迸发，也不要在生活中如此忙碌以致没有闲暇。

假设人们杀死你，把你切为碎片，诅咒你。那么这些事情怎么能阻止你的心灵保持纯净、明智、清醒和公正呢？例如，如果一个人站在一泓清澈纯净的泉边诅咒它，这清泉决不会停止冒出可饮用的泉水，如果这个人竟然把泥土或垃圾投入其中，清泉也将迅速地冲散它们，洗涤它们，而不会遭到污染。那么作为拥有一种永恒的泉水而不仅仅是一口井的你将怎样呢？要每时每刻地塑造你自己，达到与满足、朴素和谦虚结为一体的自由。

【读记】

朱熹说："问渠哪得清如许，为有源头活水来。"如果你心灵中有一种永恒的思想活泉，什么言辞或行动能阻止你的心灵保持纯净和你的行为保持正直呢？

8-52　那不知道世界是什么的人，也不知道他自己在哪里。那不知道世界为什么目的存在的人，也不知道他自己是谁，不知道世界是什么。而对这些事一无所知的人甚至不能说他自己是为什么目的而存在的。那么你怎样想那避免或寻求喝彩和称赞的人呢，怎样想那些不知道他们在哪里或他们是谁的人们呢？

【读记】

我们需要通过统观世界而知道自己的位置，需要知道世界的目的而了解自己的行为。

8-53　你希望得到一个每小时谴责他自己三次的人的赞扬吗？你希望

取悦于一个对自己也感到不悦的人吗？一个后悔他做过的几乎一切事情的人会对自己感到欣悦吗？

【读记】

　　我们为什么要看重那些我们看不起的人们的赞扬？难道赞扬只是多多益善，而不区分来源和质量？而德行甚至不需要赞扬，也放射出自己的光芒。

8-54　不要再仅仅让你的呼吸和围绕着你的空气和谐一致，现在还要让你的理智也和那包括所有事物的理智和谐一致。因为理智力对于愿意利用它的人来说，就跟大气对于能够呼吸它的人一样，也是分布于所有部分和浸淫于所有事物的。

【读记】

　　空气无处不在，宇宙的理性也无处不在。我们要通过呼吸与周围的大气保持一致，我们也要通过内在的理性与外在的理性保持一致。

8-55　一般来说，恶全然不损害到宇宙，特别是，一个人的恶并不损害到另一个人。它仅仅损害这样的人——只要他愿意，就可以拥有摆脱恶的力量的人。

【读记】

　　在某种根本的意义上，恶都是自找的。"天作孽，犹可违；自作孽，不可活。"

8-56　我的邻人的自由意志对于我自己的自由意志来说，正像他可悦的呼吸和肉体一样于我是漠不相关的。因为虽然我们是被专门造出来互相合作的，我们每个人的支配力还是有着自己的活动空间，因为否则的话我的邻人的恶就会损害到我了，而神并没有如此意欲以致我们的不幸也可以互相影响。

【读记】

　　别人的自由意志影响不到我的自由意志，或者说，我们有力量让我们的善互相影响，而不让我们的恶互相影响。

8-57　阳光看来在照射下来，它的确是分布到所有方向，但它并不是流溢。因为这种分布是扩展：因而它的光线就叫作扩展，因为它们是被扩展的。如果一个人注意阳光通过一个狭口进入一个黑暗的房间，他就可以判断出一条光线是一种什么事物，因为它笔直地伸展，当它遇到任何挡住它去路和切断空气的固体时，它可以说是被隔开了，但是光仍然在那里保持着稳定，并不滑动或缩小。那么理解力也应当如此照射和分布，它不应当是一种流溢，而是一种扩展，它不应对挡住它去路的障碍做任何激烈的冲撞，同时也不畏缩，而是稳定地照亮那接受它的东西。因为一个物体不接受它的话，它就得不到光亮。

【读记】

　　理解力应当像阳光一样笔直地伸展，而不应当是一种液体的流溢。它稳稳地照在那甚至阻碍它的东西之上。

8-58　害怕死亡的人或者是害怕感觉的丧失，或者是害怕一种不同的感觉。但如果你将没有感觉，你也将感觉不到损害；如果你将获得另一种感觉，你将是一种不同的生物，将不停止生命。

【读记】

死亡无非两种可能：或者进入无知，或者产生新知。奥勒留并不确信会进入哪种状态，但认为对这两者都不应害怕。

8-59 人们是彼此为了对方而存在的，那么教导他们，容忍他们。

【读记】

人们是一种互为的存在，如果别人有错，由我们现在的对教导他们；因我们也可能犯错而容忍他们。

8-60 一支箭以这种方式运动，心灵以另一种方式运动。的确，当心灵谨慎地活动或致力于探究时，它以一条直线向其目标运动。

【读记】

无论心灵还是身体，首先考虑直接地趋赴目标是最好的。

8-61 洞察每个人的支配能力；也让所有其他的人洞察你的支配能力。

【读记】

努力于知人，亦让人知己，如此才能达成人们的相互理解与行动协调。

卷　九

理解存在

印有马可·奥勒留头像的金币

【 本卷提要 】

　　本卷的要点是理解存在。存在是这样一个由低而高的系列：从无机物到有机物，从植物到动物，从感性动物到理性存在的人，最后到神灵。它们都在不同程度上分享着存在，或者感性、理性、神性。它们也都各自产生着自己的"果实"，处在一种活动或变化之中。宇宙的变化或者是原子的偶然，或者是神恩的必然。看来更像是后者，但即便是前者也不足惧，过一种有德行的生活还是在你的力量范围之内。

　　理解人在宇宙中的存在、个人在整体中的存在，也就意味着要接受这一存在的系列，接受这一命运的安排，恰如其分地看待自己，恰如其分地对待其他事物，对这整个世界感到满意。要使自己的所有意见或判断都以这种理解为基础。既然事物易朽，万物如烟，就不必太看重这些事情。

9-1　那不正当地行动的人也是在不虔诚地行动。因为既然宇宙本性为相互合作的目的造就了理性动物，要他们根据他们的应分彼此帮助，而不要相互损害，那么违反他意志的人，就显然对最高的神意犯有不敬之罪。那说谎的人也对同样的神意犯有不敬之罪，因为宇宙本性就是那存在的各种事物的本性，那存在的各种事物与所有进入存在的事物都有一种联系。此外，这一宇宙本性是名为真理的，是所有真实事物的主要原因。这样，那有意说谎的人就因为他说谎的不正当行为而犯有不敬之罪，那不自觉说谎的人也因为他与宇宙本性的矛盾，因为他通过反对世界本性而扰乱了秩序而犯有不敬之罪，由于他反对世界本性，他就把自己推到与真理对立的地位，由于他是通过这种无知而从自然中接受力量，他现在就不能辨别真伪。的确，那把快乐作为善追求，把痛苦作为恶避免的人亦是犯了不敬之罪。因为这样的人必然经常对宇宙本性不满，声称宇宙本性没有按照善人和恶人的应分分配给他们东西，因为恶人常常享受快乐，拥有产生快乐的事物，而善人却有痛苦作为他们的份额，拥有那引起痛苦的事物。此外，那害怕痛苦的人有时也将害怕那发生在世界上的某些事情，而这种害怕甚至也是一种不敬。追求快乐的人将不会戒除不义，而这显然也是不敬。至于那些宇宙本性同等地感受的事物——因为除非它是同等地感受这两种事物，否则就不会创造它们了——对于这些事物，那些愿意遵循本性的人将与之同心，也同等地感受这两种事物。那么，由于苦乐、生死和荣辱都是宇宙本性同等利用的事物，无论谁不同等地感受它们就显然是不虔诚了。我是说宇宙本性同等地利用它们，而不是说它们同样地发生于那些在连续的系列中产生的人和那些在他们之后通过神意的某种原初运动而产生的人，这一运动按照神意从某一开端向这一事物系列运动，孕育着某些将要存在的事物原则，决定着产生存在、变化和这样一种连续系列的力量。

【读记】

这里指出了不当与不敬的关系。不能恰当地对待他人和万物的人，也是在不虔敬地对待神。因为宇宙的本性就体现着神意。奥勒留举出了三种不敬行为：第一是相互损害，而非相互合作；第二是说谎；第三是把快乐作为善来追求，把痛苦作为恶来避免。尤其在谈到苦乐和荣辱的时候，奥勒留认为，它们既然都是宇宙本性同等利用的事物，我们也就应该同等地感受它们才是虔诚。但同等的利用和感受并不意味着那些理解神意的人们和不理解这种神意的人们一样。前者因为一种自觉性而拥有了一种德行的光辉。

9-2 辞别人世而从未有过说谎、虚伪、奢侈和骄傲的嗜好，是一个人最幸福的命运。然而如俗话所说，当一个人拥有足够的这些事情时，立即结束自己的生命则是仅次于最好的一次旅行。而你决定顺从恶吗，还没有引导自己从这种瘟疫逃开的经验吗？因为理智力的毁灭就是一场瘟疫，比围绕着我们的大气的任何腐败和变化都更是一种瘟疫。因为那种腐败就它们是动物而言是动物的瘟疫；而这另一腐败就他们是人而言是人的瘟疫。

【读记】

一个人要死得其所，或许还要死得其时。奥勒留甚至似乎并不完全反对自杀，或者说一种消极的慢慢结束自己的生命。也许他是指最好在理解力丧失之前辞世。

9-3 不要蔑视死亡，而是正常地表示满意，因为这也是自然所欲的一件事情。因为像年轻，变老，接近和达到成熟，长牙齿，长胡子和白发，怀孕、生子和抚养，以及所有别的你生命的季节所带来的自然活动都是这样的事物，分解和消亡也不例外。那么，这就是和一个反思的人一致的，即不要轻率或不耐烦地对待或蔑视死亡，而是要把它作为自然的一个活动静候它。就像你现在等待着孩子从你妻子的子宫里分娩出一样，也准备着你的灵魂脱出这一皮囊的时刻来临。但如果你也要求一种将接触到你心灵的通俗的安慰，那么通过观察你将要与之分手的物体，观察你的灵魂将不再与之同在的那些人的道德，你将变得最顺从死亡。因为，因人们的过错而发怒决不是正确的，关心他们、静静地忍受他们才是你的义务；但也要记住你并不是要从跟你持有同样原则的人们那里离去。因为如果有什么使我们转念的事情的话，这是唯一能使我们转而依恋生命的事情：那就是允许我们跟那些持有和我们同样原则的人一起生活。而现在你看到：从那些生活在一起的人们的不和中产生的苦恼是多么大啊。以致你可以说：快来吧，死亡，以免我或许也可能迷失自己。

【读记】

　　奥勒留更推崇的一种对待死亡的态度，还是自然而然，不要主动结束，也不要对之恐惧，千方百计地试图延长。自杀也是对死亡的一种蔑视。人应当像静候母亲的生产一样静候死亡。对生命的唯一眷念，就是跟那些持有和我们同样原则的人一起生活。

9-4　那作恶者也是对自己行恶。那做不义之事的人也是对自己行不义，因为他使自己变坏。

【读记】

　　作恶者首先是对自己行恶。甚至我们可以假设，一个犯罪者的罪行从未暴露，但他自己使自己成了一个什么样的人呢？他仍然是，甚至更是（因为没有惩罚的弥补）一个失去了做人资格的人。

9-5 不仅做某种事的人常常是不正当地行动，而且不做某种事的人也常常是在不正当地行动。

【读记】

这里似乎是在说一种积极的德行。有些人必须积极地援手来帮助自己的同胞。

9-6 你使自己现在的意见以理解为基础，使你现在的行为指向社会利益，使你现在的性情满足于一切发生的事情——这就足够了。

【读记】

让意见来自理解，行为指向公益，性情适应世事，并紧紧抓住现在。

9-7 驱散想象，克制欲望，消除嗜好，把支配能力保持在它自己的力量范围之内。

9-8 一种生命是分布在没有理性的动物之中的，而一种理性的灵魂是分布在理性动物之中的，正像有一个其中所有事物都是土性的大地一样，我们借助同一种光观看，呼吸同一种空气，我们每个人都有视力，每个人都有生命。

【读记】

　　与动物共享生命，与他人共享理性，与大地共享存在。

9–9　所有分享一种共同东西的事物都倾向于它们同类的事物，所以土性的事物都倾向于大地，液体的事物都倾向于一起流动，气体的事物也是如此，以致它们要求某种力量把它们分开。火的炎上的确是由于元素的火，但它是如此准备和所有在此的火一起燃烧，以致想燃着一切稍许干燥、容易着火的物体，因为这些物体含有较少的阻止燃烧的东西。所以相应地，每一分享共同理性的存在也以同样的方式倾向于与它同类的存在，甚至倾向性更强。因为它与所有别的事物比较起来优越得多，它也同样多地更愿意与和它同类的东西结合或融合。所以，我们在缺乏理性的动物中发现蜂群、畜群、对雏鸟的抚养、某种意义上的爱；因为甚至在动物中亦有灵魂，那种把它们带到一起的力量看来是在较优越的程度上活动的，在植物、石块、树林中却没有看到过这样一种现象。而在理性动物中，则有政治团体和友谊、家庭和公众集会，以及战争、谈判和休战。但在更为优越的存在那里，即使它们相互分离，也还是以某种方式统一着，星宿的情况就是这样。于是达到这更高程度的上升就能够甚至在分离的事物中产生一种同情。那么看看现在所发生的事情吧。因为目前只有理性的动物忘记了这一相互的欲望和爱好，只有在他们那里看不到一起行动的特性。但即使人们努力避免这一联合，他们还是为联合所吸引和制约，因为他们的社会本性是太强了，你只要观察一下，就知道我说的是事实。那么，一个人将发现任何土性的事物与非土性的事物的结合要比一个人完全分离于其他人来得更快。

【读记】

物以类聚，人以群分。存在的系列由低向高或可分为：

具有超越能力的神灵；具有理性能力的人；能够运动、具有感性能力的动物；拥有生命的植物；存在着的山水、石土。

而上层的存在也包含了下层存在的属性，下层的存在也在某种意义上含有上层存在的某种属性，因而，能够在相互之间产生某种同情，而上层存在对于下层存在或还负有某种责任。

9-10 人、神和宇宙都生产果实，他们各自在适当的季节里生产它。但如果按惯常的用法把这些特殊用法的词用于葡萄树或类似事物却毫无意义。理性为一切也为自己产生果实，从它，产生出别的和理性本身同一性质的事物。

【读记】

理性产生理性，也产生万物。理性一致，而万物各异。

9-11 如果你能够，通过劝告去纠正那些做错事的人，但如果你不能够，记住你要因此之故采取任其自然的态度。神灵对这种人也是任其自然的，出于某些原因他们甚至帮助这些人得到财富、健康、名声，他们是如此和善。这也是在你的力量范围之内，或者说，谁阻碍你这样做呢？

【读记】

不必强行去纠正别人，甚至不必热心于去纠正别人。多数人可能会主要去追求财富、健康和名声，这也是一种自然志趣。神灵也让人们各得其所。

9–12　不要像一个被强迫者那样劳动，也不要像一个将受到怜悯或赞扬的人那样劳动，而要使你的意志直指一件事情，即像社会理性所要求的使你活动和抑制自身。

【读记】

　　自愿地为一种责任感而劳动。

9–13　今天我摆脱了所有苦恼，或宁可说我逐出了所有苦恼，因为这不是发生在外部，而是发生在内部，在我的意见中。

【读记】

　　苦恼是从我的内心产生，而不是外部事物的属性。所以我对苦恼有完全的主动权。

9–14　所有事物都是同样的，都是经验所熟悉的，都是时间上短暂和质料上无价值的。现在的一切事物正像它们在先死者的时代里一样的。

【读记】

　　太阳底下无新事，河流之中无定物。

9–15　事物并列在我们外面，它们不知道它们自己，不表示任何判断。那么，判断它们的是什么呢？是支配的能力。

【读记】

　　判断在人而不在物，在自我而不在他人。

9-16　有理性的社会动物的善恶不是在消极的活动中，而是在积极的活动中，正像他的德行与恶行不是在消极的活动中而是在积极的活动中一样。

【读记】

　　适应本性、因应自然，是积极的，而不是消极的。

9-17　对于那被往上抛掷的石头来说，落下绝非一种恶，而它被人携带也的确并非一种善。

【读记】

　　石头被人扔开或被人携带，都并不改变它们的性质。顽石之所谓"顽"，宝石之所谓"宝"，都是人们赋予它们的"性质"，而并非它们自身的属性。

9-18　深入到人们的指导原则之中，你将看到你害怕什么判断，它们自身又是一种什么判断。

9-19　一切事物都在变化中，你自身也是在不断的变化中，在某种程度上是在不断的毁灭中，整个宇宙也是如此。

9-20　让别人的恶劣行为留在原地而不影响你是你的义务。

【读记】

　　让善通过你传递，但不要让恶通过你蔓延。

9-21　活动的停止、运动和意见的停止，它们在某种意义上的死亡，这些决不是恶。现在转而考虑你的生命，你作为一个孩子、一个青年、一个成人和一个老人的生命，因为在这里面每一变化也都是一种死。这是值得害怕的事情吗？现在转而考虑你在你的祖父体内的生命，然后是你在你的母亲体内的生命，你在你的父亲体内的生命，当你发现许多别的差别、变化和毁灭时，问你自己，这事情值得害怕吗？那么，同样，你整个生命的熄灭、停止和改变也决不是一件需要害怕的事情。

【读记】

　　人始终处在一种方生方死的过程中。在某种意义上，在你的死亡之前，你早就死过许多次了，早就不是原先的你了。同样，在某种意义上，你也早就活着了，活在你父母体内的生命中，活在你祖先体内的生命中。

9-22　抓紧时间去考察你自己的支配能力、宇宙的支配能力和你的邻人的支配能力。对于你自己的支配能力，你可以使它正直；对于宇宙的支配能力，你可以记住你是它的一部分；对于邻人的支配能力，你可以认识他是无知还是有知地行动，你也可以考虑他的支配能力是类似于你的。

【读记】

　　集中关注支配的能力：端正你自己的支配能力，牢记宇宙的支配能力，认识他人的支配能力。

9-23　由于你自己是一个社会体系的构成部分，你也要让你的每一行为都成为社会生活的一个构成部分。那么，你的所有跟社会目的没有直接或间接关联的不论什么行为，就都会分裂你的生命，打破它的统一，就都有一种叛逆的性质，正像在公共集会上，一个人脱离普遍的协议而我行我素。

【读记】

融入社会，至少在行动上不反叛社会。

9-24　小孩子们的争吵，他们的运动，可怜的携带着死去的身体的精神，一切都是这样。所以，在死者宅第的描绘中所展现的东西，更清楚地映入我们的眼帘。

【读记】

把精神从肉体解脱，是在做一件幸事。

9-25　洞察一个对象的形式的性质，把它同它的质料部分完全分开，然后沉思它，然后判断时间，即这一特殊形式的事物自然要持续的最长时间。

【读记】

洞察一个事物的本质，然后恰如其分地看待它。

9-26　当你的支配能力做出它天生要做的事时，你由于对它不满意而忍受了无数的苦恼。但这已经够了。

【读记】

当你做对事的时候不苦恼，你做错事的时候也不要太苦恼，而是改正就行了。因为人的支配能力的局限，犯错也是自然的。

9-27　当另一个人谴责你或仇恨你时，或者当人们谈论伤害你的事情时，去接近他们可怜的灵魂，深入其中，看他们是什么性质的人。你将发现没有理由因这些人可能对你有这种或那种意见而发生苦恼。无论如何你必须好好待他们，因为他们天生就是你的朋友。神灵在各方面能过梦、通过征兆帮助他们达到那些他们所重视的事情。

【读记】

　　不要看冒犯你的人的行为的外表，而要看他们的灵魂和本质。如此，你就将坦然以对。因为他们是天性要如此的。

9-28　宇宙的周期运动是同样的，从一个时代到另一个时代往返不已。或者是宇宙的理智力自身运动产生各种各样的效果，如果是这样，你要满足于它活动的结果；或者是它一旦推动，别的一切事物就以一种连续的方式来到；再不就是不可分割的元素是所有事物的根源。——总之，如果有一个神，就一切都好；如果是偶然性的统治，你也不要受它的支配。

　　大地不久就要掩埋我们所有的人，然后这大地也会变化，从变化中产生的事物将继续永远变化，如此循环往复不已。因为如果一个人思考那像波浪一样一个接一个地变化和变形，思考这种变化的迅速性，他将看不起这一切会衰朽的东西。

【读记】

　　奥勒留经常使用"或者……或者……"的句式，说明他并不强以为他知道宇宙的奥秘。但无论这奥秘是什么，他都可以采取对万事万物的一种正当乃至高贵的态度。而且，由于意识到万事万物在迅速地流变、衰朽，就不要太重视这一切处在迅速流变中的东西。

9-29　宇宙的本原就像一道冬天的激流，它把所有东西都带着和它一起走。但是所有那些介入政治事务却自以为在扮演哲学家角色的可怜的人们是多么无价值啊！还有所有的驱赶者。那么好，人啊，做本性现在所要求的事吧。如果你有力量，就投入行动，不要环顾左右看是否有什么人将注意它，也不要期望柏拉图的理想国。而只是满足于只要最小的事情进行得很好，考虑这样一件事也绝非小事。因为谁能改变人们的意见呢？不改变意见又怎么能摆脱那种在装作服从时又发出呻吟的奴隶状态呢？现在来给我讲亚历山大、菲力普斯和菲勒内姆的迪米特里厄斯。他们自己将判断他们是否发现了共同本性所要求的事情，因而相应地训练自己。但如果他们行动得像悲剧中的英雄，那么就没有人能谴责我模仿他们。朴素和谦虚是哲学的工作。不要使我偏离到懒惰和骄傲。

【注释】

菲力普斯（Philippus），马其顿霸权的建立者，亚历山大大帝的父亲。

迪米特里厄斯，参见卷8-25注。

【读记】

奥勒留在这里明确地说："不要期望柏拉图的理想国。"他也许是历史上唯一一个处在皇帝位置上的真正的哲学家，但他并不希望实现柏拉图的理想国，并不想在政治事务中扮演哲学家的角色。这也许是因为他看到了人性的差别，知道不可能改变或统一人们的意见，从而认为理想国实际上是达不到的，或者是他认为个人的德行才是最重要的，并认为朴素和谦虚应该是哲学家的品格，强行改造他人也将违反手段的道德。

9-30 俯视那无数的人群，他们无数的庄严仪式，和无限变化的在风暴或宁静中的航行，俯视那些诞生出来，一起生活，然后死去的人们中的种种差异。也考虑那些过去时代的人们的生命，将在你之后生活的人们的生命，现正在野蛮民族中生活的人们的生命，有多少人甚至不知道你的名字，有多少人将马上忘掉它，考虑那些现在也许在赞扬你的人很快又要谴责你，那么，一种死后的声名就决无价值，名望亦是，其他亦是。

【读记】

你再有名，可能还是有很多人不知道你的名字。知道你名字的人也可能很快又忘记。而且，群众的赞扬，可以很快地又变成谴责。所以，就像你不知道你前面的无数伟人的名字一样，追求死后的声名没有什么意义。

9-31 让你在来自外部原因的事物的打扰中保持自由吧，让你在根据内在原因所做的事情中保持正义吧，换言之，让你的行为和活动限定于有益社会的行为，因为这符合你的本性。

【读记】

自由是你可以消极地达到的，只要你对任何外部事物的干扰毫不动心；正义是你可以积极达到的，只要你在自己的行为中使之符合你的社会本性。

9-32　你能从那些烦扰你的事物中把许多无用的东西从这条路上清除出去，因为它们完全在于你的意见，你将如此为自己得到广阔的空间：即通过在你心里思考整个的宇宙，思考永恒的时间，观察每一事物的瞬息万变，观察从生到死的短暂以及在生之前和死之后的时间的无限深渊。

【读记】

　　心灵比天空更广阔，心灵能够思考无限的宇宙和永恒的时间，以及在这无限中的有限和永恒中的瞬间。

9-33　所有你看到的事物都将迅速地衰朽，那些目击其分解的人们不久也将逝去。活得最长的人将被带到和早夭者同样的地方。

【读记】

　　顺其自然，既然费尽心机的长寿者和早夭者达到的是同样的终点。

9-34　这些人的指导原则是什么，他们忙碌于何种性质的事情，他们因什么理由喜爱和尊重这些事情？设想你看到了他们的赤裸中的可怜的灵魂。他们以为通过他们的谴责做出了损害或通过他们的赞扬带来了利益时，这是一种多么奇怪的观念啊！

【读记】

　　洞察其人，就能宽恕其行。

9-35　损失只不过是变化。而宇宙的本性欢喜变化，通过服从于它，所有事物现在都进行得很好，自古以来一直是以类似的方式进行，在无尽的未来也将是如此进行。那么，你说什么呢？难道你说所有事物一直是也将始终是坏的，在如此多的神灵中还没有发现什么力量来修正这些事物，而世界注定要以不停止恶的方式确立吗？

【读记】

　　变化是宇宙的本性，而变化就是有失有得，有荣有枯，有兴有衰，有生有灭。

9-36　那为一切事物基础的物质的腐烂！水、灰尘、骨头、垃圾，或者是：大理石——土的硬化；金银——冲积物；衣服——只是一些毛皮；染织的紫袍——血；其他一切也都是同一性质。那具有呼吸本性的一个事物也是具有同样本性的另一个事物，从这一个变化到另一个。

【读记】

　　变化对物质来说甚至就是腐烂。一切金光闪闪的东西，都要走向腐朽；一切肖然屹立的东西，都要走向分解。

9-37　够了，这种悲惨的生命、呻吟和愚蠢的诡计。你为什么烦恼呢？在这里有什么新的东西没有呢？有什么使人不安的吗？是事物的形式吗？注意它。或者是质料？观察它。而在这些之外一无所有。那么，朝向神吧，现在终于变得更简朴、更好了。我们无论是花一百年还是花三百年考察这些事物，结论都是一样的。

【读记】

　　人们追求自己的物欲，不知多少算够。其实正是这种无止境的追求使生命悲惨。我们不如让自己变得简单，如淳朴的赤子朝向神灵。

9—38　如果有什么人做了错事，那么损害是对他自己的。但也许他并没有做错事。

【读记】

　　你常常不必去惩罚别人的错误，因为他已经惩罚了自己。而且有可能我们的惩罚恰恰是在做错事：我们不知道如此行事者的处境和理由。

9—39　或者是所有东西都来自一个理智的本原，在一个身体中结为一体，那么部分就不应不满于为了整体的利益所做的事情；或者只有原子存在，除了原子的混合与分解别无他物。那你为什么烦恼呢？要对支配的能力说：你已经死了吗？你衰朽了吗，你正在扮演虚伪者的角色吗？你要变成一头野兽吗，你与其他人群集在一起并对他们不满吗？

【读记】

　　或者世界是包含神意的，是必然和有序的；或者世界是原子的混合与分解，是偶然和无序的。但无论怎样，你都不必为此担忧。奥勒留当然更倾向于认为世界的存在是前一种可能，然而，即便是后一种可能，也没有烦恼的必要。人不是神灵，但也不是一头野兽。既然你是天生要和人们合作共存的，就不要对他们不满。

9-40 神灵要么有力量要么没力量。那么，如果他们没有力量，你为什么向他们祷告呢？而如果他们有力量，你为什么不向他们祷告，祈求给你这种不畏惧任何你所畏惧的事物，或者不欲望任何你所欲望的事物，或不为任何事痛苦的能力呢？而反要祈求这些事发生或不发生呢？因为肯定，如果他们能与人合作，他们也能在这些方面合作。但也许你要说，神灵已把这些能力放在你的力量范围之内。那么好，像一个自由人一样运用在你力量范围内的事物不比以一种奴性和下贱的方式欲望那不在你力量范围内的事物更好吗？谁告诉你说神灵甚至在我们力量范围内的事情上也不帮助我们呢？那么，去为这样的事情祷告吧，正如你所见，当一个人那样祷告：我怎样才能与那个妇人同床共枕呢？而你却要这样祷告：我如何才能使自己不抱这种欲望呢？当别人那样祷告说：我怎样才能不丧失我的幼子呢？而你要如此祷告：我怎样才能做到不害怕失去他呢？总之，要以这样的方式祷告，然后再看看结果。

【读记】

　　如何向神灵祷告，是以一种卑贱的方式，还是以一种高贵的方式？是老是向神灵要这要那，还是不如祈祷自己不抱这种欲望？因为欲望是无穷尽的，而且你拥有的东西也还可能失去。所以，我们不如祈祷我们能够获得一种支配自己的力量。

9-41 伊壁鸠鲁说，我在病中的谈话并不涉及我身体的痛苦，我不对拜访我的人谈这一话题，而是继续像先前一样讨论事物的性质，保持着这一主题：即心灵在分担可怜的肉体中进行的运动时，怎样免受扰乱、坚持它恰当的善。他说，我不给医生以机会做出一副庄严的神情，仿佛他们正做着什么伟大的事情，而我的生命正平静和幸福地运行。

那么，如果你病了，也做他在病中和任何别的场合所做的同样的事吧，因为在任何降病于我们的事情中都决不可放弃哲学，而所有哲学派别的一个主要原则就是：不同一个无知的人或不谙自然的人做无谓的交谈，而是仅仅注意你现在正做的事情和所用的手段。

【注释】

伊壁鸠鲁（公元前341年生于希腊萨摩斯，前270年卒于雅典），古希腊哲学家。注重单纯快乐、友谊和隐居的伦理哲学的创始人。他建立的学派从公元前4世纪一直存在到公元4世纪。

伊壁鸠鲁的伦理学认为，人的主要目的是快乐。但快乐有两种，一是感官上的"活跃的"快乐，一是"平静的"快乐。在本质上，快乐乃是存在者自身的平衡；只要没有痛苦，这种平衡就存在着。人有两种最大的恐惧，一是对死亡的恐惧，二是对神的恐惧。但只要依靠科学，就可知道神远在自然界之外，并不会干涉自然和人类，而且人死后，机体消失，灵魂也消失，用不着恐惧。

【读记】

伊壁鸠鲁是一个快乐主义者，但他所追求的快乐并不是物质和身体的快乐，而只是"身体的无痛苦和灵魂的无纷扰"。奥勒留在这里谈到可以效仿伊壁鸠鲁在病中无谓地谈医论药，这说明他并没有很强的哲学家内部的党派性，反而是更强调一种哲学家的共性。这也显示出斯多亚派后期的哲学家因为更重视道德实践，故而对一切有助于这种道德实践的思想都能够尽量地折中和吸取。

9-42 当什么人的无耻行为触犯你时，直接问自己，这世界上没有无耻的人存在是可能的吗？这是不可能的。那么，别要求不可能的事吧。

因为这个触犯你的人也是那些必然要在这世界上存在的无耻的人中的一个。当你碰到骗子、背信弃义的人以及一切以某种方式行恶的人时，也使同样的思想在你心中呈现，因为这样你马上可以提醒自己，不存在这种人是不可能的，你将变得对每一个人的态度都更为和善。在这种时候，马上领悟到这一点也是有用的：即想想自然赋予那对立于一切邪恶行为的人以什么德行。因为自然给了人某种别的力量，作为一种抵制愚蠢的人、疯狂的人以及另一种人的解毒剂。在任何情况下，你都有可能通过劝导迷路的人而纠正他们，因为每个做错事的人都是迷失了他的目标，走上了歧途。此外你还有什么地方被损害了呢？因为你将发现在那些触犯你的人当中，没一个人做了能使你的心灵变坏的事情，而那对你是恶的东西和损害只是在心灵里才有其基础。如果没有受教育的人做出一个无教养的人的行为，那么产生了什么伤害呢？或者有什么值得奇怪呢？考虑一下是否你还不如谴责自己，因为你没有预先就料到这种人会以这种方式犯错误。因为你本来有理智给予的手段去假设他犯这种错误，而你却忘记了使用，还奇怪他所犯的错误。在大多数你谴责一个人是背信弃义或忘恩负义的场合，都可以转而这样责备自己。因为这错误显然是你自己的，你或者是相信了一个有这种倾向的人将遵守他的诺言；或者是你在赐予你的善意时并没有绝对地赐予，也不是以那种你将仅仅从你的行为中获得所有利益的方式赐予，当你为某人做出某种服务时还想得到更多的东西吗？你不满足于你做了符合你本性的事情，而还想寻求对它的酬报吗？就像假如眼睛要求给观看以酬报，脚要求给行走以酬报一样吗？因为这些身体的部分是因为某种特殊目的而造就的，通过按照它们的各自结构工作而获得属它们自己的东西；所以人也先天就是为仁爱行为而创造的，当他做了仁爱的行为或者别的有助于公共利益的行为时，他就是符合他的结构而行动的，他就得到了属他自己的东西。

【读记】

　　奥勒留一方面很强调人们的共性，强调人们都拥有理性，并且天生要合作共存；另一方面，阅人无数的他，又有很强的现实感，知道人们事实上是千差万别的。无耻的人、骗子、背信弃义的人是天生会存在的。一个社会没有这些人其实是不可能的，甚至，鱼龙混杂才成其为一个社会。你如果知道善恶，当然有必要劝导这些迷失者。但你要牢记，别人的恶行并不能使你的心灵变坏。甚至你还不能谴责自己，因为你对人性缺乏清醒的认识。你应当彻底地与人为善，并且不期望善的回报。因为德行就是自身的酬报。德行是本身自足的。

卷 十

凝思生命

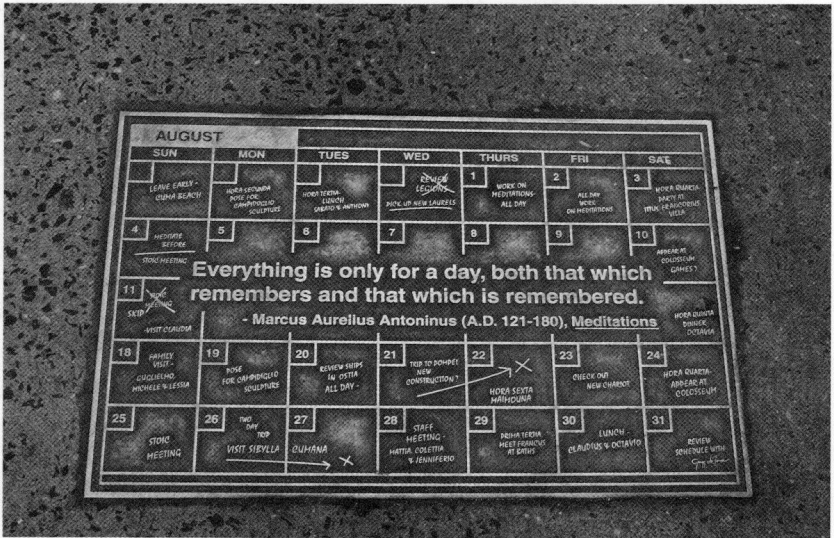

纽约图书馆路的地面铭牌，上面铸有《沉思录》中的话："事如过眼云烟，瞻仰者和被瞻仰者皆如此。"

【本卷提要】

　　本卷的要点是凝思生命。第一节就是一段朴素感人的自我倾听，问自己的灵魂：你难道不想要真正对你的生命有意义的东西吗？你要使你的生命和那完善的生命相通，你要对上天赐予你的一切感到欣喜。

　　这种凝思并不是用眼睛观看，而是用心灵凝视。生命是奇妙的。一个孩子诞生、成长、求职、交往、成家、立业，最后又都死去，而这时新的一代又出现了。不必为这一生命悲叹，因为这种生生不息和死死相续就是事物的自然之理。叶子最后落下来了，你还是要为此感谢树木与大地。

10-1　哦，我的灵魂，难道你不愿意善良、朴实、纯净、坦白，使这些比将你环绕的身体更为明显吗？你不愿享受一种宽仁和满足的气质吗？你不愿意充实、毫无匮乏、不渴望更多东西、不欲望任何事物（不论是有生命的还是无生命的）以营快乐的享受吗？你也不渴望较长的愉快的时光，不欲望合宜的地方和气候，或者你可以和谐相处的人群吗？但你会满意于你现在的条件，对所有你周围的东西感到欣喜吗？你要使自己相信你拥有一切，相信它们是从神灵那儿来的，相信一切对你都是适合的，相信所有使神灵愉悦的东西都是好的，所有他们为保存完善的生命的存在，为保存善、正义和美而将给予的东西都是好的吗？那完善的生命存在概括和结合了所有事物，包含和囊括了所有那为了别的类似事物的产生而分解的事物。你不愿这样吗，使你和神灵及人们共同生活在一起而全然不抱怨他们，也不被他们谴责？

【读记】

　　这是一段对自己灵魂的私语，鲜明地显示出《沉思录》这本书的整体风格，就是一种在自身的最隐秘和最深刻的地方的亲切私语。甚至《沉思录》最初的书名就叫作《写给自己》。奥勒留在这里是自己和自己说话，或者说是本性的我和现实的我说话。前者并没有苛责后者，但是在不断地呼吁、亲切地劝导，他希望鲜明的德行比皇帝尊贵的外形和身体更为明显。他希望心灵因节欲而安宁、因知足而毫不感觉匮乏、因相信神灵而赞美世界的美好。我们是不是也要试试这样的自我交谈？

10-2　就你仅仅被本性支配而言，注意你的本性所要求的，然后接受它，履行它，只要你的本性就你是一个活的存在而言不致损坏。接着你必须观察你的本性就你是一个活的存在而言对你所要求的。所有这些你都可以应允自己，只要你的本性就你是一个理性动物而言不致损坏。但理性动物也因此是一种政治（社会）动物。那么运用这些规则吧，不要使自己为任何别的东西苦恼。

【读记】

　　人既是一个理性动物，也因此是一个政治动物。这是斯多亚派哲学家对人的本性的基本理解。人因其理性而接受世界，因其政治属性而履行职责。所有对人发生的事情都不会损坏人的本性。

10-3　一切发生的事情都或者是以你天生就是被创造出来忍受它的方式发生，或者是以你并不是天生就被创造来忍受它的方式发生。那么，如果它是以前一种方式发生，不要抱怨，而是以你天生是被创造出来忍受它的态度来忍受它。但如果它是以后一种方式发生，也不要抱怨，因为在它消耗完你之前自己就要消失。然而要记住：你是天生被创造出来忍受这一切的，你要依赖你自己的意见使它们变得可以忍受，通过思考这样做或者是你的利益，或者是你的义务。

【读记】

　　以一种宿命甚至使命的态度来对待痛苦，就可以使痛苦变得完全可以忍受，乃至使这种忍受变成一种享受。忍受不仅是你的义务，也符合你的利益。

10-4　如果一个人错了，那么就和善地指引他，说明他的错误。但如果你不能够，那么就责备你自己，甚或连自己也不责备。

【读记】

　　责备总有求备之意。既然我们都不完善，就不要苛求他人，甚至也不责备自己。

10-5　无论什么事情对你发生，都是在整个万古永恒中就为你预备好的，因果的织机在万古永恒中织着你和与你相关联的事物的线。

【读记】

　　我是渺小的，但又通过无数与我相关联的线与永恒联结。在某种意义上，所有的丧钟都为我而鸣，而所有的花儿也都为我开放。

10-6　不管宇宙是原子的集合，或者说自然是一体系，首先，要确信我是本性所支配的整体的一部分；其次，我在某种程度上和与我自己同类的其他部分密切关联着。因为要记住这一点，由于我是一个部分，对于一切出于整体而分配给我的事物，我都不会不满意。因为凡是为了整体的利益而存在的，对于部分就不会有害。因为整体不会包含对它无益的东西；一切本性固然都有这个共同的原则，但宇宙的本性此外还有这个原则：即它甚至于不能由任何外面的东西迫使它产生任何对它自己有害的东西。因此，由于记住我是这整体的一部分，我就会对所有发生的事情满意了。而由于我和与我自己同类的那些部分在某种程度上密切关联着，我就不会做反社会的事情，而宁愿使自己趋向于我的同类，把我的全部精力用于公共利益，而拒斥与公共利益相反的事情。那么，如果这样做，生活就一定会过得幸福，正像你可以看到的：一个不断做对其他公民有利的事情的人，满足国家指派给他的一切的人，他的生活是幸福的。

【读记】

　　我作为一个部分和整体相连，也作为一个部分和其他部分相连。所以我不做反社会的事情。这样也就能使生活幸福。奥勒留很少说到幸福，而他这里至少谈到了他理解的幸福的一个前提，这就是趋向于同类，致力于公益。

10–7　整体的各个部分，我的意思是，自然地包含在宇宙里的一切事物，都必然要毁灭；但是要在这样的意义下来理解毁灭，即它们必定要经历变化。但假如对于各个部分来说，这件事自然地既是一种恶而又是一种必然性，那么整体就不会在一个好的条件下继续存在了，因为它的各个部分都在变化中，并且它们的结构使得它们以不同的方式毁灭。因为究竟是自然自身计划好对那些作为它的部分的事情行恶，从而使它们从属于恶，并且必然地陷入其中呢，还是这些结果发生了而自然并不知道呢？事实上，这些假设都是不可信的。但如果一个人即使不用"自然"这个词（作为一种发生作用的力量），而把上述的事情都说成是自然的，即使是这样，一方面肯定整体的各部分以其本性从属于变化，同时另一方面又觉得惊奇或烦恼，好像有什么违反本性的事情在发生，特别是当事物分解为每一事物由以组成的那些事物时感到烦恼和惊奇，那将是可笑的。因为或者是组合成事物的各元素的分解，或者是由固体到泥土，从气体到气的转变，使这些部分回到宇宙的理性，而这或者是在一定周期内为火所消灭，或者是为永恒的变化所更新。不要想象固体和气体的部分从产生时起就属于你。因为它们所得到的这一切生长，可以说只是昨天和前天由食物和吸进的空气而来的。那么，得到生长、变化的这一切，并不仅仅是你母亲所产生的。但可以设想你母亲所产生的东西是使你在很大程度上与那另外的具有变化特性的部分连在一起，事实上这并不有悖于上面所说的。

【读记】

　　部分会毁灭，整体不会毁灭。万物会毁灭，宇宙不会毁灭。而如果如此理解"毁灭"，那么事物的毁灭其实就是变化。那么为什么要害怕变化？人身上有固体和气体的部分。固体最后要归于尘土。人的呼吸在不断地吐故纳新之后，最后也要失去对一个特殊形体的依附性而重新回到大气。那么，这一切变化，都是自然而然的。你不仅是母亲之子，也是自然之子。

10-8　如果你取得了这些名称：善良、谦虚、真诚、理智、镇定、豁达，注意不要改变它们；如果你失去了它们，迅速地找回它们。记住"理智"这个词是要表示对一切个别的事物的一种明辨和摆脱了无知；"镇定"是指自愿地接受共同本性分派给你的事物；"豁达"是指有理智的部分超越肉体的使人愉悦或痛苦的感觉，超越所有那些被称之为名声、死亡之类的可怜事物。那么，如果你要自己保存上述这些名称，而不想由别人来称呼这些名称，你将成为另一个人，进入另一种生活。因为，继续保持你原来的样子，被这样一种生活撕碎和玷污，是一个大傻瓜和过分溺爱自己生命的人才有的品格，就像那些同野兽搏斗的被咬得遍体鳞伤的角斗士，他们虽然满身伤口和血块，还是恳求被养到下一天，虽然他们将在同样的状态中被投给同样的爪子撕咬。所以你要固守这几个名称，如果你能居于它们之中，那就仿佛你回到了某个幸福之岛居住。但如果你察知你脱离了它们，没有把握住它们，那么勇敢地去那将保有它们的一隅，甚或马上放弃生命，不是在激情中，而是朴实、自愿和谦虚地放弃生命，在做了这件至少在你生命中可赞美的事之后，再如此离开它。然而，如果你记住神，记住他们虽然不愿意被奉承，但希望所有有理性的存在塑造得和他们类似；记住一株无花果树的工作就是做一株无花果树；一只狗的工作就是做一只狗，一只蜜蜂的工作就是做一只蜜蜂，一个人的工作就是做一个人，那么这将会对你大有助益，帮助你记住这些名称。

【读记】

　　这里展示了诸德中的几种，比如理智、镇定和豁达。你要使自己的生命保持在这些德行之中，甚至做到：无德行，毋宁死。

10-9　滑稽戏、战争、惊奇、呆钝、奴役将每日驱逐你那些神圣的原则。你没有研究自然而想象了多少事物？你忽视了多少事物？那么观察和实践一切事情，同时完善你应对环境的力量，训练思考能力，不炫耀但也不隐藏地保有一种来自对每一个别事物的知识的确信，就成为你的义务。因为你要在什么时候享受简朴，享受庄严，享受一切单个事物的知识呢？那些知识包括：每一事物在实体中是什么，在宇宙中居何地位，它要以这种形式存在多久，它是由什么东西所构成，隶属于谁，谁能给予它和拿走它。

【注释】

　　滑稽戏，一种罗马舞台剧。

【读记】

　　心灵要谨防好新骛奇、好外忽内，要享受一种简朴的庄严，知道一和多的关系。

10-10　一只蜘蛛抓住一只苍蝇时是骄傲的；而当另一种动物抓住一只可怜的野兔时，在网里抓住一条鱼时，捕获一头野猪或者熊时，俘虏萨尔马提亚人时也是骄傲的。如果你考察他们的意见，这些人不是强盗吗？

【读记】

　　人以捕猎为骄傲，以战胜为骄傲，以征服为骄傲，实际上也就是以体力或武力为骄傲。追求的是弱肉强食的逻辑，而这和其他动物有什么差别呢？

10-11　使你掌握这种凝思的方式：观察所有的事物是如何互相变化的，始终注意着这种变化，在哲学的这一方面训练你自己。因为没有什么东西如此适合于产生豁达。这样的人不关心身体，因为他明白他必须在某个时刻（无人知道多久）离开人世，把一切都留在这儿，他仅注意在他的所有行动中行为正直，而在其他一切发生的事情中则顺从宇宙的本性。而至于别人将怎样说他或想他，或反对他，他甚至没考虑过这个问题，而只是使自己满足于这两件事情：一是满足于在他现在做的事情中行为正直；二是满足于现在分派给他的事物。他搁置了所有分心和忙碌的追求，除此以外别无所欲——通过法走一条笔直的路，通过这条直路追随神。

【读记】

　　真正的豁达产生于一种哲学的凝思，豁达之士不关心终究要消失的身体，甚至也不关心立德以求不朽的名声，而只注意在他现在做的所有事情中保持行为正直。

10-12　既然探讨应当做什么是在你的力量范围之内，多疑的畏惧有何必要呢？如果你看得清楚，满意地走过去而不要折回；如果你看不清楚，停下来询问最好的顾问。但如果有什么别的东西反对你，那么根据你的力量谨慎明智地继续前行，保持那看来是正当的东西。因为达到这一目标是最好的，如果你做不到，也要让你的失败是尝试的失败。在所有事情上遵循理智的人既是宁静的又是积极的，既是欢乐的又是镇定的。

【读记】

    我们不知道我们能做成什么，但知道应当做什么。如果一时还不清楚，可以询问别人。如果遇到阻碍，只须尽力前行。而这一切，都可以做得坦然而又欣然。我们的行为是积极的，心灵是宁静的，即便达不到最好的目标，甚至不断地遭受失败，也可以有一种西绪福斯式的快乐。

10-13　一从睡眠中苏醒就问自己，如果另一个人做了正义和恰当的事，对你是否将有什么不同。这不会有什么不同。我设想，你没有忘记吧，那些在褒贬别人时态度傲慢的人是怎样的人，他们是在床上或船上的人；你没有忘记吧，没忘记他们所做的、所避开的、所追求的，以及他们如何偷、如何抢，不是用手脚，而是用他们最宝贵的部分。当一个人愿意时，本可以用这一部分产生出忠实、谦虚、真诚、守法和一个好的守护神（幸福）。

【读记】

    对好人不妨动心，以便让好人使我们变得更好；对坏人则不必动心，以免坏人使我们变得也坏。那些"在床上或船上的人"或可理解为追求功名或嗜欲的人。他们滥用了他们最宝贵的部分——起支配作用的部分。

10-14　对那给出一切并收回一切的自然，有教养和谦虚的人说，按你的意愿给吧，按你的意愿收回吧。他不是骄傲地这样说，而是怀着忠顺和对自然的欣喜说出这番话。

10-15　你正是风烛残年。像在一座山上一样生活吧。因为如果一个人生活在世界上任何地方都像生活在一个国家（政治团体）中一样，那么住这儿或住那儿对他并没有什么关系。让人们看看，让他们认识一个真正按照本性生活的人。如果他们忍受不了他，让他们杀了他。因为这比像人们如此生活还要好些。

【读记】

如果人的德行或好的生活完全不依赖于外在环境，那么，生活在哪里都没什么关系。但他可能还会有些孤独。最坏的可能就是人们杀了他，然而杀死他并不会影响他的德行，反而可能成全他的德行。

10-16　全然不要再谈论一个高尚的人应当具有的品质，而是要成为这样的人。

【读记】

只是去做而不必多说。这就像斯巴达人的德行。

10-17　不断地沉思全部时间和整个实体，考虑所有个别的事物对实体来说就像是沧海一粟，对于时间来说就像是螺丝锥的一下转动。

【读记】

　　只有思考和渴望无限，才能深切地感受到自己的极其有限。

10-18　注意一切存在的事物，观察那已经分解和变化的事物，就像它是在腐朽和消散，或者一切事物都是先天地如此构成以致必然毁灭。

10-19　考虑人们在吃饭、睡觉、生产、娱乐等时候是什么样的人，然后考虑他们在不敬或傲慢，或者据其高位发怒和斥责时是什么样的人。而在不久之前他们是多少人的奴隶，是为了什么事情受人奴役，考虑过一会儿他们又将进入什么状态。

【读记】

　　人们有时候是动物性的人，有时候甚至比后者还低。他们常常不仅做人的奴隶，也做物的奴隶，最后却都无非一死。

10-20　宇宙的本性带给每一事物的东西都是有利于它们的。当本性带给它们时，那是为了它们的利益。

10-21　"大地喜爱阵雨"，"喜爱神圣的以太"。宇宙喜爱创造无论什么要发生的事物。那么我对宇宙说，我像你喜爱一样喜爱。这不也说了吗，"这种或那种事物喜爱（习惯于）被产生"？

【注释】

　　"大地喜爱阵雨"和"喜爱神圣的以太"是欧里庇得斯的戏剧断片。

【读记】

　　不仅是接受，而且是喜爱。因为宇宙的本性带给我们的东西都是有益于我们的。

10-22　或是你住在这儿，已经使自己习惯了这里；或是你要离开，这是你自己的意志；或是你要死去，卸下你的义务。而在这些事之外一无所有。那么，好好地欢乐地生活吧。

【读记】

　　无论是留是离，是生是死，都无妨：留也安然，离也安然；生也欣然，死也欣然。

10-23　让这对你总是明白的；这块陆地跟别的陆地一样，这里所有的事物跟一座山上，或者海边，或者任何你愿去的地方的事物一模一样。因为你将发现正像柏拉图所说的，居于一个城的城墙之内就跟居于山上一个牧人的草棚中一样。

【读记】

　　对心灵自足的人来说：外在的一切，对他都是熟悉的，外在的一切，对他都是安全的。

10-24　我的支配能力现在对我是什么呢？我现在正把它塑造成什么性质呢？我现在正为什么目的运用它呢？它缺少理解力吗？它是放荡不羁、跟社会生活没关系吗？它融进和混合着可怜的肉体以致倾向于与它结为一体吗？

【读记】

关键看我们把我们内在的支配能力塑造为什么性质和用于什么目的，我们是让它离理性更近还是离肉体更近。

10-25 从其主人那里逃走的人是一逃亡者，但现在主人是法，那违反法的人是一逃亡者。那悲叹、愤怒或者畏惧的人也是逃亡者，他因为某些过去或现在或将要产生的事是由所有事物的统治者指派而不满，这统治者就是法，他分派给每人以适合的东西。那么，那悲叹、愤怒或者畏惧的人就是一个逃亡者。

【读记】

自然法是大地的主人，犯法的人则是一个逃亡者，必然要被到处追逐，内心充满恐惧。

10-26 一个男人放下种子在一个子宫里，然后离去了，另一种本原接着照管它，作用于它，使之成为一个孩子。从这样一种质料中产生了一种什么东西啊！然后，这孩子通过喉咙吃下食物，另一种本原又接着照管它，造出知觉和运动，以及健康的生命、力量和别的东西；有多少人是这样成长，这又是多么奇怪啊！然后观察以这种隐蔽方式造就的事物，观察这种力量正像我们观察那使事物上下运动的力量一样，当然不是用眼睛，但并不因此就不清晰。

【读记】

诞生是一个奇迹，成长也是一个奇迹，由无数的外因和内因造就了它。这种奇迹是明显的，又是隐蔽的，归根结底是自然而然的。

10-27　不断地思考所有现存的事物过去也是这样存在，思考它们在将来也会是同样。使你的眼前呈现同样形式的所有戏剧和舞台，无论它们是从你的经验还是从历史中得知的。例如，哈德良的整个宫廷，安东尼的整个宫廷，还有菲力普斯、亚历山大、克洛伊索斯的整个宫廷；因为所有过去的这些都是我们现在所看到的戏剧，只是换了演员。

【注释】

　　克洛伊索斯（Croesus），吕底亚（Lydia）的国王，前560—前546年在位，以其财富而广为人知，在希腊和波斯文化中，他的名字是富有者的象征。希罗多德《历史》记述了他与梭伦见面时的传说故事，他们讨论了"谁是最幸福的人"。克洛伊索斯保持对吕底亚的统治，直至前547年被波斯人击败为止。他的失败对希腊文化产生了重要影响，在希腊人的历法上留下了一个特定的时间点。

【读记】

　　戏剧是同样的，只是演员不同，谁也不能够独霸舞台。既然演员本来就是像走马灯似的更换，你为什么不自然而然地上场和下场呢？

10-28　想象一下所有悲叹或不满于一切事物的人，他们就像是一只做牺牲的猪那样挣扎和叫喊。那在他床上为人们的被束缚而默默哀伤的人，也像这只猪，考虑一下自愿地顺从所发生的事是仅仅给予理性动物的品质，而顺从则是加于所有存在物的一种必然性。

【读记】

古希腊的哲人也早就说过，顺从命运的人由命运领着走；反抗命运的人由命运拖着走。谁都得走。

10-29　在你做所有事情的场合，都分别停下来问问自己；是否由于死亡剥夺了你做这事的机会，它就是一件可怕的事情。

【读记】

死亡会剥夺你做一切事情的机会，但这些事情单独地看来：放弃它们中的哪一件都并不可怕。

10-30　当你因什么人的错误生气时，立刻转向自己，想想你自己是否犯过类似的错误，例如，以为金钱是一件好东西，或者快乐，一点名声等等是好东西。因为通过注意这些，你将迅速地忘记你的愤怒，如果再加上这一考虑：这个人是被迫的，他怎么能不这样做呢？或者，如果你能够，那么为你解脱压迫吧。

【读记】

不要光注意别人的阴暗面，我自己也有自己的阴影。

10-31　当你见到苏格拉底派学者萨特隆时，想想尤提切斯或希门；当你见到幼发拉底斯时，想想尤梯切翁或西尔温拉斯；当你见到阿尔西佛隆时，想想特洛珀奥佛勒斯；当你见到色诺芬时，想想克里托或西维勒斯；当你反观自己时，想想任何别的恺撒。在他们每个人的情况下都是以类似的方式行动的。然后让这一思想出现在你心里：这些人现在都在哪里呢？无处可寻，无人知道。因为通过这样不断的思考，你将把人看作尘土和完全的虚无，特别是如果你同时思考一旦变化的东西决不会在时间的无限持续中再存在。而你，你的存在占据一个多短的时间呢？你为什么不满足于以一种有秩序的方式通过这一瞬间呢？你在为你的活动避免什么事件和时机呢？所有这些事物，除了在理性细察和深究那发生于生活中的事物的本性时被用来训练理性之外，难道还有什么别的用处吗？那么坚持到你将把这些事物转变成属于你自己的时候为止吧，就像那结实的胃把所有食物变成它自己的一样，像那大火使投入其中的一切东西的火焰和亮光都成为自己的一样。

【注释】

萨特隆、尤提切斯、希门等不知何人。

幼发拉底斯曾得到爱比克泰德的称赞。

尤梯切翁（Eutychion）或西尔温拉斯（Silvanus）不知何人。

阿尔西佛隆（Alciphron），希腊修辞学家，编写了虚构的信件集，其中124篇（118篇为完整书信，6篇为断片）得以正式出版。这些作品用纯正的雅典方言写就，被看作是此种风格的范型，在雅典广为传播。信件集中虚构的作者有农民、渔夫、食客和交际花，他们用优美的语言在相似的主题上表达自己个人的感受。

特洛珀奥佛勒斯不知何人。

色诺芬（Xenophon，前431—前355），格里鲁斯（Gryllus）的儿子，是一名战士、文史学家，与苏格拉底同时代，是后者的仰慕者和出色的学生，著有《回忆苏格拉底》《长征记》等。

克里托（Crito）是苏格拉底的朋友，曾试图劝苏格拉底逃走，他看来也是色诺芬的朋友。柏拉图的《克里托篇》就是以克里托的名字来命名的一个重要的短篇对话。该对话在苏格拉底与克里托之间开展，主题是正义、不正义和对不正义应有的恰当反应。苏格拉底认为不应当用不正义来回应不正义，并拒绝了克里托为他提供的逃亡资助。这个对话中展示了与政府所缔结的社会契约理论的古典论证。

西维勒斯，参考卷1—14注。此处可能指的是逍遥学派的克劳狄·西维勒斯。

恺撒（Caesar）一词一般指盖耶斯·尤利乌斯·恺撒（Gaius Julius Caesar，前100—前44），奥古斯都（Augustus，前63—公元14）继承了恺撒的名号，原名盖耶斯·尤利乌斯·恺撒·屋大维，后开创帝制而为罗马第一位元首。"恺撒"遂成为罗马元首（亦作"皇帝"）袭用的头衔。

以上说到的每组人，可能都是朋友或同类人的关系。

【读记】

生活或行为类似的人们，有的活着，有的死了。而活着的也将死去。那就让我们使我们活着的这一段生命井然有序吧。让这种井然有序符合宇宙的自然秩序，从而他的秩序也就体现了普遍的秩序，并把所有的障碍变成自己的手段。

10-32　让任何人都不能如实地说你不是简朴的或不是善的，让任何要认为你没有这种品质的人都成为一个说谎者，这些完全是在你的力量范围之内。因为谁能阻止你成为善良朴实的人呢？除非你成为这种人，否则你就只能决定不再生存。因为如果你不是这种人，理性决不允许你生存。

【读记】

如果你的确是一个善良朴实的人，你怎么会害怕别人的诽谤呢？因为这诽谤者就必然是一个说谎者。如果你不做善良朴实的人，从理性的观点看，这种生存就没有任何意义。

10-33 对于这一质料（我们的生命），能以最符合理性的方式做或说的事情是什么呢？无论这事情是什么，做它或说它都在你的力量范围之内，不要为你受阻而辩解。你的心灵要进入这样一种状态，你才会停止哀伤，那些享受快乐的人是多么得意，而你的状态却是这种：对于那隶属和呈现于你的事情，按照人的结构去做这些事，因为一个人应当把根据他自己的本性行事是他力所能及这一点看作一种享受。无论他身居何处，这都是在他的力量范围之内。而这种能力却没有给予到处滚动的一个圆筒，也没有给予水、火以及一切别的受自然或无理性灵魂支配的事物，因为阻止它们和挡住它们的东西是很多的。而理智和理性却能顺利地通过一切反对它们的事物，它们是先天就赋有这种能力的，这也是它们所愿意的。总是把这种便利置于眼前，理性据此将顺利通过所有事物，就像火苗上蹿、石头下落、圆筒顺着斜坡往下滚一样，不要再寻求别的。因为所有其他的障碍或者只是影响那无生命的物体，或者只有通过意见和理性自身的放弃，它们才能产生压迫或做出损害；因为如果它们做出了损害，那感受到这损害的人将马上变得悲惨。在一切有某种结构的事物那里，对它们无论发生什么损害，那被如此影响的事物就会因此而处境变坏，而在类似的情况中，可以说，一个人通过正确地运用这些事物却会变得更好和更值得赞扬。最后记住：那不损害到国家的事情，也决不会损害到真正的公民；那不损害到法（秩序）的事情，也决不会损害到国家；而被称为不幸事件的这些事物中并无一个损害到法，这样，不损害到法的东西也就决不损害到国家或公民。

【读记】

水、火或者滚石，没有理性的灵魂，所以，遇到障碍，它们就停止了。但是，理性却能顺利地通过一切障碍。按照自己的本性行事，完全在它的力量范围之内。

奥勒留在这里说："那不损害到国家的事情，也决不会损害到真正的公民；那不损害到法（秩序）的事情，也决不会损害到国家。"这会不会是用整体抹杀个人？但这里的"法"，不是指实存法，而是指自然法。这里的"国家"，也应该是指用自然法治理的国家。

10-34 对于把握了真正的原则的人来说，甚至最简单的箴言也是足够的。任何普通的箴言都提醒他要摆脱哀伤和畏惧。例如：

"树叶，一些被风在地上驱散的树叶——而这就是人类。"

你的孩子们也是树叶，那些仿佛他们配得上称颂和赞扬的人，或者因相反的诅咒、暗中的谴责和轻蔑而呼号的人，也是树叶。同样，那些将获得名声并把它传到今后的人也是树叶。因为所有这些东西就像诗人所说：是"从春天产生的"，然后风把它们吹下；然后树木又在它们原先的地方长出新的叶子。所有事物都只有一个短暂的存在，而你却避免和追求所有事物，仿佛它们是永恒的一样。再过一会儿，你就将合上你的眼，那为你上坟的人不久也要被人哀悼。

【注释】

"树叶，一些被风在地上驱散的树叶——而这就是人类。"出自荷马：《伊利亚特》，第6章，第147行。

【读记】

有一些简单的话语或者比喻，却能够揭示生命的某种真相。

比如说：人类就像树叶，每年春天都长出新叶，每年秋天又都飘下落叶。当你诞生时，你不妨惊喜，当你飘落时，你也不妨坦然。

10-35 健全的眼睛应当看所有可见的事物，而不是只希望看绿色的东西；因为这愿望是一双病眼所要求的。健全的听觉和嗅觉也应当乐意去察觉所有所能听到和闻到的东西。健全的胃应当像磨子对待所有它天生要磨的东西一样对待所有食物。所以，健全的理智应当是为所有发生的事情准备的，而这种说法：让我亲爱的孩子活着，让所有人赞扬我做的一切，就如同一双寻求绿色事物的病眼，或一副寻求柔软食物的朽牙一样。

【读记】

　　一种健全的人生不应该挑剔和苛求，它应当结结实实地准备接纳他所有的所闻、所听和所见。挑剔是病态的一个证明。

10-36 没有一个人会如此幸运，以致在他临死时身边没有对他的死会感到松快的人。假设他是一个好人、一个智者，最后不也是会有人心里这样说吗：让我们最终摆脱这位老师而自由地呼吸吧，确实，他对我们任何人都不严厉，但我想他是默默地谴责我们。——这就是对一个好人所说的。而在我们的情况中，有多少别的原因使许多人希望摆脱我们。那么，当你临死时你要想到这一点，你要这样思考以较满意地离开：我就要从这样一种生活中离去了，在这种生活中甚至我如此努力地为之谋利、祈祷和关心的同伴也希望我离去，希望也许从中得到一点好处。那么一个人为什么要执着于一种较长的尘世间的逗留呢？然而也不要为此就在离去时对他们态度不和善，而是坚持你自己的品格，友好、仁爱和温柔；另一方面不要做得仿佛你是被拖走的，而是像一个安详地死去的人一样。可怜的灵魂是容易同身体分开的，你同人们的分离也应当是这样，因为自然曾把你与他们联系和结合起来。但现在她分解了这一结合吗？好，我就像从同类中分离一样，无论如何不要推推搡搡地抵抗，而是心甘情愿，因为这也是合乎自然的一件事。

【读记】

　　甚至一个好人死去，也会有人感到轻松，而更多的是淡漠。因为每个人都有自己的生活。所以，一个人不必想方设法延迟他在尘世的逗留，虽然也不必急于结束。

　　当一个人濒临死亡而其他亲友还活着的时候，奥勒留在这里谈到他对他们要态度和善、友好和温柔。这和托尔斯泰《伊凡·伊里奇之死》的主人公的态度不同。后者固然因为死亡的震慑而重新思考生命的意义，但却对亲友采取了一种抱怨、苛责和生气的态度。哪种态度更好？是震撼于肉体的死亡而渴求永生，还是安安静静地自然离去？

10-37　碰到任何人做什么事都尽可能地使自己习惯于这样问自己：这个人做这件事是为了什么目的？但从你自己开始吧，先考察你自己。

【读记】

　　为了理解以至谅解别人，就要努力去认识他做事的原则或者目的。但认识他人的最好途径，也许是首先认识自己。而认识自己本身还是一个目的。

10-38　记住，那操纵你的是隐蔽在内部的：这是信念的力量，这是生命，如果可以这样说的话，也可以说这是人。在思考你自己时决不要包括那将你围绕的皮囊和那些依附于它的东西。因为它们就像是一把斧子，差别仅在于它们是长在身体上面。由于没有推动和制约它们的本原，这些部分的确不比织工的梭子、作家的笔和牧人的鞭子有更多的用处。

【读记】

　　身体器官只是工具，而推动和制约它们的本原，是在我们的心里。如此，才可以称之为人。

卷 十一

与人为善

马可·奥勒留的共同执政皇帝卢修斯·维勒斯的半身雕像，现藏法国卢浮宫

【本卷提要】

　　本卷的要点是与人为善。这一卷用了相当的篇幅讨论如何处理人与人的关系，尤其是第18节，是全卷，也是全书最长的一节，提出了如何对待冒犯自己的人的十条原则。作者也谈到诚实和正直，要让善念立刻通过行动来显示。他认为，一个人若是同另一个人分离，他也是同整个社会分离。所以，不应憎恨或不理睬任何一个你的邻人。当然，与人为善并不是要放弃原则，而只是说在坚持正确和劝止他人时要温和与友善。作者还说到了非常重要的一个有关如何在社会建立共识的问题（第21节）。

　　本卷从第22节以后多为引语。自我的沉思也常常需要一些前人的嘉言作为思想的养料。

11-1 理性灵魂有下列性质：它观察自身，分析自身，把自身塑造成它所选择的模样，它自己享受自己的果实——而植物的果实和动物中相应于果实的东西是由别人享受的——它达到自己的目的而不管生命的界限终于何处。它不像在一个舞蹈或一场戏剧或别的类似事物中那样，只要有什么东西打断，整个活动就是不完全的，它是全面的，无论它在哪里停止，它都使置于它之前的东西充分和完整，以致它可以说：我拥有属于我所有的。加之它横贯整个宇宙和周围的虚空，概览它的形式，它使自己伸展到无限的时间之中，囊括和领悟所有事物的时代更替，它领悟到我们的后人将看不到任何新东西，而我们的前人也不比我们见得更多，而是在某种程度上，一个四十岁的人，如果他有完整的理解力，他就通过那君临万物的齐一性看见了所有存在过和将要存在的事物。这也是理性灵魂的一种性质：即热爱邻人，热爱真理和谦虚，除了重视那也是法之性质的理性自身，再不重视任何别的东西。这样正确的理性就和正义的理性毫无二致了。

【读记】

　　奥勒留在这里谈到了理性灵魂的自给自足，它关注自己，反省自己，也享受自己。它自我完善，自我完满，无论在什么时候被打断，比如说被死亡打断，也仍然不影响它已经达到的东西的完整性。换言之，它在任何时候都是自足的。

　　这是一种智慧，这种智慧和知识不同。知识会不断积累和更新，生命的智慧却能跨越无数的时代。现代人的知识，远比古希腊柏拉图、亚里士多德的时代大大地扩展了。但很难说现代的人们，包括现代的哲学家就比柏拉图、亚里士多德更聪明、更有智慧。

　　不过，对一个个体的人来说，不管在什么时代，要达到这种生命的智慧还是要有一定的条件：比如一定的天赋素质和后天训练，某些特殊的阅历和契机，乃至于要达到一定年龄。黑格尔说："哲学的猫头鹰到黄昏才起飞。"这在个人那里也常常是如此。

理性的灵魂除了自足的一面、自在自为的一面，又还有社会性的一面，也就是说要热爱邻人，履行自己对社会的义务和职责，以便使"正确的理性"和"正义的理性"趋于一致。

11-2 如果你把一支乐曲分割成一个个的声音，然后对每一个声音自问，你是否被它征服，那样你将对悦人的歌曲、舞蹈和拳击比赛评价颇低。因为你将羞于承认：在舞蹈中，是否你做出的每个动作和姿态都是同样的，在拳击中也是一样。那么，除了德行和有德行的行为，记住对所有事物都使自己注意它们一个个的部分，通过这种划分达到对它们评价颇低，也把这一规则应用于你整个的生活。

【读记】

奥勒留在这里为什么要从分解的观点来看待歌舞、乐曲和拳击比赛等娱乐游戏，而对德行则持一种综合的观点？正如上节所言，理性或德行的行为是自足的圆圈，但乐曲不也是应视为一个整体？看来是这些活动的性质——作为追求快乐的活动——使奥勒留对它们评价颇低。也因为当时的罗马人风靡于这些事情，所以需要对它们进行分析。

11-3 如果一个灵魂随时准备好它必须从身体分离的时刻的到来，准备好：或者毁灭，或者消散，或者继续存在，那么这是一个怎样的灵魂啊！但这种欣然的准备是来自一个人自己的判断，而不是来自仅仅一种基督徒那样的顽固性。这种准备是深思熟虑的、带有尊严的，以一种使别人信服的方式进行，且没有任何悲惨的表情。

【注释】

　　"基督徒"也许是一个后来的注解。

【读记】

　　这一节可能是《沉思录》一书中唯一的一次将斯多亚哲学与基督教精神相对照。但正如注解中所说，这里的"基督徒"也许是后来的传抄者加上去的。奥勒留认为，一个随时准备好从身体分离的灵魂，已经是一个伟大的灵魂。而基督徒对人却不敢那么自信。他们还认为，人需要上帝的恩宠乃至垂怜。人生是悲惨的，人生不过是一段趋向彼岸、趋向死后的永恒的旅程。

11-4　我为普遍利益做过什么事情吗？那么好，我从自身得到了奖赏。让我的心灵总是想到这一点，决不停止行这种善。

【读记】

　　想到德行的奖赏就在自身，就不会因为得不到回报乃至得到恶报而停止这种行为。

11-5　什么是你的技艺？成为善的。而除非通过一些有关宇宙本性的普遍原则和另一些有关人的恰当结构的普遍原则，怎么能好好完成此事呢？

【读记】

　　这里所说的"技艺"是一种广义的艺术。而做人的艺术，对人来说才是一种最高的艺术。其目的就是要成为善的。而只有通过普遍的原则，个人才能成就自我的善。

11-6　最初上演的悲剧是作为一种手段提醒人们注意对他们发生的事情，提醒他们：事情如此发生是符合自然的，如果你喜欢那在舞台上展现的事情，你也不会为在更大的舞台上发生的事情苦恼。因为你看到这些事情是必须如此完成的，甚至那些喊出"啊，天啦"的人也忍受了它们。的确，对有些事情戏剧家说得很好，特别是下面的话：

"如果神灵忽视我和我的子孙，

这自然有它的理由。"

以及：

"我们决不要为发生的事愤怒和焦躁。"

还有：

"生命的果实收割起来就像丰硕的麦穗。"

以及诸如此类的别的说法。

在悲剧之后引进了古老的喜剧，这种喜剧里有一种肆无忌惮的信口开河，但这种说话的坦率有助于提醒人们懂得什么是傲慢，因此之故第欧根尼过去也常引用这些作家的话。

至于随后出现的中间时代的喜剧，观察它是什么，再看这一新的喜剧是因什么目的被引进的，它渐渐地流为一种仅仅插科打诨的技巧。每个人都知道：甚至这些作家也说了一些好的话，但这类诗人和剧作家的整个戏剧都是倾向于什么样的目的啊。

【注释】

　　"啊，天啦"（O Cithaeron），见索福克勒斯《俄狄浦斯王》，第1391行。

　　这几句引诗可参见卷7-38、卷7-40、卷7-41及其注释，它们来自欧里庇得斯的戏剧。奥勒留反复引证这几句诗（因记忆之差别，引文也有不同），莫非其心里还是有失去数个孩子的隐痛？

第欧根尼，著名犬儒派学者，生于约公元前412年，以其粗朴和刚毅而出名。据传第欧根尼就居住在一只大木桶内，白天打着灯笼在街上寻找诚实的人。作为一个苦行主义的身体力行者，他过着乞丐一样的生活，但以自由的世界公民自居，并试图按照自然状态描绘一种理想的生活。

三个时期的喜剧：早期的老喜剧指的是伯利克里时代以阿里斯托芬为代表的喜剧；中间时代的喜剧指大致于公元前400—前388年之间的喜剧；新喜剧则指雅典臣服于马其顿之后的喜剧，米兰达是其突出代表。

【读记】

悲剧常常是用来展示人类的一种边缘处境，这种处境并不总是发生，甚至是相当偶然。但它发生还是符合自然的，符合人性的。比如俄狄浦斯王误杀其父。虽然这种情况极其难遇，但它还是符合当时的场景和人物性格的逻辑。悲剧也就因此将人生的矛盾与紧张以一种非常强烈的方式展示出来。而奥勒留在此强调的是，即便看来是非常偶然的事情，其实也还是必然的，是符合人类与自然的本性的，人们也就必须和能够忍受它们。

至于后来的喜剧，奥勒留虽然评价颇低，但还是认为它们自有其用，比如让人们知道什么是傲慢，什么是无聊。

11-7 这看来是多么明白啊：没有一种生活条件比你现在碰巧有的条件更适合于哲学。

【读记】

皇帝的身份，客观上可能最不适合于哲学。他要做许多按哲学家的本性不情愿做的事情。但奥勒留看来还是认为他所服膺的哲学并不受任何外在条件的影响。所以，皇帝的生活条件也仍然是适合于哲学的。

11-8　从邻枝上切下的一根枝条必定也是从整个树上切下的。所以，一个人若同另一个人分离，他也是同整个社会分离。对于枝条来说，还是另外的东西切下了它，而一个人却是通过自己的行为使他同他的邻人分离——当他憎恨别人和不睬别人的时候。他不知道他同时也使自己与整个社会体系分开了。但他还是拥有一种肯定来自创造社会的宙斯的特权，因为逐渐地再回到那接近于我们的，再变成有助于合整体的一个部分，这是在我们的力量范围之内。然而，如果这种分离时常发生，对于那分离者来说，被带到统一，回到它先前的状态就要困难了。最后，那最初与树一起生长迄今一直与树共享一个生命的枝条，并不像那先切下来然后再嫁接上去的枝条，因为后者正像园丁所说，当它与树的其余部分一起生长时，它并不拥有和树同样的心灵。

【读记】

　　这是一个很好的比喻，即把生命或者说人类的生命，比作一棵巨大无比的树。我们每个人都是树上的一根枝条。这根枝条和邻枝分离，也就是和整棵树分离。当然，分离后还可以再嫁接回来，只是，这种再嫁接的枝条就不像从不分离的枝条与整棵树的心灵那样亲密乃至合一了。

11-9　正像那些在你按照正确的理性行进时企图阻碍你的人并不能使你偏离自己的正道一样，也不要让他们驱散你对他们的仁爱感情，而只是同样地提防着两件事情：即不仅保持自己判断和行为的稳定性，而且和善地对待那些试图阻止否则就给你吃苦头的人。因为，因他们而烦恼，就和由于畏惧而偏离你的行动路线或让步一样，也是一种软弱，因为这两种人，即由于畏惧而这样做的人，和使自己疏远于天生是自己同胞和朋友的人，都是放弃自己的立场。

【读记】

　　温和而坚定，这是奥勒留的一个基本性格特征。他和善地对待那些阻碍其正道的人，同时也坚定地依然循正道而行。他并不因其友善而改变自己，也并不因其坚定而攻击别人。他不畏惧他们，也不因他们而烦恼。

11-10　没有任何本性低于技艺，因为技艺模仿事物的本性。但如果是这样，那所有本性中最完善和最普遍的本性就也不会缺少技艺。既然所有技艺都是为了更高的技艺而做次等的事，那么宇宙的本性也是这样安排的。的确，正义的根本性也是源于此，别的德行都在正义中有其基础，因为，假如我们关心的是中间的事物（中性的事物），或者容易受骗，轻率和易变，正义也就不能被遵循。

【读记】

　　本性高于技艺，但也需要技艺。当然，完善的本性也决不会缺少技艺。技艺有高有低，低等的技艺要服从于高等的技艺。这样也才是一种正义的状态。

11-11　如果事物不趋向你，对事物的追求和躲避打扰着你，你还是要以某种方式趋向于它们。那么让你对它们的判断进入宁静吧，它们也将保持安静，人们将不会看到你在追求或躲避。

【读记】

　　自然地趋向事物，但并不是热烈地追求或者躲避。在斯多亚派哲学家那里，的确是有一些冷淡，或者说宁失之于过冷，而不失之于过热。他们让自己的心灵保持宁静，不作判断。外面的喧嚣也就逐渐安静下来。

11-12　球状的灵魂保持着它的形象：如果它既不伸展到任何物体，也不向内收缩，不发散也不凝结，而是被光芒照耀，借这种光它看到真理，看到所有事物和它自身的真理。

【读记】

　　这里谈到"球状的灵魂"，奥勒留也许是想到了星辰，它圆满自足，借助宇宙的光芒，洞察事物的真谛。

11-13　假设有什么人蔑视我，让他自己去注意这种蔑视吧。而我要注意的是这一点：人们看到我不会去做或者说应受蔑视的任何事情。有什么人憎恨我吗？让他去注意这憎恨吧。但我要使自己对每个人都和善、仁爱，甚至乐意向恨我者展示他的错误，但不是通过斥责他，也不是做出一种忍耐的样子，而是像伟大的福西昂那样，表现得高贵和诚实，除非他的确顽固不改。因为次等的部分应当是这样，一个人应当让神灵看见自己不是不满或者抱怨的。如果你现在正做着使你自己的本性愉悦的事情，如果你对此刻适合于宇宙本性的事情感到满意，因为你是放在你的地位上的一个人，以便可以以某种方式做促进共同利益的事情，那么，这对你怎么是恶呢？

【注释】

福西昂（Phocion，前402—前318），雅典将军和政治家，出身贵族，行为高尚。德摩斯梯尼（Demosthenes，古希腊雄辩家）曾称他"为我们这个时代修枝剪叶"。由于受到错误的指控，他在公元前317年被判处死刑，为其子留下临终遗言："不要怨恨雅典人。"

【读记】

不要关心别人是不是蔑视我，而是关心我不做任何应受蔑视的事情。如果他还蔑视我，那是他自己的事情，是他的判断出了问题。我甚至不必去纠正他，只要我循正道而行，他就可能改变自己的看法。即便他不改变，他的错误也损害不到我。他的恶，不会转变成我的恶。

我在正道而行的时候只须做到：一切坦然、一切欣然。

11-14 人们相互蔑视，又相互奉承，人们各自希望自己高于别人，又各自匍匐在别人面前。

【读记】

这句话显示出奥勒留对人们观察的透彻，富有一种现实感。人们往往在外在的言语行为上相互奉承，在内心却又相互蔑视；在外在行为上表现得似乎自己低于别人，而在内心又希望自己高于别人。其实这内外的两种都不需要。我们的内心意念和外在行为都不妨是平等待人、恰如其分。

11-15 那说他决心公正地待你的人是多么不正常和不真诚啊！——人

啊，你在做什么？没有必要发出这一通知，它马上就要通过行动来显示。愿望应当明白地表现为你的举止。一个人的品格也是，他直接在他的眼睛里显示它，正像那恋人立即从对方的眼睛里读出一切。诚实和善良的人应当就像一朵香味浓郁的鲜花，以致其他人一旦接近他时就知道他的意愿。而矫揉造作的朴实却像一根弯曲的棍子。没有什么比那种豺狼似的友谊（虚伪的友谊）更可耻的了。要尽最大努力避免它。善良、朴实和仁慈都明确无误地在眼睛里展示。

【读记】

　　不必多说正义，而是即刻履行正义。奥勒留在这一节里还鲜明地显示出他的深切的文学感觉和表达才华。比如说他谈到"恋人的眼睛""浓郁的香花"和"弯曲的棍子"。

11-16　至于以最善的方式生活，这种力量是在于灵魂，只要它对无关紧要的事物采取漠然的态度。它之能采取漠然的态度，是在于它对每一个这样的事物都看其部分，又看其全体，还在于它记住这些事物中没有哪一个能使我们产生对它的意见，也不会接触我们，这些事物都是始终不动的，是我们自己做出了对它们的判断，我们可以说，是我们自己把它们写在我们心里，因此我们是可以不写它们的，如果偶尔这些判断不知不觉地进入我们心里，我们是可以消灭它们的；还在于我们也记住，这样的念头只会存在一个短时期，届时生命就要结束。此外，这样做有什么困难呢？因为，如果这些事物是合乎自然的，就喜欢它们吧。它们对你就是惬意的；但是，如果是违反自然的，那就去找合于你自己本性的东西，努力追求它，即使它不会带来名誉，因为每个人都是可以去寻求他自己的善的。

【读记】

　　这里又一次谈及善与某种冷淡关系紧密。奥勒留谈道，对无关紧要的事物，要采取漠然的态度。而几乎所有外在事物，不都可以说是无关紧要的吗？如何做到冷淡？就是要对每一事物都同时看到部分和全体，记住意见都是由我们自己内心掌握的。还有就是被感受的事物客体和感受的主体的存在都是极其短暂的，时间将消弭一切。

11-17　考虑每一事物是从何而来，由什么东西组成，进入什么变化，当它改变时又变成什么性质的事物，它将没有损害地继续存在。

11-18　如果有人冒犯了你，首先考虑：我和人们之间有什么联系，我们是被造出来相互合作的，另一方面，我是被造出来放在他们之上的，就像一只公羊对羊群，一只公牛对牛群。要从最先的原则，从这个原则来考察这个问题：如果所有事物都不只是原子，那安排所有事物的就是自然；如果这是这样，低等的事物就要为高等的事物而存在，而这些高等的事物就要相互合作。

　　第二，考虑冒犯者他们在饭桌边、在眠床上等地方是什么人，尤其是考虑他们在什么压力下形成意见和行动的，他们做他们所做的事带着何种骄傲。

　　第三，如果人们是正当地做他们所做的，那我们不应当不愉快；但如果他们做得不正当，那很显然他们这样做是出于无知和不自觉。因为正像每一灵魂都不愿意自己被剥夺真理一样，它也不愿意自己被剥夺按照他的应分对每个人行动的力量。所以，当人们被称为是不正直、背信弃义、贪婪，总之是对邻人行恶的人时，他们是痛苦的。

　　第四，考虑你也做了许多不正当的事情，你是一个和他们相仿的人，即使你戒除了某些错误，但你还是有犯这些错误的倾向，而且你戒除这些错误，也许或者是出于怯懦，或者是关心名声，或者是出于别的不洁的动机。

第五，考虑你甚至不知道人们是否真的在做不正当的事情，因为许多事情都是由于和某种环绕的关系而做出的。总之，一个人必须学习许多东西，以便他能够对另一个人的行为做出正确的判断。

第六，当你十分烦恼或悲伤时，想一下人的生命只是一瞬，我们都很快就要死去。

第七，那打扰我们的不是人们的行为，因为那些行为的根基是在他们的支配原则中，那打扰我们的是我们自己的意见。那么就先驱除这些意见，坚决地放弃你对一个行为的判断——仿佛它是什么极恶的东西的判断吧，这样你的愤怒就会消失。那么我怎样驱除这意见呢？通过思考没有哪一个别人的恶行能给你带来耻辱，因为，如果不是只有自作的恶行才是可耻的，你也必然做出许多不正当的事，变成一个强盗或别的什么人。

第八，考虑由这种行为引起的愤怒和烦恼带给我们的痛苦，要比这种行为本身带给我们的痛苦多得多。

第九，考虑一种好的气质是不可征服的，只要它是真实的，而不是一种做作的微笑和半心半意。因为最蛮横的人将会对你做什么呢，只要你对他始终保持一种和善的态度，如果条件允许，你温和地劝导他，平静地在他试图损害你的时候纠正他的错误，你这样说：我的孩子，不要这样，我们被选出来天生是为了别的什么事情的，我将肯定不会受到伤害，而你却要伤害你自己，我的孩子——这样以温和的口吻，用如此的一般原则向他说理，并说明甚至蜜蜂也不会做像他所做的事，更不必说那些天生被造出来合作的动物了。你必须在这样做时不带有任何双重的意义或以斥责的口吻进行，而是柔和的，在你的心灵里没有任何怨恨，不要仿佛你是在对他讲演，仿佛旁观者会给出赞扬，而是当他独自一人的时候，如果别人在场……

记住这九条规则，仿佛它们是你从缪斯收到的一个礼物，终于在你活着的时候开始成为一个人。但是你必须同等地避免奉承人们又不因他们而生出烦恼，因为两者都是反社会和导致损害的。在激起你愤怒时，让这一真理出现于你的心中吧：被激情推动是缺乏男子气概的，而和善宽厚由于是人性更欣悦的，它们却更有男子气概，那拥有这些品质的人也拥有力量、精力和勇敢，而那受制于激情和不满的发怒者却不拥有这些。因为一个人的心灵在什么程度上接近于摆脱激情，它也就在同样的程度上更接近力量，正像痛苦的感觉是软弱的一个特征一样，愤怒也是软弱的一个特征。因为那从属于痛苦的人和那屈从于愤怒的人，两者都受到伤害，都是屈服。

但如果你愿意，也要从缪斯们的领袖（阿波罗）那里收到第十个礼物，这就是——希望坏人们不做恶事是发疯，因为希望者欲求一件不可能的事情。而只许坏人对别人行恶，却期望他们不对你做任何恶事，是没有理性和专横的。

【注释】

缪斯（Muses）是古希腊神话中的九位古老的女神，她们代表通过传统的音乐和舞蹈、即时的和流传的歌所表达出来的传说。她们是海林肯山的泉水的水仙。因为缪斯作为女神，专司文艺，再加上天生丽质，所以气质非凡。后来人们将奥林匹斯神系中的太阳神阿波罗设立为她们的首领。

阿波罗（Apollo），古希腊神话中的太阳神，又被奉为路神与航海神。

【读记】

　　这可能是全书中最长的一节，也可能是在处理人与人关系方面最有实践效用的一节。奥勒留在此提出了九条，加上最后的一段话其实是十条有关如何看待和应对别人的冒犯的原则。这十条原则是：

　　一、作为一个前提原则，考虑我们的本性是要相互合作的，是要无论如何都要共存于一个社会的，而且考虑我和冒犯我的对方比较，我作为知道善恶的人，是在他们之上的，而低等的事物是要为高等的事物而存在的。当然这里的高低等级，主要是指精神的等级。

　　二、考虑冒犯的来源，考虑对方是什么样的人，他们可能只重视食色，可能遇到了某种压力，可能带有一种盲目的骄傲。

　　三、考虑他们冒犯我并不以为自己是在做不正当的事。他们只是出于无知和不自觉才这样做。而他们这样做还可能因遭到别人的恶评而痛苦。

　　四、第一条原则是考虑双方，二、三条是考虑对方，这一条却是要反省自己，也就是要想到我自己以前也做过错事，以后也还可能做错事，甚至我的改错也还可能动机不纯。

　　五、甚至还应该跳出双方当事人的观点来考虑，也就是说，你不一定就是对的，对方也不一定就是错的。有些正误的判断需要通过一种整体或长远的观点才能恰当地做出。

　　六、想想冒犯者和被冒犯的我很快都要死去，那我们为什么还要如此看重这种对立而不"相逢一笑泯恩仇"呢？

　　七、就冒犯者的行为本身来看这种冒犯行为其实打扰不了我，接触不到我，或至少不会给我带来任何耻辱，因为这是他的恶行，而不是我的恶行。形成何种意见，完全是在我的力量范围之内，我不把冒犯看作冒犯，它就不会对我的心灵产生任何影响。

八、冒犯者可能伤及我的身体，但伤不到我的心灵，而心灵的痛苦比身体的痛苦更甚。真正折磨人的往往是我们自己心里的意见。所以即便从摆脱或减轻痛苦的角度看，摆脱心灵的痛苦，也比摆脱身体的痛苦更必要，而且更可行。

九、以恶抗恶，不可能使对方真正改邪归正，而只有以善抗恶，才有可能使对方改恶从善。对方越是蛮横，你不妨越是友善；对方越是愤怒，你不妨越是温和。你也不可能强行改变对方，而是要学习一种劝导人的艺术即总是尽力用理性来说服他，并且是态度真诚地、尊重地这么做。

十、最后一条来自对人性与人类社会的深刻认识，也就是说，人性中有善端也有恶端，参差不齐。在现实的人中间，总是会有人恶端超过善端。任何一个社会都避免不了有恶人存在，期望一个所有人都成为天使的社会是不可能的。这最后一条原则和第一条原则一样，其实都是一种基于人性的前提原则。但第一条原则主要是强调人性善的一面，强调人需要、也能够相互合作的一面，而最后一条原则则是强调人性也有恶端的一面，即使这种恶端不会超过善端，但足以使人类社会总是会有恶人恶事，所以我们也就要对此感到坦然。

奥勒留在这一节里还谈到斯多亚派哲学对人提出的一个基本要求，那就是要摆脱激情。人们往往认为激情能够带来力量和勇敢，具有一种男子气概，而奥勒留认为，和善宽厚的人才真正具有男子气概，才真正拥有力量和勇敢。愤怒其实是软弱的一个特征，是一种屈服，所以在某种意义上可以说，对待冒犯者的基本原则就是制怒，或者说摆脱激情。

11-19 有四种主要的对于优越能力的偏离是你应当始终提防的，当你发现偏离时，你应当消除它们，在每逢这种情况时都这样说：这个思想是不必要的；这种倾向是毁坏社会联合的；你所要说的东西不是来自真正的思想的；因为你应考虑一个人不表达真正的思想是最荒唐的事情之一。而第四要提防的是当你因什么事而使自己丢脸时，因为这种丢脸是一个证据，证明在你内部较神圣的部分屈服和顺从于较不光彩和容易衰朽的部分，即身体和它粗俗的快乐。

【读记】

　　奥勒留在这里谈到了对于我们的优越能力或者说理性的支配部分的四种偏离。这四种偏离是：

　　一、不必要的思想；

　　二、反社会的倾向；

　　三、不真诚，或者说虚伪；

　　四、屈服于物欲的快乐。奥勒留认为这种屈服是让人丢脸的。

11-20 那与你混合的属气和属火的部分，虽然它们天然有一种向上的趋势，但还是服从于宇宙的配置，被挤压在这一混合体（身体）之中。那在你身上属土和属水的部分，虽然它们的趋势是往下的，但也还是被提高，占据了一个并非它们自然就有的位置。这样，这些元素就以这种方式服从这宇宙，因为一旦它们被放在什么地方，它们就必须保持在那儿直到宇宙再发出分解的信号。那么，只有你的理智部分竟然不顺从和不满意于它自己的地位，这不是很奇怪吗？且并没有什么力量强加于它，而仅仅是那些按其本性发生的事情，它却还是不服从，反而转到对立的方向。因为那倾向于不义和放任、倾向于愤怒、悲伤和畏惧的活动不是别的，而只是一个偏离本性的人的行为。当支配能力不满足于发生的事情时也是如此，那么它也就放弃了它的位置，因为它是为了虔诚和同样尊重正义和神灵而被造出来的。因为这些品质也是在满足于事物的结构这一总称下把握的，它们的确先于正义的行为。

【读记】

　　我身上"属气和属火的部分"或许是指心灵的成分，或许是指灵魂，它们天然有一种向上的趋势。我身上"属土和属水的部分"或许是指肉体的成分，它们天然有一种往下的趋势。但是，灵肉合为一体而构成了一个人，那向上的成分就要被挤压，往下的成分则要被提升。如此成人之后这个人就必须保持这种一体，直到宇宙再发出分解的信号，也就是走向死亡。奥勒留认为，我们的理智部分应当完全顺从和满意于这种安排，这也就是表示对于神灵的虔诚，而虔诚是应当优先于正义的。

11–21　那种在生活中没有一个始终一贯的目标的人，不可能在他的毕生中是统一和一致的。但我所说的若不加上这一点就还是不够的：即这个目标应当是什么。因为，正像在所有被多数人以这种或那种方式考虑为是善的事物上并没有一致意见，而只是对某些关系到共同利益的事物有一致意见一样，我们也应当在我们的面前放置一个具有共同性质（社会性）和政治性质的目标。因为那使他自己的所有努力均指向这一目标的人，将使他所有的行为都相似，这样就将始终保持一致。

【读记】

　　我认为这一节相当重要，它谈到了个人的一致或认同与社会的一致或认同一个人在自己的一生中应当形成一个比较根本的、始终一贯的目标。这样，他才可能是一个比较完整的人，显示出一种人格的统一性。而社会也应该达成某种共识，如此才能维系一个社会并使之发展。但是，共识应该建立在何处？奥勒留在这里还谈到人们在什么是好、什么是善的事物上，并没有一致的意见，而只是对某些关系到共同利益的事物有一致意见。这也就意味着我们不必强求或企盼全社会在价值、信仰的问题上取得一致，而是要首先考虑在具有共同利益的事情上。或者说，在公共领域的基本规范上达成共识。这是对现代社会如何建立共识的一个富有启发意义的思想。

11-22 想想乡村的老鼠和城市的老鼠，想想城里老鼠的恐慌和战栗。

【注释】

参见贺拉斯《训诫》，第2节，第6行。

【读记】

城里的老鼠是挤在一起的，是成群结队的，这里可能是暗喻群众的恐慌。

11-23 苏格拉底常常以拉弥亚之名，以吓唬孩子的妖怪之名称呼多数人的意见。

【注释】

拉弥亚（Lamia），古希腊罗马神话中半人半蛇的吸血女怪。

【读记】

　　奥勒留引苏格拉底的这一称谓，也表现出一种对于群众或多数的意见的怀疑或不信任。但多数的意见因其是多数很可能淹没或吞噬少数人的正确意见。

11-24　古代斯巴达人在举行公共庆典时常常为陌生人在遮阳棚里安排座位，而他们自己则在无论什么地方坐下。

【读记】

　　斯巴达人的德行往往得到斯多亚派哲学家的赞赏，一是他们重视德行而非言语；二是他们强调公民义务和职责。这里还谈到对陌生的客人的尊重。

11-25　苏格拉底向帕迪卡斯解释为没有到他那里去的原因，他说，这是因为我不想以最坏的结局去死，也就是说，我不想收到一个赞扬却不能回报。

【注释】

　　帕迪卡斯，参考卷4-33注。亚历山大大帝的诸将军之一。前323年，亚历山大去世之后，他作为摄政者执掌了整个亚历山大帝国。一说是他的儿子曾邀苏格拉底去马其顿。

【读记】

　　不轻易接受一个赞扬，如果你不能够回报；不留下一个污点，如果你即将赴死。

11-26　在以弗所人的作品中有这一箴言：不断想着以前时代的某一个有德之士。

【注释】

以弗所，居罗马帝国小亚细亚西南岸，爱琴海之南的商业中心之一，与东南的亚历山大港同为地中海贸易枢纽。因其优越的地理位置，罗马将它作为亚细亚的首府。城中希腊女神阿耳忒弥斯神庙（the temple of Artemis），是世界七大奇观之一。传说庙内女神像是从天上掉下来的，以弗所的居民就以神像的看管者自居，故本城亦被称为"守庙之城"。

【读记】

这就像孟子所说的，如果在今人中缺乏有德之士，就不妨与古人为友，这当然就要通过阅读和体会古代的典籍。

11-27　毕达哥拉斯嘱咐我们在清晨的时候抬头看天，这会提醒我们想起那些始终做同样的事情，以同样的方式去做它们的工作的物体，也会使我们想起它们的纯洁和坦诚。因为在星球之上没有罪恶。

【读记】

高远的星辰是一个象征，观察星辰也是一件崇高乃至神圣的事情，它使我们摆脱日常的功利和喧嚣，也使我们体会一种纯洁无瑕。故而康德会将观察星空与省察内心的道德律相提并论。

11-28　想一想苏格拉底在赞蒂帕拿走了他的外套，他就给自己裹上一件毛皮时，他是什么样的人；以及当他的朋友看见他如此穿着为他害羞并离开他时，他对他们是怎么说的。

11-29　在你亲自学习服从规则之前，你决不可能在写作或阅读中为别人立下什么规则。在生活中就更其如此。

【注释】
　　赞蒂帕（Xanthippe），苏格拉底之妻，传说她比苏格拉底年轻得多，可能相差四十岁。她以其泼辣凶悍而闻名，曾在经过某次争执后，向苏格拉底泼水，苏格拉底则说："雷鸣之后，通常都会下雨。"但上述事未见有记载。

【读记】
　　除非你自己首先会服从和遵守法律，否则就不要立法。

11-30　你是一个奴隶：自由的言谈不是适于你的。

【读记】
　　一个人如果成为物欲的奴隶，他精神上是决不可能自由的。

11-31　——我的心在里面欢笑。

【注释】
　　赫西俄德：《工作与农时》，第185行。

11-32　他们将谴责德行，说出严苛的字眼。

【注释】

　　爱比克泰德《谈话录》，第3卷，第24章。

11-33　在冬天寻找无花果是一个疯人的行为，那在不再被允许的时候寻求他儿子的人也是如此。

【注释】

　　出处同上。

11-34　爱比克泰德说，当一个人吻他的孩子时，他应当自言自语："明天也许他就要死去。"但这是一些凶兆之词。——"那表示自然的活动的词没有一个是凶兆之词，"爱比克泰德说，"或者如果它是的话，它也只不过是那种跟说麦穗的收割一样的凶兆之词。"

【注释】

　　出处同上。

【读记】

　　奥勒留在这一节、上一节，还有其他一些地方反复谈到如何对待自己儿女的死亡。而在此他引用的爱比克泰德的话是不是有些过分了。难道一个人亲吻自己孩子的时候，还应自言自语："明天也许他就要死去？"这是否也是一种为未来的事而烦恼和恐惧？或者说只是作为一种训练：训练你能够在日后平静地面对可能的不幸。但即便作为训练，是否也还是过分？难道在此一定要引入未来的因素？

　　奥勒留和他妻子一共有十三个儿女，但夭折了七个，而只剩下五个女儿和一个儿子。而这个后来继承了王位的儿子，却不是他理想的孩子，后来差不多变成了一个暴君。奥勒留反复引入这些话也许是为了平息和安慰自己失子的悲痛，尤其可能是失去良子的悲痛。

11-35　未熟的葡萄、成熟的和干枯了的葡萄，所有这些都是变化，不是变为虚无，而是变为尚未存在的什么东西。

【注释】

出处同上。

【读记】

葡萄从未熟到成熟到干枯，是一种变化。最后完全失去自己的形体、化为尘土，仍然是一种变化。

11-36　没有任何人能夺走我们的自由意志。

【注释】

出处同上。

【读记】

斯多亚派哲学常常表现为决定论乃至宿命论，但它又强调一种不可剥夺的自由意志。这种自由意志表现为可以对任何必然和命定的东西采取一种自我选择的态度。

11-37　爱比克泰德也说：一个人必须发现表示他的同意态度的艺术

（或规则），在涉及他的活动时，他必须注意使活动参照环境做出，满足社会利益，尊重目标的价值；对于感官欲望，他应当完全摆脱它们，至于回避（厌恶），他不对任何非我们力量之内的事情表现这种态度。

【读记】

  同意的艺术是斯多亚派哲学的一种基本艺术。这种艺术的要义是不回避也不欲求发生于他的事物。而由他发生的行为则希求符合其社会的本性。

11-38 他说，既然如此，那么所争论的就不是通常的问题，而是有关疯了还是没疯的问题。

【读记】

  这一节也许是紧接上节的引述，或许是指理智的同意者才是一个清醒者。

11-39 苏格拉底常常说，你想要什么？是有理性的人的灵魂还是无理性的人的灵魂？——有理性的人的灵魂。——有理性的人中的什么灵魂呢？健全的还是畸形的灵魂？——健全的。——那么你为什么不寻求它们呢？——因为我们有了它们。——那你们为什么还争斗和吵闹呢？

【读记】

  需要理性，而且是健全的理性这样就可免去无谓的争斗和吵闹。

卷 十二

优雅退场

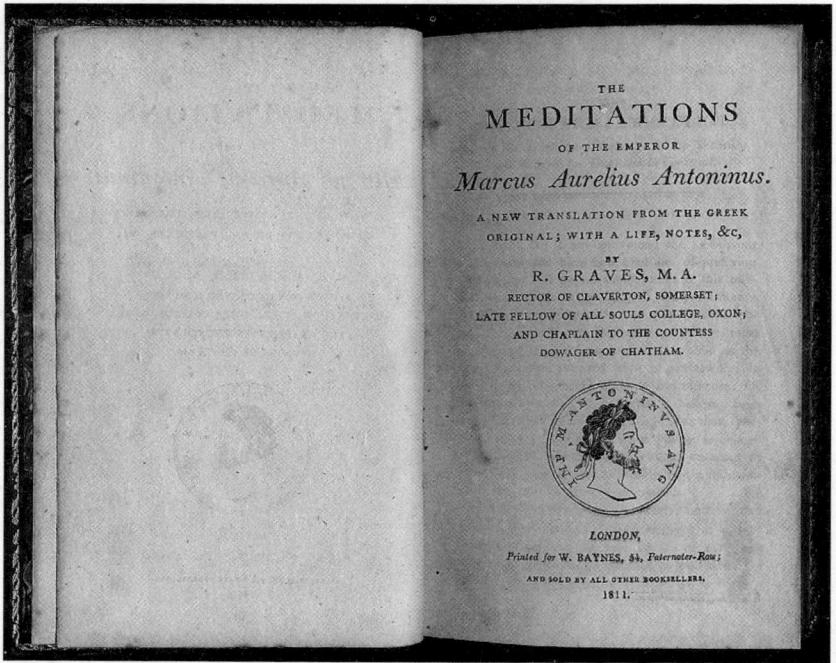

THE
MEDITATIONS
OF THE EMPEROR
Marcus Aurelius Antoninus.
A NEW TRANSLATION FROM THE GREEK
ORIGINAL; WITH A LIFE, NOTES, &c,
BY
R. GRAVES, M.A.
RECTOR OF CLAVERTON, SOMERSET;
LATE FELLOW OF ALL SOULS COLLEGE, OXON;
AND CHAPLAIN TO THE COUNTESS
DOWAGER OF CHATHAM.

LONDON,
Printed for W. BAYNES, 54, Paternoster-Row;
AND SOLD BY ALL OTHER BOOKSELLERS.
1811.

1792 年罗伯特·格雷夫斯所译《沉思录》英译本的扉页

【 本卷提要 】

　　本卷的要点是优雅退场，也就是说在尽职尽责之后，不论何时告别人世，都满意地谢幕退场。如果说人生如戏，则浮生为寄。我不是这场大戏的原因，但我是我自己的原因。我不能给自己分派角色，但我可以尽量把分派给我的角色演好。生命的长短不是很重要，生命的质量才最重要。这质量不是用功名利禄来衡量，而是用德行来衡量。

　　作者到了和我们告别的时候了。他本来也无意叨扰我们，而只是为自己写下了这些思想，但由于这些思想的亲切和高贵，由于这些思想关涉人类普遍的处境和命运，由于作者试图在任何既定的处境中都过一种最好的生活，这样，当他在对自己说话的时候，就好像是在和我们每个人说话了。

12-1 所有那些希望通过迂回的道路达到的事物，你现在就可以得到它们，只要你自己不拒绝它们。这意味着，只要你丝毫不注意整个过去，把未来也信赖地交给神意，而仅仅使自己的现在符合于虔诚和正义。符合虔诚就是说你可以满足于分配给你的命运，因为自然是为你分配的，你是适合它的。符合正义就是说，你可以始终坦白、无掩饰地说出真理，根据每一事物的价值做与法一致的事情。决不要让别人的邪恶阻挠你，不要让意见或声音阻挠你，也不要让你可怜的肉体的感觉阻挠你，因为那将由消极的部分来照管它。那么，如果你在临近死亡的不论什么时刻，你都忽视别的一切而只尊重你的支配能力和你心中的神性；如果你的畏惧不是因为你在某个时候必须结束生命，而是害怕你从未开始过合乎本性的生活，那么你将是一个配得上产生你的宇宙的人，你将对于你的家乡来说不再是一个异乡人，不再好奇于那每日发生的仿佛是未料到的事情，也不再依赖于这一或那一事物。

【读记】

人们常常用复杂的方式解决简单的问题，循迂回的道路达到有直路通行的目的地。在奥勒留看来，这种直路就是紧紧地抓住现在，使之符合于虔诚和正义。虔诚即服从命运的安排，正义即真诚、恰当地做与法一致的事情，让消极的部分亦即肉体来应对物质的东西，心灵则始终专注于过合乎本性的生活。唯一的怕，只是还没过这样一种生活就死去。你要使你的行为配得上产生你的宇宙。这里，"配得"的古典概念，也许要胜过现代"权利"的概念。因为它要求人付出努力，而不只是得到。

12-2 神注视所有人的去掉了质料、罩衣、外壳和杂物的心灵（支配原则）。因为他只用他的理智部分来接触那只是从他自身获得并流入这些身体中的理智。如果你也使自己这样做，你将摆脱你的许多苦恼。因为对那将他包裹的可怜身体不予关心的人，肯定不会因为追求衣服、居室、名声以及类似的外表和装饰而苦恼。

【读记】

　　仿效神也就是使你心中的神性或者说与神分享的理性成为你的支配原则，不要太关心身体，自然也就不会太关心使身体愉悦的锦衣美食。但是身体也有意义，尤其是如果不是从自我的观点，而是从社会的观点来看，必须给身体提供人之为人的生活条件。更不可任意摧残和伤害身体。

12-3　你是由三种东西组成的，一个小小的身体，一点微弱的呼吸（生命），还有理智。前两种东西属于你是仅就照管它们是你的义务而言；而只有第三种东西才真正是你的。因此，如果你使自己，也就是说使你的理智同这些事情分开——即不管别人做或说了什么，不管你自己做或说了什么，不管将来可能发生什么事情使你苦恼，不管在将你包裹的身体中，或者在天生与身体结合在一起的呼吸（生命）中，有什么东西违背你的意志而附着于你，不管那外部缠绕的事物旋涡是如何旋转，为了使免除了命运束缚的理智力自身能纯粹和自由地活动，那么去做正当的事，接受发生的事和诵出真理吧，我说，如果你使这种支配能力脱离开那些通过感官印象而附着于它的事物，脱离开那些未来的和过去的事物，你就将使自己像恩培多克勒的球体一样："浑圆无缺，在它欢乐的静止中安息。"

　　如果你仅仅努力过好那真正属于你的生活即现在的生活，那么你就能这样度过你所剩的那一部分生命直到你去世：不受烦扰，高贵，顺从你自己的神（即在你内心的神）。

【注释】

　　恩培多克勒（Empedocles，约前490-前430），古希腊哲学家、政治家、诗人、宗教教师和生理学家。他认为一切物质由四种主要成分（火、空气、水、土）构成，有两个力量，即爱和斗争，它们相互作用，使四重物质结合与分散。

【读记】

　　参照卷2-2，这里又一次谈到人由三部分构成：身体、呼吸和理智。照管身体、呼吸，是你的义务，照管理智，则还是你的幸福和目的，是真正属于你自己的。要使理智纯粹和自由，就必须行正义、应万物和诵真理。如此才能得到完美的安宁与幸福。

12-4　我常常觉得这是多么奇怪啊：每个人爱自己都超过爱所有其他人，但他重视别人关于他自己的意见，却更甚于重视自己关于自己的意见。那么如果一个神或一个明智的教师竟然来到一个人面前，命令他只是思考和计划那些他一旦想到就要说出来的念头，那他甚至一天也不能忍受。所以我们对我们的邻人将怎样想我们，比我们将怎样想自己要重视得多。

【读记】

　　人们更关爱自己。如果这种关爱并不以损害他人为基础，就还不是自私自利的恶，而可以说是中性的自爱。但奇怪的是，这种自爱却并不导致更重视自己对自己的看法，而是更重视别人对自己的看法。重视他人的意见或者是舆论、名声，自然也有好的一面，但我们宁可使之成为约束，而非有意地追求。并且要在一些根本的问题上始终由自己的理性而非别人的意见引出我们对自己的评价和判断。

12-5 这怎么可能呢，对人类仁慈的神灵在把所有事物安排好之后，单单忽视了这一件事：即某些很好的人，我们可以说，某些与神意最相通的人，通过他们虔诚的行为和严格的服从而与神意最亲近的人，当他们一旦辞世，却决不会再存在，而是完全地消失？

但如果事实上正是这样，那么你要相信如果不应当这样，神灵本来是不会这样做的。因为凡正当的事情也都是可能的；凡符合自然的事情，自然也就会使它产生。但因为这事并不是正当和符合自然的，如果事实上也确不是这样，你就要深信它不应当是这样了。——因为你看到，甚至你自己也是在这种探究中与神争论，我们不应当如此与神争论，除非他们是太优秀和太公正了（以致容忍我们）。——但如果是这样，他们将不允许宇宙秩序中的任何事物被不公正和没道理地忽视。

【读记】

奥勒留提出了这样一个问题：那些虔诚、正义与神意最亲近的人一旦辞世，怎么可能就完全地消失了呢？这个问题也可以以相反的形式提出：那些大奸大恶、作恶多端的人一旦死去，是否也就完全无影无踪？换言之，人类的道德即幸福是否需要在死后能够赏善罚恶的、超越人间的上帝，或至少能够有一种记录人类善恶的永恒记忆？奥勒留虽然认为即便没有这种最后的审判或者永恒的记忆，没有死后的天堂和地狱，人类也依然要履行正义和相信神灵。依然不能怀疑神灵或与神争论。但他确实还是倾向于相信有这样永恒的记忆，相信神灵不会允许宇宙中的任何事物被"不公正和没道理地忽视"。

12-6 甚至在你无望完成的事情中也要训练自己。因为，即使在所有别的事情上不太擅长的左手握起缰绳来也要比右手更有力，因为它一直受这种训练。

【读记】

　　谋事在人，成事在天，但即便不成功，谋事者也还是得到了一种训练，增加了自己的力量。

12-7 考虑一个人在他被死亡追上的时候应当处在什么样的身体和心灵状态中；考虑生命的短暂，过去和未来的无尽的时间深渊，以及所有物质的脆弱。

【读记】

　　奥勒留提醒人们注意生命的短暂和脆弱。但正如美国一位当代女哲学家纳斯鲍姆所说，人正因为其脆弱，才显得高贵和伟大。

12-8 剥去事物的外壳而沉思它们的形成的原则（形式），沉思行为的目的，考虑什么是痛苦；什么是快乐；什么是死亡；什么是名声；对他自己来说，谁是他不安的原因；为什么一个人不可能被另一个人阻碍；考虑一切都是意见。

【读记】

　　我们看到奥勒留不断地思考、反省、写出要点，这是心灵的一种训练。而训练是需要反复进行的。不断地重复，使一点善念成为心灵的习惯。

12-9　在运用你的原则时你必须像一个拳击选手而不是像一个角斗士，因为后者落下他用的剑而被杀，而前者总是用他的手，除了用手不需要用任何别的东西。

【读记】

　　不仅要使你的原则简单而基本，而且要在运用你的原则时尽量简单而直接，不需要其他的手段。

12-10　明察事物本身，把它分为质料、形式和目的。

【读记】

　　可参考亚里士多德所说的，事物的质料因、形式因和目的因。

12-11　一个有力者必须仅仅做神灵将赞赏的事情，接受神给他的所有东西。

12-12　对于合乎自然发生的事情，我们决不应当责备神灵，因为他们没有自觉或不自觉地做任何错事；也不应当责备人们，因为他们只是不自觉地做了错事。所以我们不应有任何责备。

【读记】

　　不责备神，也不责备人。因为神无错而人无知。

12-13　对生活中发生的事情感到奇怪的人是多么可笑和奇怪啊！

【读记】

　　只是对奇怪者感到奇怪。

12-14　或者是有一种命定的必然性和不可更改的秩序；或者是有一种和善的神意；或者是有一种无目的、无指导的混乱（卷4-27）。那么，如果有一种不可改变的必然性，你为什么还要抵抗呢？而如果有一愿意接受好意的神，那么使你自己配得上神的帮助吧。但如果存在一种没有统治者的混乱，那么满足于你在这种动乱中自身有一种支配的理性吧。即使这动乱把你带走，让它带走可怜的肉体、可怜的呼吸和别的一切，至少理智它是带不走的。

【读记】

　　世界有三种可能或者是有一种命定的次序，或者是有一种自发的神意，或者是全无目的和指导的混乱。如果是第一种可能，你无法抵抗；如果是第二种可能，你不必抵抗；如果是第三种可能，你还可以依靠自身的一种支配理性。现代存在主义者是把世界理解为第三种可能的，即认为世界是荒谬的，完全偶然的，但还是强调一种积极有为的反抗，而且这种反抗不是依据自身的理性，而是依据一种意志的抉择，或者冲撞的激情。

12-15　灯光照耀着，不到它熄灭不会失去它的光芒，而在你心中的真理、正义和节制却要在你死之前就熄灭吗？

12-16　当一个人表现得像是在做什么恶事的时候，我怎么知道这就一定是一件恶事呢？即使他的确做了恶事，我又怎么知道他没有责备过他自己呢？因为这就像破坏他自己的面容。想想那不让恶人做恶事的人，他就像不许无花果树结果，不准婴儿哭啼、马嘶叫，不准别的必然出现的事物出现的人一样。一个有这种品质的人为什么必须这样做呢？那么如果你是易怒的，纠正你的气质吧。

【读记】

　　宽恕之道的理由是：第一，对方所做的事不一定就是恶；第二，对方可能已经自责过；第三，世界上有恶也是自然之理。

12-17　如果这是不对的，不要做它，如果这是不真实的，不要谈它。因为你要这样努力——

【读记】

　　不行不义，不打诳语。

12-18　在一切事物中总是观察那对你作为一种现象产生的事物是什么，通过把它划分的形式、质料、目的以及它必须持续的时间来解决这问题。

【读记】

　　通过分析事物来达到其本质。如果我们明了一个事物的形式、质料、目的和它存在的时间，我们就知道该怎么对待它。

12-19　最终要领悟到你在你心中有一种比那些引起各种效果，似乎在用线拉着你的事物更好更神圣的东西。而现在你心里有什么呢？是恐惧、怀疑、欲望，还是别的此类东西？

【读记】

　　对必然性的认识，是比必然性更好、更神圣的东西。

12-20　首先，不要不加考虑地做任何事情，不要没有目的。其次，使你的行为仅仅指向一个社会的目的。

【读记】

　　行为要有目的，且应当紧紧指向社会的目的。思想则还可超出社会的目的，指向社会之外的自然和社会之上的神灵。

12-21　考虑不久以前你还没有身体、无踪无影，你现在看到的一些事物，现在生活的一些人也不存在。因为所有事物按其本性是天生要变化、扭转和衰朽的，以便在连续的系列中的别的事物可以出现。

【读记】

　　过去的人不再存在了，是为了你的存在可以出现。而为了将来的人可以存在，你也不应害怕自己的消失。

12-22　考虑一切都是意见，意见是在你的力量范围之内。那么，当你决定的时候，驱除你的意见，就像一支绕过岬角的舰队，你将发现一个平静、稳定、没有风浪的海湾。

【读记】

　　每个宁静的心灵，都是一个幸福的海湾。

12-23　任何一种活动，无论它可能是什么，当它在它恰当的时间停止时，它并非遭受到不幸，因为它已停止了；做出这一活动的人也并非遭受到不幸，因为这一活动已经停止。那么同样，由所有这种行为组成的整体，亦即我们的生命，如果它在它恰当的时候停止，因为它已经停止，所以也并非遭受到不幸。如果一个受到虐待的人在恰当的时候结束这一过程，他也就没有受到痛苦。而恰当的时间和界限是由本性来确定的，有时像年迈而终的事情是由人的特殊本性来确定，但通过其部分的变化使整个宇宙总是保持青春和完美，则总是由宇宙的本性来决定的。对于宇宙有用的一切始终是好的和合乎时宜的。因此生命的终结对每个人都不是恶，因为它绝不是耻辱，这是由于它不依赖于意志也不对立于普遍利益，而且这还是件好事，因为它对宇宙来说是合乎时宜的和有利的，是跟宇宙一致的。因为，那在他心里和神以同样的方式运动，朝着同样的事物的人，他也是在被神推动。

【读记】

　　一个人何时死是一种特殊性，谁都会死则是一种普遍性。宇宙正因这种死死相继而保持生生不息。死亡，并不是对生命的一种羞辱，而不带来羞辱的东西也不是恶。

12-24 你必须预备好这三条原则。第一，是在我做的事情里，不要做任何或者是不加考虑，或者是违背正义的事情，而对于那可能从外部对你发生的事情，考虑它或者是偶然或者是按照神意发生的，你决不能谴责这偶然或神意。第二，考虑每一存在从种子到它接受一个灵魂这段时间里是什么；从接受灵魂到给回灵魂这段时间里又是什么；考虑每一存在是由什么东西构成的，它又分解成什么东西。第三，如果你竟然突然被提升到大地之上，你应当俯视人类，观察他们的差别有多大，同时也瞥一眼居于四周空气和以太中的存在有多少；经常像你被提升那样思考，你就将看到同样的事物、形式的相同和持续的短暂。难道这些事物值得骄傲吗？

【读记】

人应当为向死而生准备好三条原则：一、决不行不义，而接受任何对自己发生的事情；二、考虑每一存在的存续时间与分解构成；三、提升自己而俯视人类。

12-25 抛弃意见，你将得救。那么谁阻止你这样做呢？

12-26 当你因为什么事苦恼时，你忘记了这一点：所有事物都是按照宇宙的本性发生的；你忘记了：一个人的邪恶行为接触不到你；你还忘记了：现在发生的一切，过去是如此发生，将来也如此发生，现在也在各个地方如此发生；你也忘记了：一个人和整个人类之间的亲缘关系是多么紧密，因为这是一种共有，不是一点点血或种子的共有，而是理智的共有。你还忘记了：每个人的理智都是一个神，都是神性的一种流溢；你忘记了：没有什么东西是人自己的，他的孩子、他的身体以至他的灵魂都是来自神的；你也忘记了：一切都是意见；最后你还忘记了：每个人都仅仅生活在现在，丧失的也只是现在。

【读记】

奥勒留在这里又一次列出需要记录的东西。这些东西都是前面谈到过的，但一个人必须反复地告诫自己才能够牢牢记住。

12-27 不断地回忆那些经常诉苦的人，那些由于最大的名声或最大的不幸，或仇恨，或任何一种最大幸运而非常引人注目的人，然后想想他们现在到哪里去了呢？他们已化为尘土和传说，甚至连传说也够不上。让这一类事情也都出现在你的心里，曾住在乡村别墅的法比阿斯·卡特利卢斯现在怎样了，在他的花园里的卢修斯·卢柏斯、在拜依阿的斯德丁尼阿斯、在卡普里的提比略和维留斯·鲁弗斯（或维利亚的鲁弗斯）现在怎么样了。若好好想想对所有人们引以为骄傲的事物的热烈追求，人们竭力追逐的一切是多么无价值啊，而对一个人来说，在提供给他的机会中展示出自己的正直、节制、忠实于神，并且非常朴实地这样做是多么贤明啊！而为最不值得骄傲的事情骄傲则是所有事情中最难堪的。

【注释】

法比阿斯·卡特利卢斯（Fabius Catullinus），全名为"Quintus Fabius Catullinus"，公元130年罗马行政官盖维厄斯·克劳狄·斯奎拉（Gavius Claudius Squilla）下台后，他被元老院选为继任者。136年，由于对西西里的征战获胜，他再次当选为罗马行政官。142年在第三次竞选中败北。

卢修斯·卢柏斯，可能是"Lucius Cornelius Lentulus Lupus"，在公元前131年担任罗马元老院的首席元老，即领导人。

拜依阿（Baiae）位于现意大利坎帕尼亚行政区，那不勒斯海湾。以其海边胜景而闻名，尤其以末期罗马共和国时代的风景而引人注目。

斯德丁尼阿斯（Gaius Stertinius Xenophon，约前10—54），著名医生，在古代文献中常被简称为色诺芬（Xenophon），曾进入罗马朱莉诺—克劳狄王朝第四任皇帝克劳狄（Claudius）的宫廷担任皇帝的私人医生。他留名史册主要是因为曾被怀疑是毒杀克劳狄的参与者和合谋者之一。他生活富有，在罗马七丘之一的西莲山（Caelian Hill）拥有一栋庄园。他的具体死因已不可考，估计和克劳狄的离奇身亡有关联。

卡普里（Capreae），常作"Capri"，意大利南部岛屿，位于那不勒斯湾的南部边界。自古罗马时代以来就是一个度假胜地，以蓝色洞穴而闻名。

提比略（Tiberius Claudius Nero Caesar，前42—公元37，14—37在位），被奥古斯都选为王位继承人，生性多疑，为第二任罗马皇帝。在那不勒斯旁边的卡普里度过了奢侈放纵、忘却帝国责任的余生。

维留斯·鲁弗斯（Velius Rufus），奥勒留和其继任者康茂德（Commodus）的得力助手。

维利亚（Velia），是伊利亚（Elea）古城的意大利语名字，坐落在萨勒诺和坎帕尼亚所辖之地。因其是著名哲学家巴门尼德和伊利亚的芝诺的家乡而出名，还是伊利亚学派的所在之地。

【读记】

不仅那些不引人注意的芸芸众生早已化为尘土，那些引人注目的伟大或特殊人物也同样化为尘土。而他们引为骄傲的事业或者心爱物也无影无踪。所以，不必去追求似乎垂之久远的东西，而是在你活着时随时随地展示你的德行。

12-28 有些人问：你在哪儿见过神？或你怎么知道他们存在并如此崇拜他们呢？对于他们，我回答说，首先，他们甚至可以用肉眼看见；其次，我甚至没见过我自己的灵魂，但还是尊重它。那么对于神，我是从我对他们力量的不断体验中领悟到他们的存在并崇拜他们的。

【注释】

　　"对于他们，我回答说，首先，他们甚至可以用肉眼看见"，
这也许可归因于斯多亚派的这一信念：天体是神圣的。

【读记】

　　这里是对一个关键问题的朴素回答。有人会问，你说神存在，
那么，你在哪儿见过神？奥勒留的回答是：一、他们甚至可以像
天体一样被肉眼看见；二、可以从神的力量的作用中不断地体会
到他们的存在；三、即使像我的肉眼看不见我的灵魂一样看不见
神，但我还像知道我的灵魂的存在一样知道他们也同样存在。

12-29　生命的保障在于：彻底地考察一切事物；它本身是什么，它
的质料是什么，它的形式是什么；以你的全部灵魂去行正义，诵真理。
我们除了通过把一件好事跟另一件好事联系起来，以致中间不留下哪
怕最小的空隙来享受生命之外，还有什么别的办法呢？

【读记】

　　让我们的生命不留空隙，即让真理和正义的环一环紧扣一环。
让我们不迷失，也不懈怠。

12-30　有一阳光，虽然它被墙壁、山峰和无数别的东西隔断。有一
共同的实体，虽然它分布在无数具有各自特性的物体之中。有一灵魂，
虽然它分布在无数的本性和个别的限制物（或个体）之中。有一理智
的灵魂，虽然它看来也被划分了。那么，在刚刚提到的这些事物中，
所有别的部分——像那些大气的和物质的部分——是没有感觉没有情
谊的，但理性本原甚至把这些部分也结合到一起，吸引为同一。至于

理智，则是以一种特殊方式趋向于它的同类的，它与之结合，这种相通的情感是割不断的。

【读记】

　　理智的存在焉能不如非理智之物？如果说非理智之物都结合在一起，理智的存在更应主动地趋向它的同类。

12-31　你希望什么？继续存在吗？好，你希望有感觉吗？希望有运动和生长？然后再停止生长？希望谈话？思考？所有这些事情在你看来有什么值得欲望呢？但如果低估所有这些事物的价值是容易的，转向剩下的事情，那就是遵从理性和神。但因上述事情苦恼是与尊重理性和神不一致的，因为死亡将从一个人那里夺走别的东西。

【读记】

　　价值是客观的。你的主观愿望并不带来或增加事物的价值。最值得你做的事情，就是遵从理性和神。

12-32　分给每个人的是无尽的、不可测的时间中多么少的一部分！它立刻就被永恒吞噬了。还有，分给每个人的是整个实体的多么小的一部分！是普遍灵魂的多么小的一部分！你匍匐在上面的是整个大地多么小的一块土壤！想到这一切，就要认定：除了按照你的本性引导你的去做，以及忍受共同本性带给你的东西之外，就没有伟大的事情了。

【读记】

　　在无限的时空中，任何一个人都显得那么渺小。但对这种渺小的认识和接受，却显示出人的某种伟大。这也是后来 17 世纪一位法国思想家帕斯卡尔所强调的。但帕斯卡尔并不主张人只是忍受这种命运，他还认为人应该渴望无限与永恒。人应当由此走向对上帝的皈依。

12–33 支配的能力是怎样运用自身的呢？因为一切都基于此。而其他的一切，不管在不在你意志力的范围之内，都只是死灰和烟尘。

【读记】

我们只能运用我们自身的支配能力，我们也只须运用我们自身的支配能力。

12–34 这种思考最适于使我们蔑视死亡，甚至那些认为快乐是善、痛苦是恶的人也曾蔑视过它。

【读记】

如果说快乐主义者比如伊壁鸠鲁也曾蔑视死亡，那么，斯多亚派哲学家就更有理由蔑视死亡。

12–35 一个人，如果对于他只有那在适当时机来临的才是善，他做出较多或较少的合乎正当理性的行为对他乃是同样的，他有较长或较短时间来沉思这个世界对他亦没有什么不同——那么，对这个人来说，死亡也就不是一件可怕的事情了。

【读记】

死不足畏，但在斯多亚派哲学家那里，这种"不足畏"不是"砍头只当风吹帽"的一时豪放，也不是"二十年后又是一条好汉"的轮回期待，而是在于这是符合宇宙本性的一件自然而然的事情，从而也就是人的理性也应当视为自然而然的事情。因此，不仅生死自然，活长活短也是无碍，只要他曾经正当地生活过和理智地沉思过。

12-36　人啊，你一直是这个伟大国家（世界）里的一个公民，五年（或三年）会对你有什么不同呢？因为与法相合的事情对一切都是公正的。如果没有暴君也没有不公正的法官把你从国家中打发走，把你打发走的只是送你进来的自然，那么这又有什么困苦可言呢？这正像一个执法官曾雇用一名演员，现在把他辞退让他离开舞台一样。——"可是我还没有演完五幕，而只演了三幕。"——你说得对，但是在人生中三幕就是全剧，因为怎样才是一出完全的戏剧，这决定于那个先前曾是构成这个戏的原因，现在又是解散这出戏的原因的人，可是你却两方面的原因都不是。那么满意地退场吧，因为那解除你职责的人也是满意的。

【读记】

　　人生是一场伟大的戏剧，我们都是这一戏剧中的演员。但我们演的角色不同，有主角，有配角，还有跑龙套的。有的演全剧，有的只演三场乃至一场。你不妨具有一种游戏的精神和角色的意识，也就是极认真，又超脱。不管派给我什么角色，我就演好这个角色，尽力而为，全力以赴，努力做到自己的最好，甚至做到这类角色的最好。当然这是在意识到自己是演一个正面的角色的情况下。另一方面，我们又要有一种超脱性，我可能幸运地被派定了演一个正面的角色、一个英雄的角色；对方则可能是被派定了演一个反面的角色、一个邪恶的角色。在人生的舞台上，我当然要对邪恶的行为奋力斗争，但对演这个角色的人来说，我却应该理解到他的不幸。对他产生出一种怜悯和宽恕的感情来。因为我们都是同类，我们扮演的不同角色常常是由于命运的安排：由天性的制约或处境的逼迫使然。

一种超越性还意味着我们要坦然地承认，我们对构成人生这场大戏的原因并不是很清楚的，我们只知道我们自己并不是它的原因。如果说有什么天意或神意在，我们也很难说就理解或把握了这一天意。但我们还是可以感到有一种比人更伟大和更超越的存在，我们至少可以做到服从这一天意的安排，既不僭越也不拖场，不为没有担任主角而烦恼，也不为要提前下场而抗拒，而是要做到认真地演出、满意地退场。人生的戏剧还会持续不断地演下去，但既然到了我退场的时间，就让打在我身上的灯光熄灭吧，让我安静地退场吧，我已经生活过了，我已经尽力了。

这就是终曲。奥勒留在《沉思录》的开始，是以一种感激的心情述说他从哪里来，他从别人那里获得的嘉言懿行。现在他以告诉我们人应怎样离开，人应如何谢幕而宣示了他的退场。这是一个高贵而优雅的退场。

附录一　马可·奥勒留生平年表

121年：4月26日出生于罗马一个贵族家庭，取名马可·奥勒留·维勒斯（Marcus Aurelius Verus）。

父亲阿尼厄斯·维勒斯（Annius Verus），母亲多米特·卡尔维娜，也叫露西娜。其父亲一族曾是西班牙人，但早已定居罗马多年，并从维斯佩申皇帝那里获得了贵族身份。其母亲一族也是地位显赫的贵族，其外曾祖父卡提留斯·西维勒斯曾两次担任执政官。

但是，奥勒留尚在襁褓时其父就死于执政官任上，改由祖父阿尼厄斯·维勒斯（奥勒留的父亲与其祖父同名）抚养。其祖父曾三度担任过罗马的执政官，最初是在图密善皇帝时期，后来则是在公元121—126年间，即奥勒留刚生下来的前五年。奥勒留虽然幼年丧父，但还是度过了一个相当幸福的童年。

127年：6岁，获骑士衔。未上公共学校，而是由私聘教师指导受教，这样，直到他成年，在希腊文学和拉丁文学、修辞、法律、绘画，尤其是哲学方面得到了在当时来说是最好的教育，这些老师主要有：

戴奥吉纳图斯，据说是马可·奥勒留的启蒙老师，是一位画家也是一名斯多亚派的哲学家，他主要教授奥勒留绘画和哲学。

尤尼乌斯·拉斯蒂克斯，斯多亚派哲学家，给予了奥勒留最深刻的私人引导，还教授法律，他一直是奥勒留的知己，后来在奥勒留的帝王生涯中扮演着帝师和智囊的双重角色，曾两次被奥勒留任命为执政官。

阿波罗尼奥斯，一位严格的斯多亚派哲学家，他在奥勒留养父统治的年代被专门请到罗马，成为奥勒留的老师。

喀罗尼亚的塞克斯都，斯多亚派哲学家，古希腊著名历史学家普鲁塔克的孙子（一说侄子），奥勒留经常聆听其演讲。

亚历山大，祖籍佛里吉亚，修辞学家，奥勒留的希腊文文法教师。

弗朗特，奥勒留和维勒斯这两位未来的皇位继承人的共同老师，主要教授修辞学，著名演说家和书简作家，公元143年担任执政官，曾和奥勒留有大量的书信往来，并有传世。在老师中，他和拉斯蒂克斯是对奥勒留影响最大的两位。

柏拉图学者亚历山大，也是修辞学家，大概于170年左右成为皇帝的秘书。

克特勒斯，一位斯多亚派哲学家。

克劳迪厄斯·马克西默斯，一位斯多亚派哲学家。

沃伦修斯·麦西安努斯，一位杰出的罗马法学家，教授奥勒留法律。

奥勒留起初也曾像当时大多数罗马青年一样学习写诗，但后来放弃了文学，专心于斯多亚派哲学。当然，他也接受了贵族甚至王室继承人的训练，例如军事科学和指挥技艺。

129年：8岁，为古罗马战神祭司。

孩提时期，奥勒留就以其性格的真诚坦率得到了哈德良皇帝的好感。哈德良皇帝在原先的继嗣柳希厄斯死后，选定马可·奥勒留的姑父安东尼·派厄斯为自己的继嗣，条件是派厄斯亦要收养马可·奥勒留和原先继嗣的儿子康茂德（Commodus，后易名为维勒斯）为养子。

而安东尼·派厄斯又是奥勒留的姑夫。奥勒留的姑母安妮娅·盖利娜·福斯蒂娜（Annia Galeria Faustina）嫁给安东尼·派厄斯。姑父无子，便以奥勒留为养子，改其名为Marcus Aurelius Antonius。这样，马可·奥勒留的全名就是马可·奥勒留·安东尼，由于其养父也叫安东尼，所以习惯上叫他"马可·奥勒留"。

132年：11岁，自幼便学习过一种简单朴素的生活，这年更开始有意身着古代希腊与罗马哲学家们常穿的简陋的长袍，模仿他们的生活方式，艰苦自约，一度到了损害自己健康的地步。他体质夙弱，但勇气过人，成年后狩猎时擒杀野猪毫无惧色，但性不好斗，更不喜结派，轻易不现身于竞技场内。

136年：15岁，与养父的另一养子康茂德的姐姐法比亚（Fabia）订婚。

138年：17岁，与法比亚解除婚约，与姑母之女福斯蒂娜订婚。哈德良皇帝去世，养父派厄斯继位为帝。

奥勒留的养父（也是姑夫）安东尼·派厄斯皇帝（Antoninus Pius，86—161，138—161年在位），和奥勒留在史上并称为"两安东尼"，是罗马帝国"五贤帝"中的第四位，在其治下罗马帝国迎来了空前的繁荣。他可以说是对奥勒留一生影响最大的人。

139年：18岁，奥勒留获得"恺撒"的称号，协助养父治理国家。

140年：19岁，擢升为执政官。

145年（一说146年）：24岁，结婚。再次被推举为执政官。

147年：26岁，生一女，一生总共生有十三个儿女，但只有六人存活，其五个儿子中只有一个即康茂德长大成人。

担任护民官，并获得其他国家荣誉，被指定为皇帝的继承人。

161年：40岁，养父安东尼皇帝去世。即帝位。之前曾第三次被推举为执政官。

奥勒留即帝位后，邀请他养父的另一养子卢修斯·维勒斯与他共理国事，这是罗马帝国历史上第一次由两个皇帝共享皇权。卢修斯·维勒斯生于130年，卒于169年，161—169年在位，他娶了奥勒留的女儿路西拉为妻，所以，奥勒留又是他的岳父。据说元老院曾要求奥勒留独自执掌朝政，但是奥勒留坚持要共同在位。而维勒斯据说是一个懒散知足的人，并不适于这一个位置。但是奥勒留容忍他，而维勒斯也有自知之明，对奥勒留的品格敬重有加。

162年：41岁，其时帝国疆界横跨欧亚非三大洲，北抵英吉利海峡、莱茵河、黑海、高加索一线，南至北部非洲，东到阿拉伯沙漠。边境不宁，维勒斯统兵征讨东方的叛乱，据说主要是依靠他手下的将领而取得成功。与安息人的战争最终于公元165年结束，奥勒留与维勒斯于166年在东部为这次的胜利举行了凯旋仪式。而北方的马可曼尼人（Marcomanni）也发动叛乱。台伯河（Tiber）发生洪水灾害，基齐库斯（Cyzicus）发生地震，国内疾病蔓延，奥勒留变卖珠宝以赈灾。

166年：45岁，派遣使者经日南送来象牙犀角，并与中国建立通商关系。

在安息战争之后从亚洲回来的罗马军队带回了瘟疫，意大利的许多村庄和城市沦为废墟，罗马城里也有近万人死亡。

169年：48岁，维勒斯卒，此后奥勒留独自治理国家。

亲征平定北方叛乱。在与日耳曼人的战争中，奥勒留曾经在位于多瑙河畔的卡尔嫩图穆要塞住了三年，这期间他将马可曼尼人完全赶出了潘诺尼亚，并且在他们撤退到多瑙河时几乎将他们全部歼灭。

174年：53岁，与日耳曼族作战，取得了对夸迪部落的重大胜利。

175年：54岁，骁勇善战的将领、东部诸省总督阿维第厄斯·卡希厄斯（Avidius Cassius）在叙利亚举兵反叛，自立为帝。不久叛军将领倒戈，卡希厄斯为部下所杀，奥勒留亲至东方，赦其遗族，据说还有意毁掉了一切有关叛乱的文件，以免牵连参与其中的人。另外，奥勒留曾经敕令过角斗士必须使用粗钝的剑进行角斗。

行军途中，妻子福斯蒂娜皇后去世，使奥勒留陷入悲痛。有传言指皇后对丈夫不忠，但奥勒留称她"温顺、深情和朴实"。

176年：55岁，从东方归，旋即赴日耳曼作战，所向皆靡，但身体已衰。12月23日，与其子回到罗马。

177年：56岁，其子康茂德获得"奥古斯都"的称号。

一些基督徒因为坚持基督教信仰而在里昂被杀。据说奥勒留皇帝的诏书称，这些基督徒应该受到惩罚，但是如果他们放弃他们的信仰，那么他们就应该得到释放，结果有些坚持信仰的基督徒被处死。当时，新兴的基督教徒与传统宗教的信仰者以及世俗的市民冲突激烈，狂热的群众常常发起攻击和迫害基督教徒，并要求帝国政府惩罚他们。这些骚乱深深地困扰着行省的总督们和皇帝本人。

178年：57岁，士每拿（Smyrna）发生地震。

179年：58岁，日耳曼部落在一场大战中被大败，但奥勒留在这次战役中也感染了传染病。

180年：59岁，3月17日在位于下潘诺尼亚的多瑙河边的希尔米乌姆的军营中病逝。遗体或骨灰被运回罗马，在死后相当长一段时间，被人们像神一样崇敬。

附录二 《沉思录》的流传与版本

　　《沉思录》能流传至今，在没有发明印刷术而只能靠手抄本传播，且又长期处在一种异己的思想信仰世界里的情况下，几乎可以说是一个奇迹。它经历了很可能完全湮没无闻的危险。而这种危险，又尤其表现于早期。我们知道，这本书是奥勒留为自己写的，是他留给自己反省用的，它甚至很难说是书，而只是一些私人笔记。在他死后，这些笔记可能由其亲友或崇拜者保留下来了，但它当时是否就已经被复制，我们不得而知，而时代不久就进入了一个基督教的时期。在奥勒留去世一百多年后，罗马皇帝皈依基督教，政教合一，人们热烈地投身宗教信仰，古典世界的哲学和文学艺术不再受到重视，不少古典文献最终流失。

　　据西方学者的介绍，在奥勒留身后近两百年，约公元350年，的确还是有一位哲学家塞米斯提乌斯（Themistius）在其讲演录中谈到过奥勒留写过"自我训诫"的作品。有些历史学家也谈到奥勒留的一些哲学思考片段，这说明这本书的有些内容已经在世间流传，但只是到公元10世纪拜占庭帝国时期，我们才发现有可靠的证据证明奥勒留的著作在被阅读和复制。在一本当时出版的拜占庭的大词典《苏达辞典》

（*Suda Lexicon*）中，有大约三十条来自《沉思录》的引文，并明确提到奥勒留的著作有十二卷，称为"个人生活的准则"。书中还有几个条目也提到了奥勒留的著作，其中提到了皇帝的名字，但是没有作品的名字。而且，有一位小亚细亚的主教阿瑞塔斯（Arethas）也在907年的一封信中提到他有一本这位哲学家皇帝的著作抄本，在他自己的著述中，他也引用过《沉思录》的一些段落。

　　然而，在西方世界，奥勒留的书到了16世纪才开始流行。1559年（一说1558年）是一个里程碑，这一年，一个印刷的版本在苏黎世出现，它是根据一个现在已经遗失的希腊文手抄本出版的，这个版本还包含了由克叙兰德（Xylander）翻译的拉丁语译文。除了这个最早的印刷版本以外，梵蒂冈图书馆现在还藏有一个14世纪的完整的手抄本。其中最完整的一个版本是托马斯·盖特克（Thomas Gataker）于1652年出版的。盖特克做了许多重要的订正。他还做出了一个新的拉丁文版本。他在每段的空白处加上了附注，指明其他与之类似的段落。并写了一个评注，是古代学者的评注中最为全面的，包括了编者对某些较为困难的章节的说明，还引用了所有的古代希腊和罗马的学者对这些文本的说明。17世纪之后，《沉思录》的流传就大大加速了，除了拉丁文，它不久还被译成了欧洲各种主要语言：英语、德语、法语、意大利语、西班牙语、俄语等，在西方社会广泛传播。而其原来的希腊语版本也得到进一步的整理出版：在德国，希腊语版本由舒尔兹（J. M. Schultz）于1802年在莱比锡出版；在法国，由科雷（Adamantinus Corai）于1816年在巴黎出版。

　　所以说，《沉思录》的传世，可以说是一种奥德赛式的历险和归家，而且是从东方又回到西方。它跨过了漫长的中世纪，就好像是"死"了千年，又和近代人一起回到人间，重新在现代世界产生广泛而有力的影响。

　　《沉思录》的第一个英译本出现在1636年，下面是其早期主要译本的译者和出版年的一个列表：

1. Meric Casaubon, 1636;

2. Jeremy Collier, 1701;

3. James Thomson, 1747;

4. R. Graves, 1792;

5. H. McCormac, 1844;

6. George Long, 1862;

7. G. H. Rendall, 1898。

这里比较重要的译本是1、2、6。卡索邦（Casaubon）的译本是首次英译本，其地位自然不可替代。但其译文有些地方类似编译，分段也非通行的做法。杰里米·柯里尔（Jeremy Collier）的译本流畅易读，流行了相当长时间，但后来被批评为不够准确且"粗糙鄙俗"，被其后乔治·朗（George Long）的英译本所取代。朗的译本的出版是一个巨大的成功，在出版后数十年间几乎被视为唯一的"标准译本"，现在也还是经常被作为主要的译本反复印行。作者自述他翻译的过程和主旨是："我在使用这本书很多年之后利用空余时间将其译出。……我本意是个人使用而已，因为我觉得很值得花这样的工夫，但是这个译本或许也对其他人有用，于是我又决定将其印刷出版。因为原文有时非常难以理解，更加难于翻译，因此错误也在所难免。但是我相信绝大多数时候我都领会了原文的意思。……我本应该使语言风格更加简单流畅，但是我更加倾向于使用一种较粗犷的风格来表达原文的风格特征。有时译文中的晦涩不明也正是原希腊文中的晦涩不明的忠实再现。……我为一些希腊语术语做了索引，并且有对应的英语术语。即使我没有找出最佳的希腊语的对应的话，我也已经尽了全力了，在正文中我也尽量给同一希腊术语以相同的英语单词对应。"据此，我们也许可以说，朗的译文的主要特征是准确地表达了希腊原文的意思乃至风格，并力求典雅，但在通达方面或有所不足。

19世纪的英国文学家、思想家阿诺德（Matthew Arnold）曾经将乔治·朗的译本与在这之前的杰里米·柯里尔的译本做过比较和评论，他说，在朗的奥勒留译本之后，那些生活不是为了阅读、而阅读是为生活的英国人，就可以不去碰希腊文原本了。朗还翻译了大致与奥勒留同时期的爱比克泰德和普鲁塔克的著作，阿诺德认为，朗以一个古典学者的严谨和对希腊语的娴熟把握保证了译文的准确可靠，而且，朗还考虑了对于现代人的可读性，他不是将奥勒留作为一个仅仅古典世界中的伟人，而是作为一个仍然可以为现代的普通人提供"生活榜样和行为指导"的人来译介。但是，阿诺德也为朗之前的译者柯里尔说了一些好话，认为柯里尔也同样是把奥勒留看作活着的道德家而非死去的古人，其有些段落的翻译，还是可以与朗媲美的。他认为柯里尔作为译者的真正缺点，还不是他的"粗糙"和"鄙俗"，而是没有很好地掌握希腊语，这是一个严重的甚至致命的弱点，从而使朗的翻译成为必要。他说，柯里尔的译著将被忘记，朗将成为这一领域的主人，但也不可厚诬前人。阿诺德也指出朗翻译中的一些缺点，比如说他对有些概念不喜用较常见的词来翻译。例如，他不用"ethics"和"dialectics"而用"ethic"和"dialectic"，不用"Greeks"而用"Hellenes"。朗也比较喜欢称作者为"马可·安东尼"而不是"马可·奥勒留"，但毕竟"安东尼"一名已经被派厄斯皇帝先用了，再用就不易区分。朗的译文是很忠实于希腊原文的，但在有些地方可能失之于过分拘谨。另外，我们也要注意这样一个特点，即奥勒留作为一个罗马人，其希腊文的写作也不是完善的，而在流传下来的手稿中，又还存有一些难以辨认、需要推测的地方，所以，后来的译者也有见仁见智之处。

《沉思录》的书名其实也经历了一番不断变动和不确定的过程。古代的作家，尤其是哲学家往往并不给他们的著作起名。《沉思录》作为一种私人的写作，作者看来更没有打算为它起一个名字。他有可能是想把这本书最后留赠给自己的儿子康茂德，但康茂德对哲学思想毫无兴趣。后来的书名大致是后人根据其主旨来取的。在阿瑞塔斯的信中，他是如此称奥勒留的这本书的："写给他自己的伦理著作"。拜占庭的词典则是这样描述："他在十二卷书中思考了他个人生活的原则。"梵蒂冈的手稿中没有书名。另外一些有其引语的手稿则是标明"有关他自己的写作"或者"私人写作"。克叙兰德的拉丁译文用的书名是"有关他自己或自己的生活"。而在1634年的英译本中，使用了"有关他自己的沉思"。渐渐地，更为简洁的"沉思录"一名就流行开来了。而我们从后人给它起名的变迁也可以看出人们对它的理解：这是一种主要对自我以及自身与世界关系的极为执着和深入的思考。

马可·奥勒留的《沉思录》的中文译本近年多多，这里只介绍四个版本，即在2008年因时任总理推荐此书而开始热销之前的三个版本，以及在此之后出版的一个译自希腊语的版本。

梁实秋先生1959年在台湾出版的《沉思录》全书译本是中文世界的第一个译本。这个译本也是命运多舛，据说因为他将作者的名字译为类似马克思的"玛克斯"，在当年谈"马"色变的台湾初版后竟遭尘封多年，直到2003年在台南能仁出版社出版吴重俊修订的"最新修订初版"。梁实秋译本是根据1916年海恩斯（Haines）英译本翻译的，梁先生在1959年8月于台北所撰的原译序中写道："我们中国的民族性，以笃行实践的孔门哲学为其根基，益以佛学的圆通深邃和理学的玄妙超绝，可以说是把宗教与伦理熔于一炉。这样的民族性应该使我们容易接受这样一部斯托（多）亚派哲学最后一部杰作的启示。……平生翻译以此书最为吃力，亦以此书为受益最多。"

第二个中译本，也是大陆出版的、独立翻译的第一个中译本，即拙译《沉思录》。我在翻译这本书的时候，不知道有梁实秋先生的译本。这本译著先是于1989年在中国社会科学出版社出版，后来转到生活·读书·新知三联书店等多家出版机构。在此后直到2008年的近二十年时间里，它虽然可以说还是常销书，但并不是畅销书。我的译本是根据乔治·朗的英译本翻译的。

朱汝庆的译本是根据杰里米·柯里尔本翻译的第三个中译本，1998年由中国社会科学出版社出版。

第四个值得特别提及和推荐的中译本是王焕生先生翻译的《沉思录》（天津社会科学院出版社2010年版），它是国内第一本直接根据希腊文原版翻译的《沉思录》，终于弥补了以前一直都是转译的遗憾。

2008年时任总理推荐了《沉思录》这本书，此书突然一下大热，这让我们见识到了政治的影响力，当然远为重要的是它本身的确有巨大的价值。此后就开始有多家出版社找多位译者来翻译出版此书了，但这些翻译基本都是从英文转译的且可参考前面的译著，就不再一一列举了。

至于这些中译版本的特点乃至优劣，自然要交给读者以及时间来评判和选择了。它们所依据的原本不同，译者也各自有自己的风格。王焕生从希腊文直接翻译的意义和价值自不待言；梁实秋是文学大家和翻译家，文风畅美，他在翻译这本书的时候大概也在翻译《莎士比亚全集》；我对作为道德哲学的斯多亚派哲学思想方面可能多有一些训练和了解，且在翻译风格上采取了比较直译的方式，所依据的乔治·朗的译本也是以直译著称，这样做的好处是比较忠实于原文和原意，但由于原作是作者自己写给自己的哲学沉思，也可能给一些读者带来觉得不够通达的问题。

主题索引

后　记

　　我开始翻译马可·奥勒留的《沉思录》是在1987年的11月，那是我的祖母刚去世的日子，她不识字，一生的主要生活范围只是在方圆数十里之内，认识的人大概也不过百人，却拥有一颗纯朴博爱的心和一种独特的人生智慧，所以，尽管她是以九十多岁高龄辞世，亲友们心里还是有一种久久的沉痛。

　　翻译《沉思录》渐渐抚平了我心中的悲伤，也使我更深地意识到，德行比知识更可贵，或者说，有一种知识即德行，而这种知识主要不是在书本。翻译是一种细读。而后来我也时常回到这本书，翻阅其中的段落。无论是社会的风波还是个人的不幸，我都能从中读到一些让我的心灵沉静下来而继续努力的句子。它像一个忠实的老朋友，从来没有让我失望过。

　　在我第一次编写这本书的日子里，四川发生了汶川大地震。而在我再次修订这本书的时候，四川又发生了雅安地震。在这些动荡不安的时刻，《沉思录》给了我很大的安慰。而我还看到，中国或已走近一个转折点，即在她近三十多年改革开放、经济迅速发展之后，突然强烈地感到了国际社会与自然界异己和挑战的一面，她不得不抖擞精神，最大限度凝聚自身意志和情感的力量来应对这些困难和挑战。同时，她也强烈地感觉到自身需要进一步改革的迫切需要，一个磨炼新的民族精神的时期或将就此来临。

没有这种新的精神，仅仅物质的成就会缺少持久的内部更新创造力和对外部的吸引力。但是，这种精神将是怎样一种精神？我们现在还只能说，它还有待于创造。它肯定会从自己最近三十年，以及此前一百年与数千年的文化传统和经验教训中吸取力量，也一定会从域外的文明和精神文化中吸取养料。而在磨炼精神方面，奥勒留的思想无疑是一个很好的借鉴。它有一种使我们的心灵沉静奋发的力量，能使我们的行为坚定有力，并深切地感到不仅中国人，整个人类都同属一个休戚相关的命运共同体。

现在的这本书是江苏人民出版社2008年版的《何怀宏品读〈沉思录〉》一书的修订增补版，书中的"导读一"改自拙译《沉思录》首版（中国社会科学出版社1989年版）的"译者前言"；"导读二"改自《何怀宏品读〈沉思录〉》一书的"导言"；"导读三"改自我为湖南人民出版社2010年版的《沉思录·道德箴言录》写的"合序"。

在最初写作这本书的过程中，因腰疾困扰，我常常只能卧床工作，张云飞同学在帮助我录入和整理文稿、文雅同学在帮助我搜集注释方面做了许多工作，谨此致谢。

最后我还要特别感谢"阿尔的太阳"等读者对《沉思录》译文提出的宝贵意见。

何怀宏

2014年春于北京褐石